Введение в немецкое право

Гильберт Х. Горниг / Ханс-Детлеф Хорн (Отв. ред.)

Введение в немецкое право

в особенности для иностранных студентов

**Авторы: Каролин Горниг / Констанция Хорн
Перевод с немецкого: Алтана Басхамджиева /
Никита Борисенко / Григорий Федоров**

Bibliografische Information der Deutschen Nationalbibliothek
Die Deutsche Nationalbibliothek verzeichnet diese Publikation
in der Deutschen Nationalbibliografie; detaillierte bibliografische
Daten sind im Internet über http://dnb.d-nb.de abrufbar.

Umschlagabbildungen:
© psdesign1 / Fotolia.com.
© Regormark / Fotolia.com.

ISBN 978-3-631-67926-5 (Print)
E-ISBN 978-3-653-07123-8 (E-PDF)
E-ISBN 978-3-631-69533-3 (EPUB)
E-ISBN 978-3-631-69534-0 (MOBI)
DOI 10.3726/978-3-653-07123-8

© Peter Lang GmbH
Internationaler Verlag der Wissenschaften
Frankfurt am Main 2016
Alle Rechte vorbehalten.
PL Academic Research ist ein Imprint der Peter Lang GmbH.

Peter Lang – Frankfurt am Main · Bern · Bruxelles · New York ·
Oxford · Warszawa · Wien

Das Werk einschließlich aller seiner Teile ist urheberrechtlich
geschützt. Jede Verwertung außerhalb der engen Grenzen des
Urheberrechtsgesetzes ist ohne Zustimmung des Verlages
unzulässig und strafbar. Das gilt insbesondere für
Vervielfältigungen, Übersetzungen, Mikroverfilmungen und die
Einspeicherung und Verarbeitung in elektronischen Systemen.

Diese Publikation wurde begutachtet.

www.peterlang.com

Предисловие

Данная книга имеет целью дать возможность студентам-иностранцам получить представление о немецкой правовой системе. Языком немецкого права является, разумеется, немецкий. Обучение немецкому праву требует достаточных знаний немецкого языка. Для иностранных студентов это, в свою очередь, часто означает дополнительную нагрузку. Для того, чтобы им помочь, данная книга публикуется не только на немецком, но и на других языках, а именно на китайском и русском языках.

Система немецкого права традиционно состоит из трёх отраслей (публичное, гражданское и уголовное право), каждая из которых подробно описывается в книге. При этом большое значение придаётся тому, чтобы часто тяжело воспринимаемые правовые положения немецкого права были написаны доступным для понимания языком. Представленного материала достаточно, чтобы узнать и понять наиболее существенные положения немецкого права. Представляется важным, однако, указанные правовые нормы постоянно находить и читать в соответствующих правовых источниках.

Публичное право является отраслью права, регулирующей организацию государства, а также отношения государства и гражданина. Центральное место занимает государственное и конституционное право, которые в Основном Законе определяют основные принципы свободного демократического государственного устройства. Данная отрасль права представлена в книге достаточно подробно, т. к. положения конституционного права занимают важнейшее место в немецкой правовой системе и оказывают влияние на остальные отрасли права, к примеру, на административное право. Оно устанавливает структуру государства и правовые отношения между государством и гражданином, к примеру, в рамках полицейского права. К сфере публичного права, помимо международного, также относится и отрасль европейского права, которая специфическим образом интенсивно оказывает влияние на содержание немецкого права. Основы европейского права в данной книге также нашли своё отражение.

В свою очередь, гражданское право регулирует правоотношения граждан между собой. Главным источником права в данном случае является Германское гражданское уложение, состоящее из пяти частей: общей части, обязательственного права, вещного права, семейного права и наследственного права. Кроме того, книга описывает основы трудового, торгового, а также корпоративного права. Ввиду тематического разнообразия и масштабности подотраслей гражданского права ему в книге также уделено достаточное внимание.

Уголовное право призвано защищать правовые блага отдельного лица и ценности общественной жизни посредством наказаний в интересах общества. Преступления (проступки), за совершение которых в Германии предусмотрены наказания, устанавливаются в основном Уголовным кодексом и другими правовыми источниками. В данной книге разбираются некоторые составы преступлений.

Мы надеемся, что наша книга станет полезным материалом для получения представления о немецкой правовой системе, и желаем читателям успеха и занимательного чтения. Возможно, книга пробудит у читателя глубокий интерес к праву ФРГ.

Идея написания подобной книги и её первый вариант появились во время нашего совместного пребывания в школе права Наньцзинского университета финансов и экономики (Китай).

Гиссен / Франкфурт-на-Майне, *Каролин Горниг, Констанция Хорн*
март 2016

Содержание

Список сокращений 23

Часть 1: Публичное право 25
Глава 1: Конституционное право 25
А. Конституция и её основные положения 25
    I.   Понятие конституции 25
    II.   Основной закон 26
    III. Конституционные основы 27
        1. Республиканская форма правления 27
        2. Демократия 28
        3. Правовое государство 29
        4. Федеративное государственное устройство 31
        5. Социальное государство 32
        6. Партии 32
Б. Право государственной организации 33
    I.   Соотношение федерации и земель 33
        1. Принцип однородности 34
        2. Законодательная компетенция 35
        3. Административная компетенция 35
        4. Компетенция по отправлению правосудия 36
    II.   Высшие федеральные органы 36
        1. Бундестаг 36
            а) Функции Бундестага 37
            б) Выборы в Бундестаг 38
            аа) Избирательное право 38
            бб) Избирательная система 39
            в) Депутаты 40
        2. Федеральное правительство и Федеральный канцлер 40
        3. Бундесрат 42

		4. Федеральный президент	43
		5. Федеральный конституционный суд	45
	III.	Законодательный процесс на уровне федерации	45
B.	Основные права		47
	I.	Естественные права	47
	II.	Правовые последствия существования основных прав	48
		1. Субъективно-правовые последствия	49
		а) Право на защиту от государства	49
		б) Право на участие в управлении государством	49
		в) Право на получение государственных услуг...............	49
		г) Право требования государственной защиты прав............	50
		2. Объективно-правовые последствия	50
		а) Объективная система ценностей	50
		б) Влияние основных прав и обязанность государства по их защите	51
		в) Институционные гарантии...	51
	III.	Обязывающий характер основных прав	52
	IV.	Сфера защиты основных прав	52
		1. Индивидуальная сфера защиты...	53
		а) Индивиды...	53
		б) Юридические лица...	53
		2. Материальная сфера защиты..	54
	V.	Ограничение основных прав	54
	VI.	Границы основных прав	55
		1. Оговорка в законе..	55
		2. Оговорки в законе в основных правах.............................	56
		3. Непосредственные конституционные ограничения	56
	VII.	Границы ограничений	57
		1. Принцип соразмерности	57
		2. Принцип практического баланса	58
		3. Гарантия нерушимости содержания (существа) основных прав	58
	VIII.	Особая защита основных прав...	58

	IX.	Обзор важнейших основных прав 59
		1. Неприкосновенность достоинства личности............................ 59
		2. Право на свободное развитие личности, жизнь, физическую неприкосновенность и свобода личности............ 60
		3. Принцип равенства 61
		4. Свобода вероисповедания 61
		5. Свобода выражения мнения, свобода информации, прессы, радио и телевидения 62
		6. Свобода собраний 62
		7. Свобода выбора профессии 62
		8. Право собственности 62

Глава 2: Административное право 63

А. Общее административное право 63

    I. Законность в административном праве 64

        1. Верховенство закона и оговорка в законе 64

        2. Принцип ограничения административных полномочий ... 65

        3. Принцип пропорциональности 66

    II. Правовые формы административных действий 66

    III. Административный акт 67

        1. Понятие 67

        2. Виды 67

        3. Действие, оспоримость, окончательность, исполнимость ... 68

        4. Форма, определённость и обоснованность 69

        5. Дополнительные положения 69

        6. Отмена административным органом 69

Б. Административное право. Особенная часть 70

    I. Полицейское право. Общая часть 70

        1. Задачи полиции 70

        2. Общие задачи предотвращения опасности 70

        3. Конкретные меры по предотвращению опасных ситуаций 71

        4. Правонарушители и лица, не являющиеся правонарушителями 72

		а) Правонарушители 72
		б) Лица, не являющиеся правонарушителями 73
	5.	Свободное усмотрение в отношении выбора и принятия решений 73
	6.	Пропорциональность 74
	7.	Принудительные меры 74
		а) Требования 74
		б) Виды принудительных мер 75
	8.	Право на возмещение ущерба 76
	9.	Право на возмещение расходов представителей полиции 76
II.	Публичное строительное право 77	
	1.	Право строительного планирования 77
	2.	Общественный порядок и безопасность в строительном праве 79
	3.	Право земельного расселения, землепользования и землеустройства 80
III.	Муниципальное право 80	
	1.	Правоспособность общин 80
	2.	Самоуправление общин 81
	3.	Организация общин 82
	4.	Государственный надзор за общинами 83
IV.	Право социального обеспечения 83	
	1.	Назначение права социального обеспечения 83
	2.	Модель трёх колонн 84

Часть 2: Гражданское право 85
A. Общая часть (Книга I ГГУ) 85
    I.   Правоспособность 85
    II. Дееспособность 86
    III. Правовая сделка 86
    IV. Волеизъявление 86
         1. Элементы волеизъявления 87
         2. Вступление волеизъявления в силу 87

	V.	Право требования 88
	VI.	Договор 88
		1. Понятие 88
		2. Представительство 89
		3. Оспаривание 91
		4. Истечение срока исковой давности 92
Б.	Обязательственное право (Книга II ГГУ) 92
	I.	Обязательственное правоотношение 92
	II.	Обстоятельства, препятствующие исполнению обязательства и возмещение убытков 93
		1. Возмещение убытков вместо исполнения обязательства......... 93
		а) Неисполнение и ненадлежащее исполнение обязательства 93
		б) Нарушение обязанности защищать права, правовые ценности и имущественные интересы кредитора 94
		в) Невозможность исполнения 94
		2. Убытки вследствие просрочки 94
		3. Возмещение убытков наряду с предоставлением исполнения 95
	III.	Обстоятельства, препятствующие исполнению обязательства, и односторонний отказ от исполнения договора 96
	IV.	Отдельные договорные обязательственные правоотношения 96
		1. Договор купли-продажи 97
		2. Договор имущественного найма 97
		3. Договор аренды 98
		4. Договор безвозмездного пользования (ссуды) 98
		5. Договор возмездного оказания услуг 99
		6. Договор подряда 100
		7. Поручение 100
	V.	Внедоговорные обязательственные правоотношения 100
		1. Представительство без поручения 101
		2. Неосновательное обогащение 102

		3. Деликтные правоотношения (правоотношения из причинения вреда) 103
		а) Общие положения 103
		б) Ответственность за действия третьих лиц 105
		в) Ответственность за совместно причинённый вред 105
		г) Частные случаи 105

В. Вещное право (Книга III ГГУ) 106
    I.   Основные положения 106
    II. Владение 108
        1. Виды владения 108
        2. Права владельца вещи 109
    III. Собственность 109
        1. Понятие 109
        2. Приобретение права собственности 110
        3. Права требования собственника 111
        4. Связь между обязательственным правом и вещным правом 111
            а) Приобретение права собственности посредством покупки 111
            б) Добросовестное приобретение 112
            в) Оговорка в договоре купли-продажи о сохранении за продавцом права собственности на товар вплоть до его оплаты 113
            г) Передача кредитору права собственности на имущество в обеспечение исполнения обязательства 113
    IV. Сервитут 114
    V. Узуфрукт 114
    VI. Ипотека (залог недвижимости) 114
    VII. Поземельный долг 115
    VIII. Залоговое право 116
    IX. Наследственное право застройки 116

Г. Семейное право (Книга IV ГГУ) 117
    I.   Брак 117
        1. Заключение брака 117

		2. Правовые последствия заключения брака 118
		а) Ведение хозяйства в браке 118
		б) Правовой статус имущества в браке 118
		аа) Общность совместно нажитого в браке имущества (имущественный режим, установленный законом) 119
		бб) Имущественные режимы, установленные договором 119
		3. Прекращение брака 120
		а) Признание брака недействительным 120
		б) Расторжение брака 121
		аа) Непоправимый распад брака 121
		бб) Последствия расторжения брака 121
	II.	Родительское попечение 122
	III.	Отношения родства 123
Д.	Наследственное право (Книга V ГГУ) 123
	I.	Порядок наследования 123
	II.	Завещательное распоряжение на случай смерти 124
		1. Завещание 124
		2. Общее завещание супругов 125
		3. Договор о наследовании 125
	III.	Содержание распоряжения на случай смерти 126
		1. Отклонение от порядка наследования, установленного законом 126
		2. Отдельные выплаты 126
	IV.	Регулирование института обязательной доли в наследстве 127
	V.	Правовое положение наследников 127
Е.	Трудовое право 128
	I.	Структура трудового права 128
	II.	Индивидуальное трудовое право 129
		1. Работник и вольнонаёмный 129
		2. Трудовые правоотношения 129
		3. Регламентация со стороны государства 129
	III.	Коллективное трудовое право 131
		1. Стороны коллективного трудового договора 131

　　　　2. Коллективный трудовой спор 132
　　　　3. Участие в управлении предприятием 133
Ё. Торговое право 133
　　I. Особый правовой статус коммерсантов 133
　　II. Коммерсант 134
　　III. Торговая сделка 134
　　IV. Фирменное наименование и торговый реестр 135
　　V. Доверенность коммерсанта 135
Ж. Корпоративное право 136
　　I. Организационно-правовые формы 136
　　II. Хозяйственные товарищества и общества 137
　　　　1. Отличия 137
　　　　2. Хозяйственное товарищество 137
　　　　　　а) Простое товарищество 138
　　　　　　аа) Правоспособность 138
　　　　　　бб) Ведение дел 138
　　　　　　вв) Представительство 138
　　　　　　гг) Имущество 139
　　　　　　дд) Ответственность 139
　　　　　　б) Открытое торговое товарищество 139
　　　　　　аа) Правоспособность 140
　　　　　　бб) Ведение дел 140
　　　　　　вв) Представительство 140
　　　　　　гг) Ответственность 140
　　　　　　в) Коммандитное товарищество 141
　　　　　　аа) Ответственность 141
　　　　　　бб) ООО и компания (коммандитное товарищество) 141
　　　　3. Хозяйственное общество 141
　　　　　　а) Общество с ограниченной ответственностью 142
　　　　　　аа) Учреждение 142
　　　　　　бб) Правоспособность 142
　　　　　　вв) Органы управления 142

		гг) Ведение дел 143
		дд) Представительство 143
		ее) Ответственность 143
		б) Акционерное общество 144
		аа) Учреждение... 144
		бб) Органы управления 145
		вв) Ведение дел и представительство............................ 145
		гг) Ответственность 146
	III.	Союз 146
		1. Учреждение 146
		2. Правоспособность 146
		3. Органы управления 146
		4. Члены союза 147
		5. Ответственность 147
	IV.	Кооператив 147
		1. Учреждение 147
		2. Правоспособность 148
		3. Органы управления 148
		4. Ведение дел и представительство 148
		5. Ответственность 149

Часть 3: Уголовное право 151
A. Общая часть 151
  I.   Принципы уголовного права 151
  II. Сущность уголовного права 152
      1. Состав преступления 153
          а) Объективная сторона 153
             аа) Требования 153
             бб) Причинно-следственная связь 153
                (1) Теория эквивалентности 153
                (2) Объективное вменение 154
          б) Субъективная сторона 154

		aa) Элементы умысла 154
		бб) Заблуждение относительно фактических обстоятельств дела 155
		(1) Ошибка в определении объекта (aberratio ictus) 155
		(2) Ошибка в определении лица (error in persona) 156
	2.	Противоправность деяния 156
		а) Состояние необходимой обороны 156
		б) Состояние крайней необходимости 157
		в) Согласие 158
	3.	Вина 158
		а) Невменяемость 158
		б) Основания, исключающие вину 159
		aa) Превышение пределов необходимой обороны 159
		бб) Крайняя необходимость, исключающая вину 159
		вв) Крайняя необходимость, обоснованная на неправовых основаниях 160
		в) Заблуждения 161
		aa) Заблуждение относительно дозволенности действий 161
		бб) Заблуждение в отношении обстоятельств, исключающих ответственность 161
		(1) Заблуждение в отношении дозволенности 161
		(2) Фактическое заблуждение в наличии обстоятельства, исключающего противоправность деяния 162
III.	Бездействие 162	
	1. Реальные преступления, совершаемые путём бездействия 162	
	2. Мнимые преступления, совершаемые путём бездействия 162	
IV.	Неосторожность 163	
V.	Покушение на преступление 165	
	1. Несовершённое преступление 165	
	2. Отказ от совершения преступления 166	
VI.	Исполнительство и участие 167	

		1. Исполнительство 167
		а) Косвенное участие 167
		б) Соисполнительство 167
		2. Участие 168
		а) Подстрекательство 168
		б) Пособничество 168
	VII.	Правовые последствия преступления 168
Б.	Особенная часть 170	
	I.	Преступления против жизни и физической неприкосновенности 170
		1. Убийство 170
		2. Преступления, связанные с причинением телесных повреждений 170
	II.	Имущественные преступления 171
		1. Кража 171
		2. Хищение 172
		3. Разбой и смежные преступления 172
		4. Мошенничество 173
		5. Укрывательство имущества, добытого преступным путём 174
	III.	Преступления против ценного имущества 174
	IV.	Преступления против чести и достоинства личности 174
	V.	Преступления, связанные с подделкой документов 175
	VI.	Дача заведомо ложных показаний 175
	VII.	Преступления против общественного порядка 176

Часть 4: Судебно-процессуальное право 177
А. Судебные гарантии 177
Б. Конституционно-процессуальное право 178
 I. Компетенция Федерального конституционного суда 178
 II. Виды судебных процессов 179
 III. Конституционная жалоба 180
  1. Конституционная жалоба на судебное решение 180

		2. Конституционная жалоба на закон 181
		3. Непосредственное отношение закона или акта государственной власти к заявителю, а также нарушение, происходящее в настоящее время 181
		4. Процедура принятия жалобы 182
В.	Административно-процессуальное право 182
	I.	Компетенция административных судов 182
	II.	Участники административного процесса 183
	III.	Процесс 183
		1. Виды исков и судебные решения 183
		2. Принципы судопроизводства 185
		3. Ход судопроизводства 185
	IV.	Издержки административного судопроизводства 186
	V.	Исполнение судебного решения 186
Г.	Гражданско-процессуальное право 186
	I.	Компетентность гражданских судов 187
	II.	Важнейшие участники гражданского судопроизводства 187
	III.	Процесс 188
		1. Процессуальные принципы 188
		2. Ход процесса 190
		3. Доказательства 191
	IV.	Институт судебного приказа о выполнении денежных обязательств 191
	V.	Издержки гражданского судопроизводства 192
	VI.	Принудительное исполнение 192
Д.	Уголовное судопроизводство 193
	I.	Стадия рассмотрения вопроса по существу дела 194
		1. Подсудность 194
		2. Наиболее важные участники уголовного судопроизводства 195
		3. Процесс 195
		а) Принципы уголовного судопроизводства 195
		б) Ход уголовного процесса 196

		aa) Стадия предварительного расследования............................ 197
		бб) Подготовительное судебное заседание 198
		вв) Стадия судебного разбирательства 198
	4.	Доказательства 199
	5.	Издержки уголовного судопроизводства 200
II.	Исполнение наказания 200
	1.	Цели наказания 200
	2.	Цели мер по исправлению и обеспечению безопасности 200
	3.	Цель исполнения наказания 201

Часть 5: Европейское право 203
А. Европейская интеграция 203
I. Концепции интеграционного развития 203
1. Федералистский подход 203
2. Функциональный подход 203
II. История интеграции 204
III. Основы конституционного строя 207
Б. Институциональные основы права ЕС 207
I. Право- и дееспособность 207
II. Компетенции (предметы ведения) 207
1. Виды компетенций (предметов ведения) 207
   а) Исключительная компетенция 207
   б) Совместная компетенция... 208
   в) Общая внешняя политика и политика безопасности 208
   г) Меры по поддержке, координации и дополнению действий государств-членов 208
2. Принципы осуществления полномочий 209
III. Органы (институты) Европейского союза 209
1. Европейский совет 209
2. Совет Европейского союза 210
3. Европейская комиссия 210
4. Европейский парламент.. 211

		5. Суд Европейского союза 212
		6. Иные органы и институты 213
	IV.	Источники права 213
		1. Первичное право 214
		2. Вторичное право 214
		а) Общие положения 214
		б) Правовые акты 214
		в) Нормотворчество 215
		3. Международные договоры 216
		4. Приоритет права ЕС 216
	V.	Юридическая защита 217
B.	Материальное право ЕС 219
	I.	Ценности ЕС 219
	II.	Недопущение дискриминации и гражданство ЕС 219
	III.	Основные свободы 220
		1. Цель 220
		2. Функция 220
		а) Транснациональные отношения 220
		б) Запреты дискриминации и ограничений 221
		аа) Открытая форма дискриминации 221
		бб) Скрытая форма дискриминации 221
		вв) Запрет ограничений 221
		3. Свобода перемещения товаров 222
		4. Свобода передвижения лиц 223
		а) Свобода передвижения работников 224
		б) Свобода учреждения 224
		5. Свобода оказания услуг 225
		6. Свобода передвижения капитала и платежей 225
		7. Иные основания для ограничений 226
	IV.	Унификация права 227
	V.	Основные права 227
	VI.	Области политики 228

    1. Сельское хозяйство 228
    2. Защита конкуренции 229
        а) Общие положения 229
        б) Запрещение монополии и злоупотреблений 229
        аа) Запрещение монополии 229
        бб) Запрещение злоупотреблений 230
        вв) Контроль над слияниями предприятий 230
        гг) Государственная поддержка 231
    3. Торговая политика 231
    4. Политика в области охраны окружающей среды 231
Г. Пространство свободы, безопасности и права 232
    I. Общие положения 232
    II. Пограничный контроль и предоставление убежища 232
    III. Судебное и полицейское сотрудничество 233
Д. Внешнеполитическая деятельность 234
    I. Общие положения 234
    II. Общая внешняя политика и политика безопасности 234
    III. Общая политика безопасности и обороны 234
Е. Упразднение паспортного контроля 235

Список литературы 237

Список сокращений

АИК	Административно-исполнительный кодекс
АКТ (страны)	страны Африки, Карибского бассейна и Тихого океана
АО	Акционерное общество
АПК	Административно-процессуальный кодекс
ВС	Верховный суд
ГАТТ	Генеральное соглашение по тарифам и торговле
ГГУ	Германское гражданское уложение
ГПК	Гражданско-процессуальный кодекс
ГТУ	Германское торговое уложение
г.	год
ДЕС	Договор о Европейском союзе
ДФЕС	Договор о функционировании Европейского союза
ЕКПЧ	Европейская конвенция по правам человека
ЕОУС	Европейское объединение угля и стали
ЕС	Европейский союз
ЕЭС	Европейское экономическое сообщество
напр.	например
нем.	немецкий
ОЗ	Основной закон
ООО	Общество с ограниченной ответственностью
п.	пункт
ПАС	Положение об административных судах
ПДД	Правила дорожного движения
СК	Строительный кодекс
см. выше	смотрите выше
ср.	сравните
ст.	статья
т. е.	то есть
т. н.	так называемый

УИК	Уголовно-исполнительный кодекс
УК	Уголовный кодекс
УПК	Уголовно-процессуальный кодекс
ФКС	Федеральный конституционный суд
ФРГ	Федеральная Республика Германия
ч.	часть

Часть 1: Публичное право

Публичное право охватывает правовые нормы, которые регламентируют организацию государства и правовые отношения между человеком и государством. Наиважнейшие принципы в данном отношении содержатся в конституции (см. главу 1.) Конституция, именуемая в Германии Основным законом, представляет собой наивысший закон, которые имеет приоритет по отношению ко всем другим законам публичного, гражданского и уголовного отраслей права. Помимо конституции публичное право находит отражение в различных законах в области административного права (см. главу 2.). Публичным является также и право Европейского союза. Речь в данном случае идёт о наднациональном праве, содержание и юридическое значение которого являются одинаковыми как в Германии, так и в других государствах-членах. При этом национальное право должно быть приведено в соответствие с правом Европейского союза (см. часть 5.).

Глава 1: Конституционное право
A. Конституция и её основные положения
I. Понятие конституции

Конституция — это правовая основа существования государства. Согласно учению о трёх элементах государства, о существовании государства можно говорить в случае, если группа людей (население) совместно проживает на определённом участке земли (территории), подчиняясь суверенной власти (публичной власти). Конституция регулирует основы этой формы человеческого общежития.

В каждом государстве существует конституция, однако не каждое государство является конституционным. Конституционное государство должно отвечать двум требованиям, касающимся происхождения и содержания его конституции. Во-первых, конституция должна содержать в себе волю государствообразующей нации, т. е. исходить от народа, наделённого т. н. полномочиями pouvoir constituant – народным суверенитетом. Во-вторых, конституция должна регламентировать разделение властей — организацию государственного аппарата, при которой государственная власть (законодательная, исполнительная и судебная) разделена между различными органами, что служит охране прав и свобод граждан от нарушений и чрезмерных ограничений. Данные принципы нашли отражение уже во французской Декларации о правах человека и гражданина 1789 г. Так, ст. 16 Декларации гласит: «Общество, где не обеспечена гарантия прав граждан и нет разделения властей, не имеет конституции».

4   Федеративная Республика Германия — это конституционное государство. Его фундамент установлен в Основном законе, вступившем в силу 23 мая 1949 г.

II. Основной закон

5   Основной закон был изначально задуман в качестве акта переходного периода, и поэтому в его заглавии не содержится слово «конституция». Изначально Основной закон после своего вступления в силу не распространял своё действие на всю территорию Германии.

6   После безоговорочной капитуляции Германии во Второй мировой войне 8 мая 1945 г. страна была разделена на четыре оккупационные зоны, каждая из которых контролировалась одним из государств-победителей. Западные государства (Великобритания, США и Франция) проводили совместную работу с целью воссоединения Германии, в то время как советская зона оккупации на востоке со временем всё больше обособлялась от остальных. Это происходило во многом из-за кардинально различных представлений о том, какая политическая система должна быть введена в послевоенной Германии. Западные державы стремились к установлению капиталистической и демократической системы, а Советский Союз проводил в восточной оккупационной зоне политику в духе марксизма-ленинизма. В начале 1948 года три западные зоны были объединены в одну. Первоначально объединение носило лишь экономический характер. Однако вскоре, летом 1948 года, было принято решение создать демократическую конституцию, правовую основу для нового государства — Западной Германии, состоящей из зон оккупации западных союзников. Восточная часть бывшего Третьего Рейха осталась таким образом изолирована. Части восточных областей Германии были переданы Польше и Советскому Союзу согласно Потсдамскому соглашению, а на территории советской оккупационной зоны согласно социалистической Конституции

1946 года была создана Германская Демократическая Республика (ГДР). С этого времени Германия была разделена.

Однако немцы не желали признавать это разделение окончательным, надеясь на воссоединение государства. Поэтому в ФРГ так и не был принят акт под названием «Конституция»: ведь это могло бы означать, что граждане примирились с окончательным разделением государства. Вместо этого было принято решение изложить основополагающие положения о государстве, его механизме, правах и свободах, которые включали западные конституции того времени, в т. н. Основном законе ФРГ. Таким образом ясно была выражена следующая позиция немецкого народа: истинная Конституция Германии будет принята только в случае её воссоединения. Разработка Основного закона проходила в т. н. Парламентском совете (органе, состоявшем из депутатов, избранных народом в федеральных землях) под контролем и руководством западных союзников. Разумеется, Основной закон фактически является Конституцией, однако различие в терминологии имело важные политические и моральные обоснования.

После объединения Германии, произошедшем в 1989–1990 гг. посредством мирной революции, новая конституция «для всей Германии» не была принята, а вместо этого бывшая ГДР посредством волеизъявления представителей населения добровольно признала государственный суверенитет ФРГ и её Основной закон. Таким образом, на сегодняшний день Основной закон действует на всей территории объединённой Германии. Лишь некоторые восточные области, принадлежавшие ранее Германии, не были ей возвращены.

III. Конституционные основы

Основной закон (далее — «ОЗ») в первую очередь закрепляет основополагающие положения (принципы) конституционного права. Эти основные положения в совокупности составляют демократический правовой режим ФРГ, позволяя признавать Германию конституционным государством, соответствующим западным стандартам.

1. *Республиканская форма правления*

Германия является республикой. Этот принцип содержится в названии государства «Федеративная Республика Германия» (ч. 1 ст. 20 ОЗ). Для республики характерны два следующих признака. Во-первых, в республике не существует монарха (короля, царя, князя), наделённого династически наследуемой верховной властью (вспомним фразу «Государство — это я»); во-вторых, государство принадлежит исключительно народу. Государство — это res publica res populi, т. е. достояние народа. Из этого следует, что любые государственно-властные органы в решении вопросов публичного права должны действовать исключительно в интересах прав и свобод граждан и их благосостояния.

2. *Демократия*

11 Следующий конституционный принцип — принцип демократизма (ч. 1–2 ст. 20 ОЗ). В условиях демократии источником всей государственной власти является народ. Это означает, что народ выступает не только носителем суверенитета — власти pouvoir constituant (см. выше в I.), но также и источником закреплённых в конституции ветвей власти: исполнительной, законодательной и судебной. Все законы, все акты исполнительной власти, а также все судебные решения (с точки зрения содержания) должны исходить из воли всего народа (т. н. «демократическое обоснование»).

12 Поэтому принципу демократизма противоречит любая форма государства, при которой одно лицо (монократия), группа лиц (аристократия), религиозная организация или политическая партия являются носителем суверенитета. Признание народа в качестве носителя государственного суверенитета означает также признание плюрализма мнений и многообразия политических воззрений. Отсюда следует, что народный суверенитет является противоположностью господства какой-либо одной идеологии, религии или какого-либо одного мнения. В демократическом государстве должно существовать общество, в котором каждый гражданин имеет право на участие в принятии государственных решений с учётом принципа большинства.

13 Как правило, граждане в большинстве случаев не участвуют в принятии политических решений непосредственно — как, например, во время народных референдумов. В подавляющем большинстве случаев народ выражает свою волю косвенным образом — через регулярно избираемых и переизбираемых им народных представителей в парламенте — Бундестаге (ч. 1 ст. 38 ОЗ). Парламент издаёт законы, регламентирующие деятельность исполнительной и судебной ветвей власти, избирает главу Правительства

(Федерального канцлера), а также судей Федерального конституционного суда совместно с Бундесратом. Федеральный канцлер затем определяет состав Правительства, члены которого являются руководителями министерств и ведомств. Такая система называется представительной демократией, так как при ней народ осуществляет государственную власть через своих представителей.

3. Правовое государство

ФРГ является правовым государством. Это обеспечивается путём закрепления в ОЗ целого ряда положений. В первую очередь это касается чёткого разделения властей на три ветви (ч. 2 ст. 20 ОЗ): исполнительную (полномочия по управлению и администрированию), законодательную (полномочия по законотворчеству) и судебную (полномочия по судебному разрешению споров). Таким образом, должны предотвращаться властные злоупотребления со стороны государства, которых можно опасаться в случае соединения трёх ветвей власти в руках одного лица или одного органа. В правовом государстве три ветви власти организационно независимы друг от друга, однако они взаимодействуют для выполнения общих целей и осуществляют контроль друг за другом. Такая система «сдержек и противовесов (checks and balances)» способствует эффективному выполнению государственных задач и служит защите прав личности от произвола государства.

Такой защите служат также и некоторые другие основные постулаты правового государства. В особенности это касается подчинения исполнительных органов закону (ч. 3 ст. 20 ОЗ). Все органы исполнительной власти (министерства, ведомства, полицейские органы и иные властные институты) связаны законами, распространяющимися на всех, и не могут их нарушать (принцип верховенства закона). Поэтому от действий исполнительных органов, связанных с ограничением граждан в правах или свободах, требуется санкционирующее их предварительно существовавшее предписание закона. Кроме того, все действия государственной власти, включая издание законов, связаны конституцией, в том числе закреплёнными в ней основными правами, т. е. должны соответствовать конституции и не могут ей противоречить (ч. 3 ст. 1, ч. 3 ст. 20 ОЗ).

Из этого следуют следующие ступени иерархии правовых норм: конституция содержит нормы высшего порядка, которые превосходят по своей юридической силе все остальные акты государства (принцип верховенства конституции); принятые в соответствии с конституцией законы стоят над актами исполнительной и судебной власти. Все подзаконные акты и судебные решения должны соответствовать законам *и* конституции, что в совокупности означает — быть законными. Всегда должен соблюдаться принцип верховенства права.

17 Нужно отметить, что действие этого принципа не просто формально обеспечивает господство права. ФРГ как правовое государство является таковым не только формально, но и в материальной действительности. Ведь принцип верховенства конституции означает в первую очередь связанность всех государственных решений такими ценностями, как демократия (ч. 2 ст. 20 ОЗ) и свобода (ч. 3 ст. 1, ч. 1 ст. 2 ОЗ). Любой закон и любое его применение должны логически исходить из свободного волеизъявления народа либо его представителей, а также, согласно принципу свободы личности, не превышать границы ограничения властью основных прав, установленных в ОЗ. В противном случае закон или его применение будут не соответствующими конституции.

18 За законностью всех действий государственных органов следят суды (ст. 92 ОЗ). Кроме того, они разрешают в последней инстанции гражданско-правовые споры, а также налагают санкции (личные либо денежные) в случае нарушения уголовного законодательства. Судьи должны быть лично и профессионально независимы (ст. 97 ОЗ) и могут выносить решения, руководствуясь исключительно законом; подведомственность дел должна заранее определяться для каждого конкретного случая согласно общим правилам таким образом, чтобы исполнительные органы не могли никак повлиять на выбор судей и результат их решения (ч. 1 ст. 101 ОЗ).

19 Доступ к правосудию гарантируется каждому, кто желает в случае возникновения правового спора обеспечить выполнение своих субъективных прав или требований по отношении государства либо третьих лиц (всеобщее право на обращение в суд — ч. 4 ст. 19 ОЗ). В суде каждому гарантируется право быть выслушанным (ч. 1 ст. 103 ОЗ).

20 В качестве последней инстанции осуществляет задачу по конституционному контролю за властью (проверке на соответствие конституции парламентских законов, подзаконных актов, судебных решений) Федеральный конституционный суд, стоящий «на страже конституции». Для этих целей ФКС наделён многочисленными полномочиями (ст. 93 ОЗ). Прежде всего,

он может объявлять ничтожными противоречащие конституции законы по запросу парламентского меньшинства либо по запросу гражданина в случае, если закон непосредственно нарушает его права. Также Суд обладает исключительной компетенцией разрешать конституционно-правовые споры между государственными органами либо между федерацией и федеральными землями. В рамках данных полномочий ФКС руководствуется в первую очередь принципом верховенства конституции.

На территории Германии действует не только право ФРГ. Иными источниками права являются акты международного и европейского права. Основной закон обязывает ФРГ осуществлять совместную работу на международной арене и проявлять себя в качестве «открытого государства». Так, общепризнанные нормы международного права являются составной частью немецкого права и по своей юридической силе превосходят законы, а императивные нормы международного права (ius cogens) в правовой иерархии находятся выше даже Конституции (ст. 25 ОЗ). Кроме того, из ст. 23 ОЗ следует, что Германия, участвуя в европейской интеграции, признаёт приоритет и прямое действие права Европейского союза для его применения исполнительными и судебными органами.

4. *Федеративное государственное устройство*

ФРГ является федеративным государством (ч. 1 ст. 20 ОЗ). Она состоит из 16 субъектов, которые наделены собственной верховной властью и даже государственными признаками (в рамках федерации). Поэтому государственная власть находится в руках не только органов, обладающих компетенцией на всей территории государства: вместо этого она разделена между органами всего государства (федерации) и органами субъектов (федеральных земель). Это проявляется в положениях о самостоятельном осуществлении землями задач по изданию местного законодательства и его правоприменению, задач по осуществлению региональной власти) (ст. 30, ст. 70 и далее, ст. 83 и далее, ст. 92 ОЗ). Федеральные земли также наделены собственными конституционными актами (напр., конституция земли Гессен, конституция Баварии), которые устанавливают правовые основы, аналогичные основам Основного закона: республиканский строй, демократический режим, правовое и социальное государство (ч. 1 ст. 28 ОЗ). Всё вышеперечисленное способствует максимальному осуществлению принципа разделения властей: властные полномочия разделены не только горизонтально (на исполнительные, законодательные и судебные), но и вертикально — между федерацией и землями.

5. Социальное государство

23 Ещё один важнейший конституционный принцип — положение о социальном государстве (ч. 1 ст. 20 ОЗ). Согласно ему, задачей государства является обеспечение достаточного уровня благосостояния граждан и справедливого социального равенства. Для этого государство должно создать определённые социальные механизмы. Разумеется, при применении принципа социального государства властные органы располагают достаточным «пространством для маневрирования», так как конституция лишь предписывает существование социального государства, но не устанавливает конкретное содержание этого принципа. Правительство, однако, в любом случае принимает на себя обязанности бороться с бедностью и дискриминацией определённых слоёв населения.

6. Партии

24 Политические партии — это объединения граждан, последовательно и продолжительно стремящиеся к участию в политическом волеизъявлении народа и его представительстве в парламентарных органах (федеральном и земельных). Полноценная представительная демократия не может существовать без партий, задача которых состоит в способствовании свободной политической конкуренции и участии в организации властных органов государства. Партии при многопартийной системе объединяют в себе политические мнения и ориентиры представителей всевозможных политических течений, постоянно влияя таким образом на общественное мнение. Они выдвигают своих членов в качестве кандидатов для выборов парламентских представителей. Партии являются связующим звеном между народом и государством и служат целям демократии и свободных выборов.

25 Благодаря этим важным функциям защита партий осуществляется в особом порядке на конституционном уровне (ст. 21 ОЗ). Во-первых, гарантируется независимость партий от государства. Они могут свободно (в определённых рамках) определять свою организацию, программу и действия по участию в политическом волеизъявлении. Эта свобода утрачивается лишь тогда, когда программа партии противоречит Основному

закону — в таких случаях партия может быть запрещена Федеральным конституционным судом. Тесно связан с этой свободой принцип равенства возможностей для всех партий. В первую очередь он означает возможность реально участвовать в политической конкуренции и получать материальную поддержку от государства. Государственное финансирование, которое несколько противоречит принципу независимости партий, оправдывается важной ролью партий для государства. Кроме того, всем партиям должны на паритетной основе предоставляться официальные помещения для собраний и т. д. Принцип равенства партий также распространяется на выделение для каждой из них времени радио- и телевещания.

Наиболее крупные партии Германии, в течение многих лет участвующие в работе Бундестага, это: 26

— *Христианско-демократический союз* (ХДС), а в Баварии — *Христианско-социальный союз* (ХСС), которые выступают за христианские ценности; обе партии состоят в одной фракции Бундестага.
— *Социал-демократическая партия Германии* (СДП), которая первоначально была партией рабочих, а ныне особенно активно выступает за социальную справедливость. Наряду с этими крупнейшими партиями важную роль играет *Свободная демократическая партия* (СвДП), выступающая в первую очередь за гражданские и экономические свободы. С 2013 года, однако, данная партия не представлена в Бундестаге. Партия «*Союз 90-х — Зелёные*» представляет интересы защитников окружающей среды и сторонников бережного обращения с природными ресурсами. В течение нескольких последних лет влияние приобрела также небольшая партия «*Левые*» — преемница коммунистической государственной партии бывшей ГДР (Социалистической партии единства Германии, СПЕ).

Б. Право государственной организации

I. Соотношение федерации и земель

С момента объединения Германия состоит из 16 федеральных земель: 27
Баден-Вюртемберг, Бавария, Берлин, Бранденбург, Бремен, Гамбург, Гессен, Мекленбург-Передняя Померания, Нижняя Саксония, Северный Рейн-Вестфалия, Рейнланд-Пфальц, Саар, Саксония, Саксония-Анхальт,

Шлезвиг-Гольштейн и Тюрингия. Земли совместно образуют немецкое федеративное государство. В данной федеральной структуре государства земли и федерация находятся в принципиально равных отношениях, т. е. наряду с федерацией земли также обладают признаками государства. Государственность земель означает, что каждая земля обладает собственной государственной властью, а также может устанавливать свой правовой порядок (государственная организация, государственные принципы, гражданские права) в собственной конституции. В федеративном государстве Германия земли объединены. Из этого следует, во-первых, что государственная власть земель (например, Баварии или Гессена) является немецкой государственной властью. Во-вторых, должна быть распределена компетенция по осуществлению государственной власти между федерациями и землями. В-третьих, должно быть обеспечено соответствие правопорядка земель праву федерального уровня.

1. Принцип однородности

28 Ч. 1 ст. 28 федеральной конституции, т. е. Основного закона, заставляет земли разрабатывать своё конституционное право таким образом, чтобы оно соответствовало принципам республиканской формы правления, демократизма, правового и социального государства по смыслу Основного закона. Это положение получило название «принцип однородности». Однородность означает не совпадение во всех деталях, а единообразие в основных вопросах. Федеративное государство не могло бы функционировать, если в землях действовали бы совершенно иные государственные правовые принципы.

29 Помимо этого функционирование федеративного государства обеспечивается тем, что определённые нормы Основного закона действуют непосредственно и в землях. В частности, основные права ОЗ действуют также в отношении государственной власти земель (ч. 3 ст. 1 в сочетании со ст. 142 ОЗ). Более того, федеральное право превосходит по значению право земель; т. е. определённая норма в рамках права земли (конституция земли, закон земли, земельно-правовое постановление) является недействительной, если она противоречит какой-либо норме федерального права (Основной закон, федеральный закон, федерально-правовое постановление) (ст. 31 ОЗ).

2. Законодательная компетенция

Основной закон регулирует вопросы распределения компетенции по осуществлению государственной власти между федерацией и землями, прежде всего для сферы законодательства. Земли имеют право принимать законы, если Основной закон не предоставит законодательные полномочия федерации (ст. 30, ст. 70 ОЗ). Федерация может издавать законы в тех областях, которые обозначены в специальном перечне. Необходимо проводить различие между исключительной и конкурирующей законодательной компетенцией федерации.

Сфера *исключительной законодательной компетенции* охватывает в основном области, для которых необходимы единые нормы для всей Германии, к примеру, международные сношения, гражданство, паспортная система, денежная система и воздушное сообщение (ч. 1 ст. 71, ч. 1 ст. 73 ОЗ). По данным вопросам земли не могут принимать законы. В сфере *конкурирующей законодательной компетенции* (ч. 1 ст. 72, ч. 1 ст. 74 ОЗ), которая распространяется на сферы гражданского права, уголовного права, судоустройства, судопроизводства, финансового и трудового права, законодательное полномочие землям принадлежит в основном (исключения: ч. 3 ст. 72 ОЗ) только тогда, когда и пока федерация не приняла то или иное правило. Данная норма необходима, как правило, для установления одинаковых жизненных условий на уровне федерации (ч. 2 ст. 72 ОЗ).

3. Административная компетенция

Распределение административной компетенции между федерацией и землями, т. е. компетенции по исполнению (или реализации) законов, регламентировано иным образом. Административная компетенция не тождественна по своему объёму законодательной компетенции. Земли исполняют не только свои собственные законы, но, как правило, и федеральные законы как «дела собственного ведения» (*земельное исполнение*, ст. 83 ОЗ). Они регулируют вопросы учреждения необходимых ведомств и административные процедуры (ч. 1 ст. 84 ОЗ). Федеральное правительство лишь осуществляет надзор в области того, исполняют ли земли федеральные законы в соответствии с действующим законодательством (ч. 3 ст. 84 ОЗ).

Случается и так, что земли исполняют федеральные законы по поручению федерации (*земельное исполнение по федеральному поручению*, ст. 85 ОЗ). Подобные случаи прямо предусмотрены в Основном законе. В таком случае учреждение административных ведомств, как и регулирование административных процедур, является, как правило, вопросом, относящимся к ведению земель. Но, во-первых, федерация может самостоятельно учреждать ведомства и устанавливать процедуру по исполнению законов (ч. 1 ст. 85 ОЗ), а, во-вторых, надзор федерации над землями таким образом усиливается в сравнении с земельным исполнением. Ведомства земель подчиняются указаниям компетентных высших федеральных ведомств, а федеральный надзор распространяется не только на правомерность исполнения законов, но и на его целесообразность.

34 Федерация берёт на себя исполнение законов только в нескольких областях, которые, в свою очередь, прямо определены в Основном законе (*федеральное исполнение*, ст. 86 ОЗ), напр., в области дипломатической службы, управления финансами федерации, федеральной полиции, информационных служб, охраны Конституции (ч. 1 ст. 87 ОЗ).

4. Компетенция по отправлению правосудия

35 Наконец, также и судебная власть распределена между федерацией и землями (ст. 92 ОЗ). Существуют федеральные и высшие суды федерации (ст. 96, 95 ОЗ), а также Федеральный конституционный суд (ст. 93, 94 ОЗ). Все другие суды находятся на уровне земель. Во многих случаях из этого следует трёхступенчатая структура юрисдикции в Германии: первой и второй инстанцией являются суды земель, а третьей – высшие суды федерации.

II. Высшие федеральные органы

36 Наиболее важными органами власти в системе государственного устройства Федеративной Республики Германия являются высшие федеральные органы. Их принято также называть «государственными» или «конституционными» органами федерации. К ним относятся: Бундестаг, Федеральное правительство, Бундесрат, Федеральный президент и Федеральный конституционный суд.

1. Бундестаг

37 Бундестаг – это парламент ФРГ. Он состоит из представителей немецкого народа, которые избираются в соответствии с ч. 1 ст. 38 ОЗ, и является центром парламентской формы правления.

а) Функции Бундестага

Главной функцией Бундестага является представление народа и легитимация всех органов государственной власти и их действий. Бундестаг издаёт федеральные законы и принимает решения по всем важным и значимым вопросам страны (ст. 76 и далее ОЗ). Законопроекты обычно составляются Правительством, которое принимает решение о том, какие политические задачи должны быть выполнены и какие законы для этого должны быть изданы или изменены. Похожим образом урегулирована сфера международных сношений федерации: федеральное правительство ведёт переговоры касательно международных договоров, Бундестаг должен ратифицировать договор посредством соответствующего закона, чтобы он мог быть утверждён и подписан Федеральным президентом (ст. 59 ОЗ).

Также Бундестаг существенным образом участвует в формировании других государственных органов. Прежде всего, он выбирает Федерального канцлера (ст. 63 ОЗ), который назначает членов правительства (министров) (ст. 64 ОЗ). Для этого требуется большинство голосов членов Бундестага. Как правило, самая крупная фракция объединяется вместе с маленькой фракцией для того, чтобы утвердить кандидата от общей большей фракции. В свою очередь, меньшая фракция или партия также получает представительство в правительстве. Эта коалиция сохраняется в течение всего периода выборов, чтобы в дальнейшем гарантировать правительству поддержку в Бундестаге.

Кроме того, Бундестаг, наряду с Будесратом, избирает половину из 16 судей Федерального конституционного суда (ч. 1 ст. 94 ОЗ). Он также принимает участие в избрании судей высших судов федерации посредством избрания представителей комитета, занимающегося подбором кандидатов на высшие судейские должности. Данный комитет состоит из министров земель, ответственных за соответствующие области деятельности, и такого же количества членов Бундестага. Совместно с уполномоченными на то федеральными министрами он принимает решение о назначении судей высших судов (ч. 2 ст. 95 ОЗ). При формировании Федерального собрания для выборов Федерального президента Бундестаг представлен половиной выборщиков (ч. 3 ст. 54 ОЗ). Он, как орган, непосредственно выбранный народом, косвенно придаёт вышеупомянутым органам демократическую легитимность.

41 Ещё одной функцией, которую берёт на себя Бундестаг, является контроль деятельности правительства. Поскольку Правительство осуществляет руководство государственной политикой, народ должен иметь возможность оказывать на него влияние посредством Бундестага. Таким образом, Бундестаг занимается не только изданием законов, но и тем, что препятствует принятию Правительством важных для народа решений. Бундестаг может также направлять запросы Федеральному правительству или вызывать его членов для того, чтобы получить актуальную информацию (ч. 1 ст. 43 ОЗ). Более того, он может четвертью своих депутатов созывать следственный комитет парламентской оппозиции для прояснения политически спорного случая или скандала (ст. 44 ОЗ). Но наибольшее влияние Бундестаг оказывает на формирование государственного бюджета (ч. 2 ст. 110 ОЗ). Кроме того, Бундестаг заключает международные договоры с другими государствами и решает вопрос о применении вооружённых сил ФРГ за рубежом (ч. 2 ст. 59 ОЗ).

б) Выборы в Бундестаг
аа) Избирательное право

42 Выборы, посредством которых немецкий народ определяет своих представителей, должны быть всеобщими, прямыми, свободными, равными и тайными (ч. 1 ст. 38 ОЗ). Посредством этих пяти принципов должна обеспечиваться справедливость выборов и эффективное распределение поданных голосов.

43 *Принцип всеобщности* гласит, что доступ к выборам должен получить каждый немецкий гражданин, независимо от пола, расы или политических убеждений. Данный принцип ограничивается лишь следующим требованием: избирателю должно быть, по меньшей мере, восемнадцать лет. С достижением восемнадцатилетнего возраста в Германии становятся совершеннолетними. Совершеннолетие требуется также и для реализации пассивного избирательного права, т. е. для права быть избранным в Бундестаг в качестве депутата.

44 *Непосредственность выборов* означает, что народ напрямую избирает своих парламентских представителей. Противоположная ситуация существует в США, где осуществляется голосование за выборщиков, которые впоследствии самостоятельно избирают представителей народа.

Более того, выборы в Германии должны быть *свободными*, что означает, 45
что каждый вправе сформировать своё собственное политическое мнение
и на его основе делать выбор. Кроме того, из принципа свободы выбора
также вытекает и то, что отсутствует обязательность выборов. Участие в
выборах является для граждан свободным.

Посредством *принципа равенства* гарантируется, что каждый человек 46
имеет один голос, независимо от того, кто именно голосует (равенство количественных значений). В пропорциональной системе выборов, которая
действует в Германии (см. ниже бб), каждый голос имеет значение в равной
степени, т. е. имеет одинаковый вес при распределении депутатских мандатов после результатов выборов. От данной системы отличается мажоритарная избирательная система, в которой при распределении мандатов не
играют роли голоса, поданные за кандидата, если он набирает их меньшее
количество по сравнению с соперниками.

Для того, что гарантировать независимые и на самом деле свободные 47
выборы, необходимо *тайное голосование*. Только таким образом можно
предотвратить внешнее давление.

бб) Избирательная система

Помимо данных принципов избирательного права, в Основном законе 48
больше не предусматривается ничего касательно избирательной системы.
В соответствии с Федеральным Законом о выборах в Бундестаг, в Германии
преобладают персонализированные пропорциональные выборы. Пропорциональные выборы означают, что депутатские места в Бундестаге распределяются между партиями пропорционально голосам, которые были за них
поданы. Всего Бундестаг располагает 598 местами, т. е. мандатами. Партия
или коалиция, которая набрала больше половины голосов, получает в соответствующем размере также и большинство мандатов в Бундестаге. Для того
чтобы избиратель оказывал влияние не только на распределение мест между
партиями, но ещё на выделение мест конкретным лицам, он может на выборах отдать два голоса (ср. § 4 Федерального Закона о выборах в Бундестаг).

Отдавая свой *первый голос*, избиратель выбирает в своём избирательном 49
округе (территориально ограниченная область) кандидата от данного округа.
В каждом избирательном округе выдвинута на выборы не только партия, но и
соответствующий кандидат. Лицо, получающее наибольшее количество голосов в избирательном округе, получает мандат в Бундестаге (так называемый

«прямой мандат»). Отдавая свой *второй голос*, гражданин выбирает в избирательном округе партию, которую он хотел бы видеть представленной в Бундестаге. После подсчёта голосов за определённую партию во всех избирательных округах рассчитывается число мест, которые данная партия займёт в Бундестаге. Эти места получают следующие лица: сначала все непосредственно выбранные кандидаты партии, а далее, если места ещё остаются, лица, которые избраны партией посредством внутреннего голосования и занесены ею в соответствующий список. В деталях данная избирательная система, однако, намного сложнее (ср. §§ 5, 6 Федерального Закона о выборах в Бундестаг).

в) Депутаты

50 Положение депутатов Бундестага особенно охраняется Основным законом. Депутат должен быть в состоянии выполнять свою задачу на благо народа добросовестно и ответственно. По этой причине, в соответствии с первым предложением ч. 1 ст. 38 ОЗ, при парламентских голосованиях депутат подчиняется только своей совести. Таким образом, он не связан инструкциями своей партии и является от неё независимым (*свободный мандат* в отличие от императивного мандата в советской избирательной системе).

51 Кроме того, депутаты пользуются защитой индемнитета и иммунитета. *Индемнитет* гарантирует депутату, что он не может быть впоследствии привлечён к ответственности за действия и высказывания в рамках своей депутатской деятельности. Только так может проявиться свободный мандат в полной мере (ч. 1 ст. 46 ОЗ). *Иммунитет* означает, что во время своей депутатской деятельности депутат не может быть привлечён к ответственности за преступления, которые совершены вне его деятельности в качестве депутата. Данная защита, однако, может быть отменена Бундестагом и не действует также, если депутат был задержан непосредственно при совершении или после совершения уголовно наказуемого деяния (ч. 2 ст. 46 ОЗ).

52 Депутат имеет также ряд других прав: например, он обладает правом выступать в Бундестаге и подавать заявления, может объединяться с другими членами той же самой партии во фракцию (а также выходить из неё), имеет право на вознаграждение и на возмещение расходов.

2. Федеральное правительство и Федеральный канцлер

53 Федеральное правительство (Кабинет министров) принадлежит к исполнительной ветви власти. Задача Правительства заключается в осуществлении

руководства государственной политикой — как внешней, так и внутренней. Оно принимает политические решения, которые не требуют оформления в виде парламентского закона. Кабинет состоит из Федерального канцлера и Федеральных министров (ст. 62 ОЗ). Федеральные министры занимаются в Правительстве каждый своей конкретной отраслью и несут личную ответственность за свою отрасль перед Федеральным канцлером согласно ст. 65 ОЗ. В то же время министры являются административными работниками, государственными служащими. Каждый федеральный министр осуществляет руководство своим министерством — исполнительным органом высшего звена. Среди важнейших министерств можно назвать министерство финансов, министерство иностранных дел, министерство внутренних дел, министерство экономики, министерство по делам окружающей среды, министерство юстиции, министерство труда и министерство по делам семьи.

Министры не избираются народом, а назначаются федеральным президентом по предложению Федерального канцлера (ч. 1 ст. 64 ОЗ). При выборе кандидата на должность министра Федеральный канцлер выражает волю избравших его. На должность министра может быть назначен также депутат Бундестага. Такая тесная взаимосвязь парламента и правительства является характерной особенностью т. н. парламентских республик, к которым относится и ФРГ.

Согласно ст. 63 ОЗ, Канцлер избирается квалифицированным большинством голосов депутатов Бундестага (т. н. канцлерским большинством). Поскольку на практике одной партии или фракции редко удаётся получить полное большинство в парламенте, как правило, для выбора Федерального канцлера необходима коалиция двух или более фракций, оформляемая в виде договора о коалиции, в котором также оговариваются политические цели нового правительства. Формально Федеральный канцлер назначается по предложению Федерального президента. Срок полномочий Канцлера соответствует сроку полномочий Бундестага (4 года — ст. 39, ч. 2 ст. 69 ОЗ). Однако Бундестаг может вынести Федеральному канцлеру вотум недоверия и большинством голосов избрать ему преемника (т. н. *конструктивный вотум недоверия*, ст. 67 ОЗ). Кроме того, Федеральный президент может по предложению Канцлера распустить Бундестаг в случае, если вопрос Федерального канцлера о доверии не получил большинство голосов членов Бундестага (*вопрос о доверии* — ч. 1 ст. 68 ОЗ).

56 Федеральный канцлер возглавляет Правительство. Он наделён компетенцией определять основные направления политики государства (ст. 65 ОЗ). Это означает, что он имеет право задавать направление работы каждого министерства. В любом случае эти основные направления политики должны отвечать ожиданиям парламентского большинства, то есть фракций в составе коалиции — иначе работа правительства не будет конструктивной. Федеральный канцлер несёт ответственность перед Бундестагом за осуществление этих полномочий (ст. 65 ОЗ).

57 Первый Федеральный канцлер, Конрад Аденауэр, занимал этот пост с 1949 по 1963 год, одновременно в 1951–1955 гг. являясь министром иностранных дел. Он добился объединения западных частей Германии после Второй мировой войны. 15 октября 1963 года, в возрасте 87 лет, Аденауэр передал пост своему преемнику Людвигу Эрхарду — тоже члену ХДС, который остался в памяти народа как «отец экономического чуда». Следующим Канцлером после отставки Эрхарда 1 декабря 1966 года стал Курт Георг Кизингер. Через два года он покинул свой пост, и в 1969 году Канцлером был впервые избран кандидат от СДП — Вилли Брандт. За свою политику примирения с ГДР он был награждён Нобелевской премией мира. После Брандта Федеральным канцлером стал член СДП Хельмут Шмидт. Он оставался в должности с 1974 по 1982 гг. и при нём было принято т. н. «Двойное решение НАТО». В результате конструктивного вотума недоверия на его пост был выбран Гельмутом Колем. Гельмут Коль — Канцлер эпохи объединения Германии и углубления европейской интеграции — избирался на должность пять раз. В 1998 году он ушёл в отставку, а на его место пришёл третий Канцлер от партии социал-демократов — Герхард Шрёдер. С 2005 года Федеральным канцлером является первая женщина на этой должности — Ангела Меркель из партии ХДС, с которой Германия стала ведущей политической силой Европейского союза.

3. Бундесрат

58 Как уже упоминалось выше, законодательная компетенция федерации ограничена перечнем полномочий, перечисленных в ст. 73 и 74 ОЗ. Несмотря на то, что этот ряд компетенций не подлежит урегулированию на уровне земель, участие земель в федеральном законотворчестве всё же не должно быть полностью исключено, так как правовые последствия принятия

федеральных законов распространяются и на земли. Поэтому существует орган для представительства земель в федеральном законотворчестве — Бундесрат. Это федеральный орган, который, однако, состоит из представителей региональных правительств. Согласно ч. 2 ст. 51 ОЗ, каждая земля обладает в нём тремя, четырьмя, пятью или шестью голосами, в зависимости от своей величины. Важно, что при принятии решений все голоса, принадлежащие одной земле, должны совпадать, поэтому представители той или иной земли не являются независимыми при голосовании.

Рассматривая роль Бундесрата в законотворческом процессе, можно выделить два вида законотворчества с его участием. Во-первых, существует категория законов, при принятии которых необходимо согласие Бундесрата – т. н. *Zustimmungsgesetze* (дословно — законы с подтверждением), затрагивающие особенно важные интересы земель. Круг интересов, по которым необходимо такое согласие, приведён в закрытом перечне ч. 3 ст. 105 ОЗ (к примеру, региональные налоги). В случае принятия всех остальных законов — т. н. *Einspruchgesetze* (дословно — законы с возражением), Бундесрату принадлежит лишь право высказать возражение против принятия (ч. 3 ст. 77 ОЗ). В конечном счёте, однако, Бундестаг может проигнорировать это возражение в случае, если переговоры между ним и Бундесратом не приведут к успеху (ч. 4 ст. 77 ОЗ).

Помимо участия в законотворчестве, Бундесрат наделён полномочиями избирать половину судей Федерального конституционного суда (ч. 1 ст. 94).

4. *Федеральный президент*

Федеральный президент является главой немецкого государства. Он выполняет роль представителя государства в повседневной политике. Однако он не имеет самостоятельных властных полномочий: его политические распоряжения приобретают силу только после контрассигнации члена правительства (ст. 58 ОЗ). Следовательно, он также не несёт политическую ответственность. Его деятельность не должна зависеть от политических пертурбаций и должна день ото дня символизировать стабильность государства в глазах народа.

Полномочия Президента как представителя государства особенно характерно проявляются в его отношениях с международным сообществом. Формально именно он заключает договоры с другими государствами (ч. 1

ст. 59 ОЗ). Кроме того, Президент принимает иностранных послов и посланников. Также он наделён рядом внутригосударственных полномочий, например, он назначает и отправляет в отставку министров, государственных чиновников и федеральных судей посредством издания соответствующих актов.

63 Кроме того, Федеральный президент может распустить Бундестаг в случае, если последний не поддержит большинством голосов предложенную кандидатуру Федерального канцлера либо не откажет ему в доверии (ч. 4 ст. 63, ст. 68 ОЗ). Кроме того, все законы вступают в силу лишь после их оформления Федеральным президентом (ч. 1 ст. 82 ОЗ), который также обладает ограниченными полномочиями на проверку издаваемых законов на предмет противоречия Основному закону (см. ниже III.). Наконец, согласно ч. 2 ст. 60 ОЗ, Президент имеет право помилования лиц, в отношении которых федеральным судом был вынесен обвинительный приговор.

64 Выборы Федерального президента осуществляются Федеральным собранием (ч. 1 ст. 54 ОЗ), которое наполовину состоит из депутатов Бундестага и наполовину из представителей, избранных парламентами земель (ч. 3 ст. 54 ОЗ). Эти представители не могут сами быть региональными парламентариями либо иным образом участвовать в политической деятельности, поэтому зачастую представителями избирают ушедших на пенсию партийных работников или знаменитостей.

65 Федеральный президент избирается сроком на пять лет и может быть переизбран лишь один раз (ч. 2 ст. 54 ОЗ). В течение срока своих полномочий он не может занимать никакие иные государственные должности (например, должность депутата Бундестага) и осуществлять какую-либо другую оплачиваемую деятельность (ст. 55 ОЗ). Только таким образом можно обеспечить независимость его позиций в политике и обществе. Также Президент пользуется таким же иммунитетом и индемнитетом, как и депутаты Бундестага (ч. 4 ст. 60 ОЗ).

66 В различное время должность Федерального президента в Германии занимали Теодор Хойс (два срока: 1949–1959), Генрих Любке (два срока: 1959–1969), Густав Хайнеманн (1969–1974), Вальтер Шеель (1974–1979), Карл Карстенс (1979–1984), Рихард фон Вайцзакер (два срока: 1984–1994), Роман Херцог (1994–1999), Йоханнес Рау (1999–2004), Хорст Кёлер (два срока: 2004–2010, ушёл в отставку), Кристиан Вульф (2010–2012, ушёл в отставку). С 2012 года Федеральным президентом является Йоахим Гаук.

5. Федеральный конституционный суд

Федеральный конституционный суд — полностью самостоятельный и независимый федеральный судебный орган (ч. 1 ст. 1 Закона о Федеральном конституционном суде, далее – «Закон о ФКС»). Этот суд не является типичным судебным органом, в отличие от остальных судов ФРГ. Как правило, все немецкие суды выстроены в трёхзвенную иерархию. Это означает, что существуют три судебные инстанции, и судебное решение или приговор могут быть обжалованы в непосредственно вышестоящую инстанцию. Однако Федеральный конституционный суд не является частью этой иерархической системы, он не является высшей инстанцией по пересмотру дел. Исключительной задачей Федерального конституционного суда является надзор за соблюдением конституции остальными государственными органами. В отличие от остальных судов, он не занимается обстоятельствами гражданско-правовых, уголовно-правовых или административно-правовых конкретных дел. Он наделён компетенцией лишь в отношении тех дел, в которых поднимается вопрос о толковании положений конституционного права. Перечень подобных дел устанавливается ст. 93 ОЗ и ст. 13 Закона о ФКС. Именно поэтому Федеральный конституционный суд является органом конституционного контроля (ч. 1 ст. 1 Закона о ФКС).

Он состоит из двух палат, сенатов, каждый из которых состоит из восьми судей. Половина судей избирается двумя третями большинства Бундестага, а другая половина — двумя третями большинства Бундесрата на двенадцатилетний срок без возможности переизбрания (§§ 4 Закона о ФКС и далее). Судьями могут выступать лица, достигшие сорока лет и имеющие высшее полное юридическое образование в соответствии с немецким Законом о судьях. Они не могут одновременно занимать какие-либо должности в Бундестаге, Бундесрате, Федеральном правительстве, а также в соответствующих органах власти земель (§ 3 Закона о ФКС).

Подробнее о компетенции Федерального конституционного суда см. ниже часть 4 гл. Б.

III. Законодательный процесс на уровне федерации

Основной закон достаточно подробно регламентирует процесс принятия федеральных законов (ст. 76 ОЗ и далее). В случае несоблюдения этого процесса закон будет считаться неконституционным уже по формальным причинам, вне зависимости от его материального содержания. Кроме того, федерация должна обладать компетенцией по принятию конкретного закона (ст. 70 ОЗ и далее); процедура принятия законов земель регулируется конституциями соответствующих земель.

71 Законодательный процесс федерации начинается с законодательной инициативы — подачи законопроекта в *Бундестаг* (ч. 1 ст. 76 ОЗ). В большинстве случаев законодательная инициатива исходит от федерального правительства. Законопроекты могут также исходить из Бундесрата или Бундестага. После того, как авторам законопроекта предоставят возможность предварительного выражения своей позиции (ч. 2, 3 ст. 76 ОЗ), уполномоченные на то комитеты Бундестага приступают к первому чтению. В рамках второго чтения в Бундестаге обсуждаются рекомендации и предложения по изменению законопроекта. Как правило, в рамках третьего чтения проводится голосование за законопроект. Все вышеупомянутые положения содержатся в Регламенте Бундестага.

72 Одобренный Бундестагом закон направляется в *Бундесрат* (ч. 1 ст. 77 ОЗ). В зависимости от вида закона (т. н. *Zustimmungsgesetz* или *Einspruchsgesetz* — см. выше) Бундесрат решает поддержать его или вынести возражение (ч. 2a, 3 ст. 77 ОЗ). Если Бундесрат отклоняет упомянутый «Zustimmungsgesetz», или если он желает воспользоваться своим правом на возражение, то созывается согласительная комиссия, состоящая из депутатов Бундестага и членов Бундесрата (ч. 2 ст. 77 ОЗ).

73 *Согласительная комиссия* разрабатывает проект поправок к закону, являющийся компромиссным для обеих сторон. Этот проект затем выносится на голосование, как в Бундестаге, так и в Бундесрате. Если оба органа одобряют его, то закон считается принятым. В случае, если компромисс в обоих органах не достигается, закон типа *Zustimmungsgesetz* считается отклонённым. Законы типа *Einspruchsgesetz* могут приниматься без согласия Бундестага, т. к. он может отклонить возражения Бундесрата квалифицированным большинством своих членов (ч. 4 ст. 77 ОЗ).

74 После одобрения закона согласно вышеприведённой процедуре (ст. 78 ОЗ) он подлежит подписанию *Федеральным президентом* (ч. 1 ст. 82 ОЗ). Так как Федеральный президент не может самостоятельно принимать имеющие силу политические решения, закон также подлежит контрассигнации Федерального канцлера либо компетентного министра (члена правительства). Федеральный президент не может отказаться промульгировать закон

из политических соображений. Иным образом обстоит дело, если, по его мнению, закон противоречит конституции. Согласно преобладающему мнению, Федеральный президент наделён ограниченной компетенцией по проверке того, соответствовал ли процесс принятия закона конституционным требованиям, а также того, не существует ли очевидных (т. е. относительно легко заметных) противоречий конституции в содержании закона. Случаи, когда Федеральный президент не промульгирует закон на основании такой проверки, редки, однако встречались на практике. Это вызвало значительные политические неурядицы, поскольку, разумеется, Бундестаг убеждён в конституционности «своего» закона и, более того, конституционный контроль за содержанием законов по общему правилу является прерогативой Федерального конституционного суда.

На последней стадии законодательного процесса закон публикуется в «Вестнике федеральных законов» (ч. 1 ст. 82 ОЗ). Если иное не указано в самом законе, то он вступает в силу через 14 дней после опубликования (ч. 2 ст. 82 ОЗ). 75

В. Основные права

I. Естественные права

Всем людям от природы свойственно представление о том, что нужно творить добро и избегать зла. Каждый знает, что недопустимо убийство лиц, исповедующих другую веру, придерживающихся других взглядов, принадлежащих к другой национальности или наделённых какими-либо физическими недостатками. Пытки, посягательства на здоровье или психику людей противны человеческому естеству. Несмотря на это, в мире совершаются такие злодеяния, а иногда они даже узакониваются, но это не меняет сути. Такие деяния противоречат природе и разуму человека. Исходя из этого, в XVII–XVIII вв. развивается концепция естественных прав, которые являются неотъемлемой частью правил человеческого общежития и имеют большую силу, чем любая государственно установленная норма позитивного права. 76

В центре системы естественных прав находятся достоинство и свобода личности каждого человека. Каждый индивид от природы наделён правом не восприниматься лишь в качестве объекта или инструмента, а также свободой, которая не может быть ограничена иначе как пределами такой же по 77 значению свободы другого человека и нормами человеческого общежития. Государственный правопорядок не должен нарушать границы и объём этих неотчуждаемых прав. Этим руководствуется и Основной закон, уже в ч. 1 ст. 1 которого закреплена неприкосновенность достоинства человека, что является основным и наиболее важным принципом конституции правового государства. То же установлено в ч. 2 ст. 1 ОЗ: естественные права признаются «основой всякого человеческого сообщества» (а также «мира и справедливости на земле»).

78 В настоящее время многие из этих неотчуждаемых прав содержатся в международных актах о правах человека, согласно которым государства обязуются друг перед другом следить за исполнением прав человека и защищать их своей суверенной властью (напр., Всеобщая декларация прав человека 1948 года, Европейская конвенция о защите прав человека и основных свобод 1950 года). Уже отсюда явствует, что со своими правовой и властной монополиями государство не только признаёт, но и обязуется обеспечивать соблюдение достоинства человека и свободы личности. Без наличия правовых норм и силы государственного принуждения для их применения невозможно обезопасить граждан от произвола других лиц. Государственное право, прежде всего, обеспечивает охрану свобод, без него свободы не могут действительно существовать.

79 Конституция правового государства не ограничивается лишь признанием международно-правовой силы прав человека, но и устанавливает внутригосударственные гарантии их действия и закрепляет соответствующие «основные права». Эти права обязательны для всех ветвей власти (ч. 3 ст. 1 ОЗ). Благодаря этому достоинство человека и основные права наделяются исковой силой, т. е. получают судебную защиту. Таким образом, правовое государство «гарантирует» (обеспечивает) право индивида.

II. Правовые последствия существования основных прав

80 Итак, основные права включают значимые права личности, которые признаются государством в качестве неизменных и получают судебную защиту. Каждый, кто считает, что его основные права нарушены государством, может обратиться в ФКС с конституционной жалобой (п. 4а ч. 1 ст. 93 ОЗ; ч. 8а ст. 13, § 90 и далее Закона о ФКС). Это является важнейшей функцией основных прав, ведь они наделяют индивидов *субъективными правами*.

Поэтому существование основных прав влечёт также *объективные правовые последствия*. В особенности на них следует обращать внимание при толковании и применении законов и иных норм конституции.

1. *Субъективно-правовые последствия*

а) *Право на защиту от государства*

Основополагающая функция основных прав состоит в том, чтобы защитить индивида от произвола государства. Основные права — это в первую очередь права по защите от государства. Индивид может с их помощью требовать недопущения и устранения властных действий, которые вторгаются в сферу его прав без конституционно оправданных на то причин более высокого порядка. 81

б) *Право на участие в управлении государством*

Основные права также включают право на участие в управлении государством. Каждый может осуществить свои права, участвуя в формировании государственных органов и принятии государственных решений (напр., активное и пассивное избирательное право, ч. 1 и 2 ст. 38 ОЗ). 82

в) *Право на получение государственных услуг*

Кроме того, основные права подразумевают и право на получение государственных услуг. Такое право имеет место в сферах жизнедеятельности, в которых в первую очередь государство через свои органы и услуги предоставляет возможность реализации основных прав, напр., в сфере школьного и высшего образования, коммунальных услуг (напр., водоснабжения), и социальной помощи (напр., помощи безработным). При внимательном рассмотрении становится ясно, что речь здесь идёт о равном, т. е. недискриминационном доступе индивидов к государственным социальным услугам. Этот доступ следует из наличия соответствующих прав и свобод (к примеру, право на выбор образования, ч. 1 ст. 12 ОЗ) в сочетании с принципом равенства (ч. 1 ст. 3 ОЗ) и принципом социального государства (ч. 1 ст. 20 ОЗ) (т. н. «*derivative Teilhabeansprüche*»). 83

Тем не менее, государственные средства ограничены, поэтому в праве на получение государственных услуг существует оговорка о разумных объёмах таких услуг, ограниченных ресурсами государства, в том числе 84 финансовыми. Поэтому наличие права на получение государственных услуг не означает, что государство обязано предоставить гражданину квартиру, место в образовательном учреждении или рабочее место. Гражданин имеет лишь право на получение прожиточного минимума, что следует из обязанности государства защищать человеческое достоинство (ч. 1 ст. 1 ОЗ).

г) Право требования государственной защиты прав

85 Наконец, основные права также позволяют индивиду требовать от государства их активной защиты в случае угрозы им, исходящей от третьих лиц (угрозы жизни, свободе, праву собственности и т. д.). Основные права не имеют силы по отношению к третьим лицам, и нельзя апеллировать к основным правам в случае их предполагаемого нарушения частным лицом — основные права непосредственно действуют только в отношениях индивид-государство. Однако государство, согласно ч. 3 ст. 1 ОЗ, является связанным основными правами и поэтому обязано защищать их в случаях посягательства или угрозы, исходящих от частных лиц.

86 Обязанность государства защищать права в первую очередь исходит из обязательства государства по предоставлению гарантий основных прав. Однако в определённых обстоятельствах возможности государства по принятию мер для выполнения этой обязанности являются настолько ограниченными, что для индивида предусматривается право требовать совершения конкретных действий, если государство не предприняло мер или предприняло недостаточно мер по устранению нарушения прав.

2. Объективно-правовые последствия

а) Объективная система ценностей

87 Сущность основных прав заключается не только в предоставлении субъективных прав. Из них исходят также и объективные последствия. Это означает, что основные права имеют правоприменительное значение не только в тех конкретных случаях, когда речь идёт защите жизни, достоинства, свободы или собственности индивида. Более того, основные права составляют в своей совокупности объективную систему конституционных ценностей, на которую органы государственной власти (законодательной, исполнительной, судебной) должны постоянно ориентироваться. Из основных прав в общем также следует объективная обязанность государства поддерживать

свой правопорядок в соответствии с нормативными решениями об основных правах по защите жизни, достоинства, свободы и собственности.

б) Влияние основных прав и обязанность государства по их защите

Объективно-правовым последствием существования основных прав является также их влияние на все законы и иные правовые нормы конституции. Ни один закон не может противоречить основным правам. Более того, все законы должны по возможности иметь такую формулировку, чтобы их применение в конкретных случаях не нарушало основные права (принцип соответствия основным правам правотворчества и правоприменения). Такое влияние основных прав ограничено случаями нарушения законами основных прав, при которых закон является неконституционным. 88

Ещё одним объективным последствием основных прав является обязанность государства по защите основных прав. Это означает, что основные права обязывают государство заниматься их защитой, т. е. предотвращать случаи нарушения основных прав (право на жизнь, достоинство личности, свободы, право собственности) третьими лицами. В определённых обстоятельствах индивид имеет возможность субъективного требования от государства выполнения его обязательств (см. выше гл. 1. г.). 89

в) Институционные гарантии

Наконец, некоторые основные права также одновременно содержат в себе определённые институционные гарантии. Термин «институционные гарантии» означает наличие определённых конституционно защищаемых частных институтов, таких как свободная пресса (ч. 1 ст. 5 ОЗ), брак (ч. 1 ст. 6 ОЗ), свобода обучения в частной школе (ч. 4 ст. 7 ОЗ), право собственности и наследования (ч. 1 ст. 14 ОЗ). Институциональные гарантии, в свою очередь, защищают соответствующие публично-правовые учреждения, например, государственную службу (ч. 5 ст. 33 ОЗ) или местное самоуправление (ч. 2 ст. 28 ОЗ). Значение этих гарантий для законодателя заключается в том, что он может в подробностях регулировать и разрабатывать эти институты, однако не может их совершенно устранить или посягнуть на них своими действиями. Таким образом, брак, право собственности или самостоятельность общин существуют в качестве нерушимых правовых институтов. 90

III. Обязывающий характер основных прав

91 Согласно ч. 3 ст. 1 ОЗ, основные права обязательны для законодательных, исполнительных и судебных органов как нормы права прямого действия. Также основные права обязательны для исполнения всеми государственными предприятиями, т. е. экономическими предприятиями, руководство которыми осуществляется государством или в которых преобладает доля участия государства (напр., энергетические, строительные, транспортные, авиационные предприятия).

92 В отличие от этого, как правило, в отношениях между частными лицами основные права не действуют. Однако, несмотря на то, что в частном праве не признаётся прямое действие основных прав, они обладают непрямым действием. Юридические понятия, которым не дано законодательное определение, например, принцип добросовестности (ст. 242 ГГУ) или запрет аморального поведения (ст. 138, 826 ГГУ), должны толковаться с оглядкой на основные права. Таким образом, при рассмотрении гражданско-правового спора недопустимо игнорирование судом существования основного права или его неправильное истолкование.

93 Следует обратить внимание на то, что основные права ОЗ являются обязательными лишь для немецких государственных властей. По отношению к нормативным актам Европейского союза, напр., директивам Совета ЕС или решениям Европейской комиссии (см. ниже часть 5, гл. Б. IV.), немецкие основные права имеют лишь «запасную» функцию, рассчитанную на случаи нарушения европейскими властными органами основных прав ЕС, которыми они связаны (ср. Европейскую хартию основных прав). И, напротив, немецкая государственная власть (законодательная, исполнительная, судебная) обязана при применении европейского права руководствоваться основными правами ЕС.

IV. Сфера защиты основных прав

94 Под сферой защиты основных прав понимается охрана данных прав, гарантируемая основными нормами. Она состоит из лица (носителя основных прав; индивидуальная сфера защиты), которое защищается посредством основного права, и предмета правовой охраны (действие, состояние, материальная сфера защиты), который гарантируется.

1. Индивидуальная сфера защиты

а) Индивиды

Основные права распространяются в первую очередь на всех физических лиц. Согласно Основному Закону Федеративной Республики Германия ими обладают или все (каждый человек), или граждане страны. Примерами *основных прав, принадлежащих каждому человеку* являются: право на уважение и защиту человеческого достоинства (ч. 1 ст. 1 ОЗ), свобода действий (свободное развитие личности, ч. 1 ст. 2 ОЗ), право на жизнь (ч. 2 ст. 2 ОЗ), свобода вероисповедания и свобода слова (ч. 1 ст. 4, ч. 1 ст. 5 ОЗ), право на защиту собственности (ч. 1 ст. 14 ОЗ). Примерами *основных прав, которые принадлежат гражданам Германии*, являются: избирательное право на основе принципа демократии (ч. 1 ст. 38 в сочетании с ч. 2 ст. 20 ОЗ), а также в области охраны свободы – свобода собраний (ч. 1 ст. 8 ОЗ). В ч. 1 ст. 116 ОЗ содержится определение понятия «немец» (гражданин Германии). Как правило, им является тот, кто обладает немецким гражданством.

Граждане иностранных государств, входящих в состав Европейского союза, обладают в результате таким же объёмом защиты основных прав. Согласно праву Европейского союза (ст. 18 ДФЕС), запрет дискриминации подразумевает равенство граждан ЕС с гражданами ФРГ.

Граждане других иностранных государств, не входящих в ЕС, обладают основными правами, которые предоставлены всем, а также правом на убежище (ст. 16а ОЗ), которое адресовано специально иностранцам. Часто, однако, посредством простых законов иностранным гражданам предоставляются такие же права, как и немцам, к примеру, свобода собраний согласно ч. 1 § 1 Закона о порядке проведения собраний.

В Германии, согласно ч. 2 ст. 2, а также ч. 1 ст. 1 ОЗ, основные права уже защищаются у ещё не родившегося человека (пример: выкидыш). При этом заканчивается защита не всегда в связи со смертью человека. Она может продолжаться посмертно (пример: подрыв репутации).

б) Юридические лица

В соответствии с ч. 3 ст. 19 ОЗ, основные права могут действовать также для юридических лиц частного права. Необходимым условием является то, что основные права должны быть применимы к природе юридических лиц. Юридическое лицо – это объединение лиц и имущества, которое признаётся законом в качестве субъекта права, т. е. в качестве носителя юридических прав и обязанностей. Примером юридических лиц могут служить акционерные общества (АО) или общества с ограниченной ответственностью (ООО). В отличие от ч. 1 ст. 1, к примеру, ч. 1 ст. 5 ОЗ может применяться к предприятиям, т. к. они не обладают человеческим достоинством, но посредством пресс-секретаря вполне способны публично выражать своё мнение. Другой пример: ч. 1 ст. 12 ОЗ охраняет не только индивидуальную свободу выбора и осуществления профессиональной деятельности, но также и свободу предпринимательства предприятий. Подобное расширение защиты основных прав физических лиц на юридические лица распространяется как на внутригосударственные, так и на зарубежные юридические лица из ЕС, и связано с существованием запрета дискриминации (ст. 18 ДФЕС).

100 Основные права, однако, по общему правилу не признаются за юридическими лицами публичного права, т. е. за государством, государственными структурами и учреждениями. Обеспечивать и защищать основные права – не право, а обязанность государства (ч. 3 ст. 1 ОЗ). Исключением является лишь случай, если нарушение основного процессуального права вызывает сомнение, как ст. 101 и ст. 103 ОЗ, или если юридическому лицу предоставлена специальная сфера, в которой оно имеет своей функцией организовать осуществление определённых индивидуальных свобод (публично-правовые высшие школы и университеты применительно к ч. 3 ст. 5 и ч. 1 ст. 12 ОЗ; публично-правовые радиокомпании применительно к ч. 1 ст. 5 ОЗ; церкви как публично-правовые структуры и религиозные организации согласно ст. 140 в сочетании с ч. 5 ст. 137 применительно к ст. 4 ОЗ.

2. Материальная сфера защиты

101 Материальная сфера защиты означает защищаемую основным правом сферу жизни. Им защищено не только действие, т. н. *позитивная свобода*, но также и бездействие, т. н. *негативная свобода*. К примеру, ч. 1 ст. 5 ОЗ защищает тех, кто желает высказывать своё мнение наряду с теми, кто этого делать не желает.

V. Ограничение основных прав

102 Основные права утрачивают свою защитную силу в случаях, когда общественные отношения, находящиеся под защитой основного права,

утрачивают эту защиту либо она ограничивается публичной властью. Это явление называют ограничением основных прав.

Ограничение основных прав закрепляется в акте исполнительной власти, решения суда или закона. Современное определение ограничения основных прав включает любые государственные меры, которые делают частично или полностью невозможным для индивида совершение тех или иных действий, предусматриваемых его основными правами. Например, в случае наложения на лицо запрета на отправление религиозных ритуалов, государство ограничивает охраняемую конституцией свободу вероисповедания (ч. 1, ч. 2 ст. 4 ОЗ).

Однако понятие ограничения основных прав не означает, что основное право было нарушено или попрано. Сущность такого ограничения заключается скорее в том, что конституция и в частности основные права предполагают определённые условия, при которых ограничение является оправданным, т. е. законным. Нарушение основного права имеет место лишь при отсутствии этих условий. Итак, в случаях ограничения государством основных прав всё зависит от того, является ли такое ограничение конституционно оправданным.

VI. Границы основных прав

1. Оговорка в законе

Ни одна свобода не является безграничной. Любая свобода имеет границы в виде таких же свобод третьих лиц. Поэтому ни одно основное право не является неограниченным. Для каждого основного права должны быть установлены границы, необходимые для защиты основных прав третьих лиц или общественных интересов.

В демократических правовых государствах эти границы могут устанавливаться исключительно законодательной властью. Существуют различные *оговорки в законах* касательно основных прав, согласно которым только законодатель имеет полномочия для установления границ и условий действия основных прав посредством издания закона, имеющего универсальное применение. Таким образом, ограничение основных прав может осуществляться исключительно посредством закона или на основании закона (посредством действий исполнительной или судебной власти). Основной закон различает разные виды подобных законных оговорок. Зачастую оговорка предусмотрена в тексте самой конституционной нормы. Проводится различие между простой и квалифицированной оговоркой в законе.

2. Оговорки в законе в основных правах

107 *Простая оговорка* прямым текстом допускает возможность ограничения права посредством закона или на основании закона. Так, согласно ч. 2 ст. 8 ОЗ свобода собраний под открытым небом может ограничиваться «посредством закона или на основании закона».

108 При наличии *квалифицированной оговорки* закон, устанавливающий ограничение основного права, должен отвечать чётко установленным требованиям. К примеру, согласно ч. 3 ст. 6 ОЗ, дети могут законно изыматься из семьи лишь в случаях неисполнения родителями или опекунами своих обязанностей или наличия иных угроз благополучию детей. Другой пример: право на свободное передвижение по всей федеральной территории может ограничиваться законодателем лишь в случаях, предусмотренных ч. 2 ст. 11 ОЗ.

3. Непосредственные конституционные ограничения

109 Наконец, существуют основные права, к которым не предусмотрена оговорка. К примеру, ч. 1, ч. 2 ст. 4 и ч. 3 ст. 5 ОЗ. Однако это не означает, что эти права не могут ограничиваться и не имеют предела. Они тоже подлежат ограничениям, но особым квалифицированным ограничениям. Такие ограничения являются правомерными лишь для целей защиты основных прав третьих лиц или иных норм конституционного уровня. В таких случаях имеет место конфликт основных прав двух различных носителей этих прав либо же коллизия основного права с иной правовой нормой конституции. Так, свобода творчества одного лица (ч. 3 ст. 5 ОЗ) может вступить в противоречие с защитой достоинства личности (ч. 1 ст. 2 ОЗ) или собственности (ч. 1 ст. 14 ОЗ) другого лица, а отправление религиозных ритуалов (ч. 1, 2 ст. 4 ОЗ), как, к примеру, принесение животных в жертву согласно иудейским или мусульманским традициям, может создать коллизию с такой конституционной нормой, как защита животного мира (ст. 20а ОЗ). Каждый такой случай требует тщательного анализа. Однако нужно отметить, что каждый конкретный случай требует решения законодателя (это следует из принципов правового и демократического государства).

VII. Границы ограничений

Конституционные свободы не могут ни при каких обстоятельствах ограничиваться настолько, чтобы от них ничего не осталось. Иначе утратилась бы их ценность. Более того, задачей государства является расширение насколько возможно основных прав, т. е. максимальное сужение ограничений. По этой причине ограничения основных прав должны в свою очередь иметь свои ограничения, которые называют границами ограничений. 110

1. Принцип соразмерности

Наиболее значимым в контексте границ ограничений основных прав является принцип соразмерности, применение которого предполагает учёт требований фактической справедливости. Это означает, что государство не может ограничивать основные права чрезмерным образом, т. е., в большей степени, чем это необходимо (запрет чрезмерности ограничений). 111

Кроме этого, необходимо определить, какой цели должно служить ограничение того или иного основного права. Ограничение основного права должно быть: (1) направленным на достижение этой цели; (2) необходимым для достижения этой цели; (3) соразмерным, т. е. адекватным. Критерий *направленности на достижение цели* означает, что нельзя полностью исключить возможность достижения данной цели посредством установления ограничения. *Необходимость для достижения цели* означает, что применение менее существенных мер предположительно не поможет в достижении данной цели. Наконец, в каждом конкретном случае нужно рассматривать критерий *соразмерности ограничения его цели*, или адекватности. 112

Например, соразмерным согласно ч. 2 ст. 6 ОЗ является требование закона об изъятии из семьи и помещении в попечительское учреждение или в опекунскую семью ребёнка, который подвергался побоям. Законная цель в данном случае — благополучие ребёнка. Изъятие ребёнка из семьи имеют своей целью направлено на достижение этой цели. Более того, не существует менее радикальной меры, которая бы обеспечила достижение той же цели — защиты ребёнка от дальнейших побоев. Следовательно, решение об изъятии ребёнка согласно ч. 2 ст. 6 ОЗ является (конкретно в данном случае) адекватным и правомерным и имеет приоритет над правами родителей ввиду того, что дальнейшее пребывание ребёнка в семье сопряжено с существенной опасностью для его благополучия 113

114 Принцип соразмерности буквально не сформулирован ни в одной части Основного закона, однако следует из общего принципа правового государства (ведь правовое государство — государство, которое при принятии мер придерживается соображений адекватности и соразмерности) и из сущности основных прав (ведь государство, хотя и может ограничивать их, но всё же является «связанным» ими — ч. 3 ст. 1 ОЗ).

2. Принцип практического баланса

115 Принцип практического баланса применяется при возникновении конституционно-правовой коллизии (см. выше VI. 3.). Между вступающими в противоречие основными правами и/или конституционными нормами путём сбалансированной оценки находится компромисс так, чтобы учесть права обеих сторон. При этом ограничение сферы действия основных прав обеих сторон должно быть, насколько это возможно, минимальным и должно происходить лишь в случае бесспорной необходимости защиты права противоположной стороны.

3. Гарантия нерушимости содержания (существа) основных прав

116 Последней, незыблемой границей, препятствующей нарушению основных прав является гарантия от нарушения основных прав. «Сущность основного права ни в коем случае не может быть затронута» (ч. 2 ст. 19 ОЗ). Посредством этого положения должно предотвращаться выхолащивание основных прав. В данном случае речь идёт в первую очередь о защите содержания конкретного права заинтересованного лица, а не об абсолютной нерушимости всех его прав.

VIII. Особая защита основных прав

117 Согласно формулировке т. н. «вечного положения» - ч. 3 ст. 79 ОЗ, запрещается любое изменение Основного закона (посредством Федерального конституционного закона, ч. 2 ст. 79 ОЗ), находящееся в противоречии с основополагающими принципами ст. 1 (и ст. 20 ОЗ).

118 Помимо этого, согласно ч. 1 ст. 19 ОЗ законы, ограничивающие основные права, должны носить общий характер, а не касаться лишь одного отдельного случая, то есть приниматься не в отношении конкретного индивида, а

иметь универсальное применение (т. н. «*Verbot des Einzelfallgesetzes*»). Таким образом, предотвращается произвол законодательной власти.

По отношению к определённым ограничениям основных прав действует положение (т. н. «*Zitiergebot*»), согласно которому в законе, ограничивающем основное право, должно быть указано это право со ссылкой на статью Основного закона (ч. 1 ст. 19 ОЗ), т. е. запрещается просто назвать основное право без ссылки на конкретное конституционное положение. Применение этой нормы должно обеспечить большую правовую ясность, а также напомнить законодательной власти о том, что при принятии того или иного закона она ограничивает основные права. 119

IX. Обзор важнейших основных прав

Полноценный анализ всех основных прав ФРГ не уместился бы в рамки настоящей работы. Поэтому в нижеприведённом обзоре рассмотрены лишь несколько важнейших основных прав. 120

1. Неприкосновенность достоинства личности

Гарантия неприкосновенности достоинства личности (ч. 1 ст. 1 ОЗ) находится в тексте Основного закона прежде всех остальных норм. Эта гарантия является важнейшим конституционным принципом. Индивид имеет право на то, чтобы самостоятельно, собственной волей решать свою судьбу и на то, чтобы его уважали как человеческую личность. Достоинство личности является основой для свобод, предоставляемых ей в соответствии с нормами о правах человека и основных правах. 121

Достоинство личности является «неприкосновенным», т. е. индивид не может подвергаться унизительному, бесчеловечному отношению и рассматриваться лишь как неодушевлённый объект. Неприкосновенность среди прочего включает запрет пыток и эвтаназии. Также ч. 1 ст. 1 запрещает клонирование человека и (с некоторыми исключениями) аборт, т. е. умерщвление плода. Перед смертью человека запрещается совершение активных действий по её приближению, в т. ч. эвтаназии. Также имеет место право на достойный уровень существования, т. е. нуждающийся может подать заявление о помощи в предоставлении работы или жилья. 122

В соответствии с конституционной гарантией неприкосновенности достоинства личности немецкое государство выступает против любой формы 123 тоталитаризма, как, например, режима национал-социалистов, существовавшего с 1933 по 1945 год.

2. Право на свободное развитие личности, жизнь, физическую неприкосновенность и свобода личности

124 Ч. 1 ст. 2 ОЗ защищает право на свободное развитие личности. Под этим подразумевается *свобода действий* индивида. Каждому дозволено делать всё, что он собственным суждением посчитает разумным. Следовательно, сфера защиты этого права чрезвычайно широка и включает любое поведение человека, является ли оно в действительности разумным или же представляет значение лишь в глазах самого индивида. Таким образом, ч. 1 ст. 2 ОЗ без правовых пробелов обеспечивает защиту активного осуществления своих свобод. В данном случае защищается человеческая свобода как таковая. Каждый должен самостоятельно управлять своей жизнью. Поэтому ч. 1 ст. 2 содержит т. н. главное право на свободу.

125 Все дальнейшие основные права конкретизируют эту свободу, касаясь конкретных чётко определённых сфер: свобода передвижения (ч. 2 ст. 2 ОЗ), свобода вероисповедания (ч. 1, ч. 2 ст. 4 ОЗ), свобода выражения мнения (ч. 1 ст. 5 ОЗ) или свобода занятия творчеством (ч. 3 ст. 5 ОЗ). При необходимости догматического определения взаимоотношения между этими узкоспециальными свободами и главной свободой (ч. 1 ст. 2 ОЗ) ч. 1 ст. 2 ОЗ применяется как субсидиарная, т. е. узкоспециальные основные права имеют приоритет в правоприменении. Поэтому, к примеру, свобода исповедовать религию и исполнять религиозные ритуалы конституционно защищается согласно и в границах ч. 1 и 2 ст. 4, а не согласно ч. 1 ст. 2 ОЗ. Однако, если обстоятельства конкретного случая не попадают под сферу защиты специальной свободы, то для защиты индивида можно сослаться на ч. 1 ст. 2 ОЗ. Поэтому эту норму иногда называют «запасным правом». Она предотвращает возможность чрезмерного сужения сферы защиты основных прав из-за слишком узкого толкования специальных свобод.

126 В ч. 1 ст. 2 ОЗ в сочетании с ч. 1 ст. 1 ОЗ речь идёт об общем праве личности, включающем защиту чести и достоинства, частной сферы, право на самоидентификацию, права на собственные изображения и слова, а также право на защиту личных данных. В отличие от права на свободу действий индивида в данном случае речь идёт о защите внутренних условий

свободного развития личности, т. е. о праве на невмешательство в частную жизнь и собственное определение своей личности.

В ч. 2 ст. 2 ОЗ говорится о *праве на жизнь и физическую неприкосновенность*. *Право на свободу личности* (ч. 2 ст. 2 ОЗ), предоставляет каждому возможность самостоятельно избирать место своего пребывания и проживания и возможность свободного передвижения. На этом основании полиции не дозволено задерживать лицо более, чем на 48 часов. Ограничение свободы может налагаться исключительно судьёй на основании законных предписаний (ст. 104 ОЗ). 127

3. Принцип равенства

Ч. 1 ст. 3 ОЗ содержит такое основное право, как принцип равенства, или принцип равных свобод для всех. Все лица имеют равные права перед законом универсального действия. При этом ч. 1 ст. 3 ОЗ не требует полного равенства людей: интеллектуального равенства, равенства в жилищных условиях, одинаковых жизненных целей и т. д. Люди различаются между собой, и поэтому они также по-разному используют свои равные свободы. 128

Однако государство и его служащие не имеют право, проявляя произвол, по-разному относиться к сходным правоотношениям или одинаково относиться к принципиально различным правоотношениям. Такая дискриминация должна иметь законные основания, иначе она будет считаться государственным произволом. Это относится как к изданию законов, так и к их применению органами исполнительной власти. 129

Положения ч. 1 ст. 3 ещё называют главной гарантией равенства. Она применяется лишь в случаях, когда нельзя сослаться непосредственно на узкоспециальную гарантию равенства, напр., право на равенство мужчины и женщины (ч. 2 ст. 3 ОЗ) или запрет дискриминации (ч. 3 ст. 3 ОЗ). 130

4. Свобода вероисповедания

Ст. 4 ОЗ защищает не только право индивида исповедовать религию и исполнять религиозные ритуалы, но и свободу мировоззрения (в том числе религиозного) как таковую. Государство в Германии должно придерживаться религиозно-мировоззренческого нейтралитета, а ни одна религия не может признаваться государственной. 131

5. Свобода выражения мнения, свобода информации, прессы, радио и телевидения

132 Свобода выражения мнения, информации, прессы, радио и телевидения (ч. 1 ст. 5 ОЗ) являются неотъемлемыми элементами свободного демократического государства. Каждый гражданин должен иметь право на свободное выражение своего мнения и не может преследоваться за него государством. Точно так же существует свобода СМИ. Это в первую очередь означает, что в журналистике запрещена цензура любого рода. Посредством плюрализма источников информации (радиопередачи, газетные издания, Интернет и т. д.) достигается нейтральная и сбалансированная подача информации населению Германии. Индивид должен иметь постоянный доступ к открытой обществу информации.

6. Свобода собраний

133 Свобода собраний (ст. 8 ОЗ) гарантирует право собираться с согражданами, чтобы совместно выразить своё мнение. Это право тоже неотъемлемо для любого свободного демократического государства. Из него также следует, что государство не правомочно требовать предварительного уведомления о собрании или демонстрации и обязательного их санкционирования. Существует лишь одно условие для защиты данного основного права — собрание должно проходить мирно и без оружия.

7. Свобода выбора профессии

134 Свобода профессиональной деятельности включает, во-первых, право всех немцев свободно избирать профессию, место работы и учёбы и, во-вторых, право свободно осуществлять свою профессиональную деятельность за исключением несоблюдения законодательных запретов (ч. 1 ст. 12 ОЗ). Однако ст. 12 ОЗ не гарантирует каждому получение работы. Во-первых, для получения работы индивид должен обладать соответствующей квалификацией и, во-вторых, разумеется, необходимо наличие свободной рабочей вакансии. Гарантию получения работы для всего населения ст. 12 ОЗ не содержит.

8. Право собственности

135 Ч. 1 ст. 14 ОЗ защищает право собственности, т. е. право индивида обладать любыми имеющими ценность благами, имеющимися у него. Понятие

«собственность» включает материальные объекты (дом, машина и т. д.), так и, к примеру, доли в коммерческих обществах, авторские права, права требования возмещения ущерба согласно обязательственному праву. Возможность изъятия собственности является существенным ограничением этого права и поэтому дозволяется исключительно на основании закона и при предоставлении соразмерной компенсации (т. н. «оговорка о взаимосвязи»). Причём это является возможным лишь в случаях, когда затронуты особенно важные общественные интересы (ч. 3 ст. 14 ОЗ). С другой стороны, собственность используется в общественных интересах (ч. 2 ст. 14 ОЗ), т. е. пользование собственностью может быть в целях защиты общественных интересов ограничено (с учётом принципа пропорциональности).

Глава 2: Административное право

A. Общее административное право

136 В соответствии со ст. 30 ОЗ, осуществление государственных полномочий и выполнение государственных задач, как правило, относится к компетенции земель. Таким образом, в основном именно земли осуществляют государственную административную деятельность (ст. 83 и далее ОЗ). Полномочия федерации распространяются лишь на определённые сферы, такие, как, к примеру, оборона, международные отношения и сфера финансов федерации (см. выше: часть 1, гл. Б. I. 3.).

137 Если государство (федерация или земля) самостоятельно выступает в качестве правоспособного субъекта административного права, то оно действует посредством органов власти, которые занимаются выполнением административной работы. В данном случае речь идёт о *непосредственном государственном управлении*. Его следует отличать от формы организации *опосредованного государственного управления*, при котором государство создаёт другие правоспособные субъекты (юридические лица публичного права), занимающиеся выполнением административных задач наряду с органами власти. При этом государство осуществляет над ними надзор. Общины, округи (коммуны), равно как органы государственного пенсионного страхования и государственные университеты являются примерами подобных субъектов. Положения об этом закреплены в ОЗ, а также в соответствующих законах.

138   Административное право, таким образом, состоит из совокупности правовых норм, которые регулируют правовые отношения между должностными лицами и гражданами, а также между должностными лицами и органами власти. По отношению к гражданам административное право регулирует компетенции, задачи, методы и полномочия государственного управления в лице государственных органов. Общая часть административного права содержит, как правило, общие положения (закрепленные прежде всего в АПК). Особенная часть регулирует детали соответствующих подотраслей (к примеру, административно-хозяйственное право, административно-экологическое право, административно-строительное право).

I. Законность в административном праве

1. Верховенство закона и оговорка в законе

139 Согласно принципу *верховенства закона*, не допускается нарушение существующих положений закона каким-либо административным актом. Обращаясь с соответствующей жалобой в суды, граждане могут добиться того, чтобы подобный акт был признан незаконным и отменён.

140   Понятие обязательности закона включает в себя обязательность исполнения законов парламента (Бундестага или Ландтага), а также любых других нормативно-правовых актов, не являющихся парламентскими законами (например, директивы и регламенты). В данном случае речь идёт о праве Европейского союза (ЕС). Если правовые нормы и акты ЕС действуют в Германии непосредственно или иным образом должны быть приняты во внимание, то они распространяют своё обязательное действие и на административные органы.

141   Последние, в свою очередь, руководствуются данными актами и нормами в случае их правомерности. Всё законодательство должно всегда соответствовать вышестоящим по юридической силе правовым источникам. При этом административные органы должны соблюдать иерархию, в которой находятся законы и нормы. Европейское право всегда обладает высшей юридической силой по сравнению с национальным (см. ниже часть 5, гл. Б. IV. 4). Что касается национального права, то конституционное право превосходит по значению все законы. Федеральное право имеет приоритет перед земельным правом. При этом все законы превосходят по юридической

силе правовые распоряжения, а последние имеют приоритетное значение перед положениями.

Согласно принципу подчинения закону административных органов (ч. 3 ст. 20 ОЗ), данные органы *в определённых случаях* не вправе совершать действия, не предусмотренные законом (т. н. *оговорка в законе*). В частности, если административное действие сопряжено с посягательством на правовые свободы или на право собственности граждан (т. н. административное посягательство), то оно считается правомерным, только если его совершение основано на соответствующем парламентском законе, предусматривающем данное посягательство. Если же управомочивающая норма установлена в правовом распоряжении или постановлении, то необходимо издание соответствующего парламентского нормативного акта. Данная общая оговорка в законе более детально урегулирована, в частности, в ч. 2 ст. 2, ч. 2 ст. 5, ч. 2 ст. 8 ОЗ. 142

2. Принцип ограничения административных полномочий

Соблюдение административными органами требований законности подлежит судебному контролю. Это означает, что по заявлению гражданина суды проверяют административное действие на предмет соответствия закону (ср. с ч. 4 ст. 19 ОЗ). При этом суды не могут действовать вместо административного органа (учитывается *принцип разделения властей*). Административным органам, таким образом, предоставляется право самостоятельного принятия решений, если закон их соответствующим образом на то уполномочивает. 143

Это происходит в том случае, если закон при соответствующих обстоятельствах не устанавливает конкретные действия, которые могут совершать административные органы (т. н. принцип «*gebundene Verwaltung*», или дословно «связанного исполнения»), а лишь создаёт возможность действовать в определённых рамках, не устанавливая перечень конкретных допустимых действий. Тем самым, административные органы уполномочены самостоятельно решать вопрос о правовом последствии соответствующего действия (т. н. принцип «*Ermessensverwaltung*», или дословно «исполнения по усмотрению»). В случае, если какая-либо публично-правовая норма устанавливает, что компетентный орган «может» или «вправе» отозвать разрешение (одобрение, лицензию) на занятие ремесленной деятельностью, то вопрос 144 об издании соответствующего распоряжения решается самим органом при наличии законных оснований. Не допускаются, однако, произвольные действия со стороны данного органа, который должен учитывать границы свободного усмотрения (§ 40 АПК). Судебный контроль административных органов ограничивается в данном случае соблюдением этих границ. Схожее применяется и тогда, когда, согласно закону, административным органам предписывается достичь определённой цели (к примеру, планирование «сбалансированного» пространственного развития в общинах и регионах), но не конкретизируется её содержание.

145 Наконец, возможна ситуация, в которой закон использует т. н. *неопределённые правовые понятия*. Например, закон позволяет издавать запрет на занятие ремеслом, если ремесленник является «недобросовестным». В данном случае уже затрагивается вопрос о том, когда признается факт наличия недобросовестности, а не только о том, может ли или должен ли административный орган издать соответствующий запрет. Подобные неточные правовые понятия открывают возможность их произвольного толкования и оценки, которые в значительной мере используется судами. В большинстве случаев, однако, административные органы поддаются неограниченному судебному контролю.

3. Принцип пропорциональности

146 Любое административное действие должно соответствовать принципу соразмерности. В частности, данный принцип действует в отношении каждого распоряжения и постановления, которые связаны с ущемлением конституционно-правовых свобод или права собственности того или иного лица. Подробнее о принципе пропорциональности см. выше в гл. «Основные права», ч. 1. В. VII. 1.

II. Правовые формы административных действий

147 В соответствии с законодательством (см. выше I.), административные органы работают как в отдельных индивидуально-конкретных случаях, так и в рамках общего правотворчества. В отдельных случаях административные органы издают в отношении граждан т. н. *административные акты* (см. ниже III.).

Общее правотворчество (для неопределённого числа граждан и случаев) осуществляется в форме правовых распоряжений или положений. Они являются законами не в формальном смысле (как, к примеру, парламентские законы), а в материальном смысле. *Правовые распоряжения* издаются министрами, правительствами, а также другими административными органами на основе законов (ч. 1 ст. 80 ОЗ) и конкретизируют соответствующую норму закона. Например, Распоряжение об упаковках принято на основе Закона об утилизации отходов. *Положения* издаются, как правило, административными лицами (имеющими отношение к непрямому государственному управлению) для вопросов, не подлежащих урегулированию в рамках Конституции или какого-либо закона. Например, определение общих направлений градостроительного развития общин на основе плана застройки.

III. Административный акт

1. Понятие

Издание административных актов является весьма важной с практической точки зрения и одной из основных форм действия административных органов. Административный акт представляет собой любое распоряжение, решение или другой документ, который принимается административным органом для урегулирования того или иного вопроса по отношению к гражданам в сфере публичного права (§ 35 АПК). Административный акт устанавливает, таким образом, какое поведение гражданина является правомерным согласно законодательству в каждом конкретном случае.

2. Виды

Существует два вида административных актов: благоприятствующие и обременяющие. *Благоприятствующий административный акт* устанавливает по отношению к адресату правовое преимущество (к примеру, разрешение на строительство, разрешение на занятие ремеслом, предоставление субсидии). *Обременяющий административный акт*, напротив, требует от адресата каких-либо действий или воздержания от них, посредством чего нарушается его свобода действий (к примеру, полицейское предписание, прекращение занятия ремеслом, запрет проведения собраний, распоряжение о сносе постройки).

3. Действие, оспоримость, окончательность, исполнимость

151 Административный акт *вступает в силу* тогда, когда об этом уведомляется соответствующее лицо, в отношении которого он вынесен (ч. 1 § 43, ч. 1 § 41 АПК). С этого момента данное лицо обязано следовать его предписаниям. Административный акт остаётся в силе, пока его не отменят, не истечёт срок его действия или его предписания не будут выполнены по другим основаниям (ч. 2 § 43 АПК). Только в случае, если акт признан ничтожным, он считается недействительным с самого начала. Примером может служить ситуация, при которой административный акт содержит значительную правовую ошибку (ч. 3 § 43, § 44 АПК). Особенность такого акта заключается в том, что, даже будучи неправомерным, он является обязательным, т. к. его вынесение порождает правовое последствие, а именно вступление его в силу (ч. 1 § 43 АПК).

152 Гражданин, однако, имеет возможность *оспорить* законность административного акта в суде (ч. 1 § 42 ПАС). Суд сможет отменить такой акт в том случае, если жалоба будет обоснованной. Таким образом, суду необходимо прийти к выводу, что административный акт является неправомерным и в связи с этим гражданин был ущемлён в своих субъективных правах (ч. 1 § 113 ПАС). Более того, гражданин может обратиться в суд с жалобой в случае, если административный орган не издал благоприятствующий административный акт, правом на который гражданин обладает. В таком случае суд своим постановлением обяжет упомянутый орган издать соответствующий акт (ч. 5 § 113 ПАС). В обоих случаях жалоба будет принята на рассмотрение, если она подана в течение одного месяца (§ 74 ПАС). По истечении упомянутого срока оспорить изданный административный акт более не представляется возможным. Таким образом, он становится *окончательным*. Подробнее об этом см. ниже раздел «Административно-процессуальное право» (часть 4, гл. В.).

153 Административный орган в силах самостоятельно привести в исполнение акт, вынесенный им в отношении гражданина, даже если последний не в силах его оспорить. Принудительные меры применяются в случае неисполнения или игнорирования вынесенного и вступившего в силу акта. Не требуется даже судебного постановления. Данная процедура урегулирована в законах административно-исполнительного права (в частности, АИК). Граждане вправе подавать жалобы в суд на исполнительные акты административного органа в случае их незаконности.

4. Форма, определённость и обоснованность

Административный акт может издаваться в письменной, устной или иной форме (ч. 2 § 37 АПК). Круг адресатов, равно как и содержание акта, должны быть понятны для соответствующих лиц (ч. 1 § 37 АПК). Неопределённость является основанием для признания акта неправомерным, но не ничтожным. Более того, административный акт в письменной форме, согласно ч. 1 § 39 АПК, должен быть соответствующим образом обоснован. Таким образом, административный орган должен поставить гражданина в известность о предпринятых в отношении него мерах. — 154

5. Дополнительные положения

Согласно § 36 АПК, административный акт может содержать также и дополнительные положения. Не допускается несоответствие данных положений целям административного акта. Примерами могут служить: — 155

положения, согласно которым к определённому моменту наступает, заканчивается или действует на определённое время более благоприятствующий или более обременяющий режим административного акта; положения, по которым наступление или прекращение данных режимов зависит от какого-либо события; условия отмены акта; положения, согласно которым для лица, в отношении которого действуют упомянутые режимы, предусматриваются различного рода обязательные действия; условия последующего принятия, изменения или дополнения подобного обязательства. — 156

6. Отмена административным органом

Административный орган может самостоятельно отменить принятый им административный акт при наличии определённых обстоятельств, а именно, если акт более не представляется возможным оспорить. При *отмене неправомерного* или при *оспаривании правомерного акта* он становится недействительным (ч. 2 § 43 АПК). — 157

Неправомерные обременяющие административные акты могут быть в любое время отменены согласно ч. 1 § 48 АПК. В случае, если административный акт, напротив, содержал благоприятствующие положения для соответствующего лица, то возможности для его отмены ограничены. Ведь он может быть отменён, если лицо не намеревается признать его правомерным (ч. 2 § 48 АПК). — 158

159 Неправомерные обременяющие административные акты могут быть в любое время отменены (ч. 1 § 49 АПК). Однако это возможно, только если существуют особенные причины, т. к. в данном случае должен учитываться т. н. обоснованный интерес лица (ч. 2 § 49 АПК). Административный орган при этом несёт обязанность возмещения ущерба (ч. 6 § 49 АПК). Существуют особые правила для оспаривания правомерного акта, которые гарантируют получение денежных средств для определённых целей (например, субсидия, ч. 3 § 48 АПК).

Б. Административное право. Особенная часть
I. Полицейское право. Общая часть

160 Согласно ст. 30 и ст. 70 Основного закона, регулирование вопросов в сфере полицейского права находится в ведении земель. Несмотря на то, что земли имеют собственные законы, различия в их содержании практически отсутствуют.

1. Задачи полиции

161 Законы земель регламентируют задачи полицейских (правоохранительных) органов по *предотвращению опасностей для общественного порядка и безопасности* (превентивная функция). Помимо этого, существует ещё одна важная задача полиции, а именно *уголовное преследование*, в рамках которого расследуются преступления и ведётся поиск преступников (репрессивная функция). В данном случае полиция представляет собой не правоохранительный орган по обеспечению общественной безопасности и порядка, а следственный орган прокуратуры. Правовой основой для данной роли полиции служат не земельные законы, регламентирующие её деятельность, а УПК. Таким образом, полиция обязана заниматься *расследованием нарушений правопорядка*, в частности, нарушений правил парковки автомобилей или превышения скорости. В упомянутых случаях правовой основой деятельности полиции выступает Федеральный закон о борьбе с нарушениями общественного порядка.

2. Общие задачи предотвращения опасности

162 Полиция и другие правоохранительные органы действуют в рамках земельных законов о полиции в том случае, если их действия преследуют цель

предотвратить или *предупредить* опасность для общественной безопасности и порядка. Полиция и смежные с ней правоохранительные органы защищают личные права граждан в случае, если судебная защита не может быть предоставлена своевременно.

163 Под *опасностью* понимается ситуация, которая по общей объективной оценке в ближайшем будущем спровоцирует возможное негативное последствие для общественной безопасности и порядка.

164 Под *общественной безопасностью* следует понимать правопорядок в целом, права и свободы человека и гражданина, устойчивое развития и функционирование государства и его учреждений (в частности, университетов, школ, бассейнов) а также проведение государственных мероприятий.

165 *Общественный порядок* при этом включает в себя все неписаные правила поведения в обществе, которые необходимы для мирного сосуществования людей.

3. Конкретные меры по предотвращению опасных ситуаций

166 В случае существования опасной ситуации появляется необходимость в её ликвидации со стороны полиции. Однако полиция сразу не вправе предпринимать конкретные защитные меры. Любые предпринимаемые полицией меры требуют особой законодательной регламентации в форме *уполномочивающей нормы*, которая определяет требования, средства и границы действий полиции (оговорка в законе). Если действия полиции выходят за пределы установленного упомянутой нормой, то они являются незаконными.

167 Полицейское полномочие на вмешательство требует, чтобы опасность в отношении охраняемого блага общественного порядка являлась *конкретной*. Таким образом, опасность должна иметь место и при этом должна существовать вероятность наступления соответствующего вреда (принцип «ex-ante»). Подобным вредом могут быть, к примеру, обрушение дома, распространение эпидемии, отравление почвы, совершение преступления, воспрепятствование движению транспорта, нанесение ущерба общественному пространству. Подобные опасности могут исходить как от людей, так и от неодушевленных предметов. Некоторые уполномочивающие нормы устанавливают, что ещё до вмешательства полиции опасная ситуация должна быть непосредственной и происходящей в настоящее время. С другой стороны, существуют уполномочивающие нормы, которые допускают применение защитных мер со

стороны полиции заранее, т. е. для предотвращения опасной ситуации. В данном случае, к примеру, достаточно фактических оснований полагать, что конкретное опасное положение могло бы наступить.

168 Помимо этого, уполномочивающие нормы регулируют *средства*, которыми полиция, а также другие правоохранительные органы могут пользоваться для предотвращения или предупреждения опасных ситуаций. К таким средствам относятся, к примеру, обыск домов и лиц, предварительный арест имущества, взятие под стражу, запрет соответствующему лицу находиться на определённой территории, установление личности, сбор и хранение данных, их выдача, ведение учёта транспортных средств, а также ведение видеонаблюдения в общественных местах.

169 Разумеется, указанные в законодательстве специальные полномочия в действительности не могут предусмотреть всех случаев возникновения опасной ситуации. Вследствие этого законодательством устанавливается т. н. «*общая полицейская оговорка*», согласно которой могут быть применены «необходимые меры», если в отдельных случаях существует конкретная опасность для общественной безопасности и порядка, а также, если защитные меры для её предотвращения не урегулированы в специальных уполномочивающих нормах Закона о полиции или других законах. В частности, если во время проведения митинга (демонстрации) совершаются акты насилия или прочие опасные явления, компетентный правоохранительный орган имеет право действовать, по общему правилу, только в соответствии с Законом о собраниях.

4. Правонарушители и лица, не являющиеся правонарушителями

а) Правонарушители

170 В первую очередь полиция применяет меры по отношению к лицам, именуемым «правонарушителями». Их отличительной чертой является, во-первых, соответствующее поведение, провоцирующее возникновение опасной ситуации для общественной безопасности и порядка (т. н. «*Verhaltenstörer*» или дословно «*нарушитель поведения*»). Во-вторых, правонарушителем следует считать лицо, являющееся собственником или владельцем какого-либо предмета, который выступает причиной беспорядков (т. н. «*Zustandstörer*» или дословно «*нарушитель состояния*»). Оба признака могут наличествовать

одновременно. При этом в обоих случаях не играет роли то обстоятельство, были ли беспорядки вызваны с учётом виновности лица или нет.

В случае, если лицо, которое фактически не участвовало в беспорядках, подозревается полицией или другим правоохранительным органом, оно получает статус «*Anscheinstörer*» или дословно «*мнимого правонарушителя*». Для повышения эффективности действий полиции даже подозреваемый в совершении правонарушения предварительно считается правонарушителем. Однако лицо утрачивает данный статус в случае, если полиция квалифицировала его действия ошибочно. В данном случае речь заходит о «*Putativstörer*» или дословно *предполагаемом правонарушителе*». В случае возникновения подозрения в отношении причастности того или иного лица к существующей опасной ситуации, речь заходит о «*Verdachtsstörer*» или дословно «подозреваемом правонарушителе». В данном случае полиция вправе принимать в отношении него лишь меры предварительного расследования. 171

б) Лица, не являющиеся правонарушителями

Даже в отношении лиц, не являющихся правонарушителями, могут быть применены соответствующие меры со стороны полиции. Вследствие отсутствия института ответственности соответствующих лиц данные меры являются допустимыми в случае соблюдения следующего основания: существование опасности, которую нельзя предотвратить иным образом. Полиции, более того, не разрешено решать вопрос о предотвращении опасности с помощью других средств. Разумеется, лица, не являющиеся правонарушителями, не должны подвергаться опасности. В отношении пешеходов, не имеющих отношение к происходящему, могут быть применены меры со стороны полиции в рамках крайней необходимости лишь, если другими способами предотвратить опасную ситуацию не представляется возможным. В частности, при крушении поезда могут быть остановлены водители частного транспорта для транспортировки жертв в больницы. В случае подобных ситуаций крайней необходимости, лицу, понёсшему неудобства, возмещаются убытки (см. ниже 8.). 172

5. *Свободное усмотрение в отношении выбора и принятия решений*

В полицейском праве действует *принцип целесообразности*, который означает, что по усмотрению полиции или другого правоохранительного органа 173 в рамках их законодательно установленных полномочий решается вопрос о принятии мер, предотвращающих опасность. С другой стороны, существует принцип правомерности в отношении уголовного преследования, который заключается в том, что в случае совершения или подозрения в совершении преступления полиция занимается установлением личности преступника, а также расследованием преступления для прокуратуры. При наличии опасной ситуации полиция может частично или полностью отказаться от принятия соответствующих мер в целях предотвращения дальнейшей или большей опасности. Принятие решения со стороны полиции не должно нарушать управомочивающие нормы и быть произвольным, а также должно быть осуществлено в соответствии с принципом пропорциональности (см. ниже 6.).

174 То же действует и в отношении т. н. *свободного усмотрения касательно выбора решения*. Оно имеет отношение к выбору соответствующих мер, необходимых для устранения опасной ситуации, а также к выбору правонарушителей, если мера может иметь последствия для большего количества виновных. В обоих случаях действует принцип эффективности полицейских мер, согласно которому мера, принимаемая в отношении правонарушителя в соответствии с конкретной управомочивающей нормой, должна быть направлена на наиболее быстрое и эффективное устранение опасности.

6. Пропорциональность

175 Наконец, любая мера, предпринимаемая полицией, должна быть пропорциональной. Это важнейшая правовая граница полицейских полномочий. Таким образом, мера должна служить эффективному предотвращению и предупреждению опасности, а также быть приемлемой и соразмерной для соответствующего лица. (Подробнее о принципе пропорциональности см. выше гл. 1. B. VII. 1, а также гл. 2. A. I. 3.).

7. Принудительные меры

а) Требования

176 Меры, предпринимаемые полицией, с правовой точки зрения, как правило, являются либо властными административными актами в отношении правонарушителя с требованием остановить угрозу общественной безопасности и порядка (к примеру, полицейский запрет определённому лицу находиться

на определённой территории, очистка загрязненной почвы), либо непосредственно действиями полиции по отношению к правонарушителю, которые одновременно включают в себя соответствующий властный административный акт (к примеру, задержание лица, предварительный арест имущества). В случае, если правонарушитель не исполняет полицейский приказ и сопротивляется ему, полиция имеет право в рамках *специальных законных полномочий* принять принудительные меры (т. н. административное принуждение или административное исполнение), чтобы обеспечить выполнение мер по предотвращению опасной ситуации. В положениях специальной отрасли – полицейско-исполнительного права – регламентированы подробные аспекты в этом отношении, которые применяются вместо общего исполнительного права для административных актов (см. выше A. III. 3).

Для того, чтобы применить принудительную меру, необходимо, как правило, издать административный акт, который должен быть сразу исполнен и который не может быть оспорен, а также предупредить лицо о применении к нему конкретных принудительных мер. 177

В исключительных случаях представляется возможным принять принудительные меры без упомянутых требований в рамках *немедленного исполнения*. Оно допускается, если существует необходимость для предотвращения угрозы в настоящее время и в случае, если меры, принимаемые в отношении правонарушителей и лиц, к которым не применяются меры ответственности, в рамках т. н. «полицейской крайней необходимости» невозможны или не сулят успеха. При этом полиция должна вести себя в рамках установленных законом полномочий (в частности, перед тем, как перейти к немедленному исполнению, она обязана вынести административный акт). 178

Все меры административного принуждения могут быть обжалованы соответствующим лицом в суде. 179

б) Виды принудительных мер

Законодательно допускаются следующие виды принудительных мер: выполнение каких-либо действий за счёт правонарушителя, штраф, а также прямое принуждение. 180

Выполнение каких-либо действий за счёт правонарушителя совершается посредством административного акта со стороны полиции или третьей стороны. Например, эвакуация неправомерно припаркованного автомобиля с помощью предпринимателя, уполномоченного на то полицией, разумеется, 181 не подпадает под рассматриваемый случай из-за фактов попустительства и неисполнения.

182 *Штраф* в рамках рассматриваемого вопроса должен обязать лицо остановить угрозу общественной безопасности вместо того, чтобы наказать за совершённое правонарушение. Для последнего предусмотрены административный, а также уголовный штрафы. Примером штрафа как принудительной меры может служить взимание денежного взноса за постоянное нарушение запрета на кормление диких животных. В случае, если штраф, взимаемый впервые, не привёл к требуемому результату, правомерно требовать его оплаты и впоследствии. Если лицо не в состоянии оплатить штраф, то по требованию полиции могут быть назначены *принудительные работы*.

183 Под *прямым принуждением* понимается воздействие на лиц или имущество посредством простой физической силы или вспомогательных средств физической силы. Включаются в данное понятие и применение оружия (в т. ч. огнестрельного при наличии особых условий).

8. Право на возмещение ущерба

184 По общему правилу, возмещение ущерба, нанесённого полицией или другими правоохранительными органами, не гарантируется. Правонарушитель имеет право на получение компенсации в случае, если принятые в его отношении меры являлись неправомерными и в результате этого ему был причинён вред.

185 В свою очередь лицо, не являющееся правонарушителем, может требовать соразмерного возмещения ущерба, если он был вызван действиями полиции в условиях крайней необходимости.

9. Право на возмещение расходов представителей полиции

186 Полиция и другие правоохранительные органы могут регулярно требовать возмещения убытков, понесённых вследствие предпринятых мер по предотвращению опасной ситуации, созданной правонарушителем. Данное право установлено в земельных законах о полиции или в общем земельном законе об административных расходах. Для того, чтобы взыскать денежные средства, компетентный орган издаёт соответствующий административный акт (извещение о расходах), который возможно оспорить в суде. Он является правомерным в том случае, если мера со стороны полиции, ставшая причиной ущерба, также является правомерной.

II. Публичное строительное право

Публичное строительное право состоит из административных норм, которые имеют отношение к застроенной или застраиваемой земле, а также касаются строительства в целом и его планирования. В Германии публичное строительное право делится на такие подотрасли, как право строительного планирования и общественный порядок и безопасность в строительном праве. *Право строительного планирования* регламентирует вопросы возможности застройки земельного участка, в то время как в рамках подотрасли *общественный порядок и безопасность в строительном праве* регулирует особые требования по оформлению и безопасности конкретного строительного плана. Право строительного планирования относится к компетенции федерации (п. 18, п. 31 ч. 1 ст. 74 ОЗ) и регламентировано в Строительном кодексе (далее – «СК»). В свою очередь, положения подотрасли общественный порядок и безопасность в строительном праве издаются земельными органами и находятся в правовых источниках земельного права.

187

1. Право строительного планирования

Важнейшим объектом права градостроительного планирования является *планирование организации строительных работ* в общинах. Общины должны составлять соответствующие строительные планы, которые служили бы для использования земельных участков таким образом, чтобы гарантировать градостроительное развитие во благо общественности: социальной справедливости, защиты окружающей среды, гарантии их экономических и культурных интересов (ср. ч. 1, ч. 3, ч. 5, ч. 6 § 1 СК). Это означает, что при составлении строительного плана должны быть определены общественные, равно как и частные потребности, которые являются значимыми для развития строительства в общине (ч. 7 § 1, ч. 3 § 2 СК).

188

Планирование строительства происходит, как правило, в два этапа: сначала составляется *план использования земельной площади для застройки* (подготовительный строительный план), затем – *генеральный план застройки* (ч. 2 § 1 СК). Последний принимается общиной, т. е. демократически выбранным гражданами советом депутатов муниципального образования в качестве обязательного правового документа (ч. 1 § 10 СК).

189

190 *План использования земельной площади для застройки* (§ 5 СК и далее) представляет собой особый тип землепользования (к примеру, в каких местах должны располагаться зелёные зоны, жилые пространства, рекламные и промышленные зоны). Таким образом, данный план должен представить, как следует использовать территорию общины.

191 Последующий *генеральный план застройки* (§ 8 СК и далее) обычно является продолжением плана использования земельной площади для застройки (ч. 2 § 8 СК). Генеральный план застройки охватывает, как правило, лишь определенную часть территории общины и содержит обязательные критерии для тамошних земельных участков, а также конкретные виды и объёмы строительного использования, методы и границы строительства, равно как и местные участки движения, зелёные зоны и зоны обслуживания. Таким образом, устанавливается в деталях, какой характер должен иметь конкретный район застройки (к примеру, жилой, сельский или промышленный районы), как данные районы должны быть отделены друг от друга, какой высоты и какого размера должны быть здания, как близко к границам земельных участков допускается строительство зданий, какой уклон крыши необходимо сконструировать на зданиях, где будут находиться улицы, тротуары, велосипедные дорожки, линии коммуникаций, зелёные зоны, игровые площадки, кладбища и парковки.

192 Строительство объекта разрешается только в случае, если проект (§ 29 СК) соответствует генеральному плану застройки. При этом учитывается и создание инфраструктуры (в частности, строительство путей и улиц, а также обеспечение водой и электричеством) (§ 30 СК). В отдельных случаях допускаются исключения из требований по генеральному плану застройки (§ 31 СК).

193 В случае, если для определённой территории в порядке исключения *не составлен* генеральный план застройки, принимается во внимание общая допустимость проекта застройки. Во *внутренней части* застраиваемых районов допускается издание проекта, если он регламентирует тип и объём строительного использования, метод строительства и площадь земельного участка, который планируется застроить, и сочетается с особенностями окрестности (ч. 1 § 34 СК). Так, не допускается строительство заводов на территории жилых районов.

Во *внешней части* застраиваемых районов разрешается издание проекта, 194
если тому *не препятствуют* публичные интересы, обеспечена достаточная инфраструктура, а также если подобный план в качестве исключения предусматривается законом. Подобный проект допустим, если он служит сельско - или лесохозяйственному производству и занимает определённую часть производственной площади, а также, если он предусматривает строительство за пределами застраиваемого района соответствующего объекта, имеющего неблагоприятное воздействие на окружающую среду, защита которой представляет собой преследуемую цель (п. 4 ч. 1 § 35 СК). Иные проекты за пределами застраиваемого района допускаются в отдельных случаях, если их выполнение и использование *не наносит вреда* общественным интересам (ч. 2 § 35 СК). Нанесение вреда общественным интересам происходит, в частности, в том случае, если проект противоречит описанию плана использования земельной площади для застройки, а также, если проект вызывает вредное воздействие на окружающую среду (ч. 3 § 35 СК).

2. **Общественный порядок и безопасность в строительном праве**

Данная подотрасль призвана защищать общественность от *опасностей*, 195
связанных со строительством различных объектов. Соответствующие законы требуют соблюдения дистанции между различными строительными объектами, содержат положения о противопожарной защите, тепло -, звуко-, а также виброизоляции. Кроме того, они регламентируют вопросы использования строительных материалов, а также вопросы работы на строительной площадке.

Помимо вышеуказанных требований, в Строительных кодексах земель 196
урегулированы такие формальности, как *процедура предоставления разрешения на строительство*. Раньше практически для каждого строительного проекта требовалось специальное разрешение. Однако вследствие того, что данный процесс является слишком затратным по времени, данное требование было отменено в отношении строительства жилых и мелких производственных зданий. Последние, таким образом, могут быть возведены и без указанного разрешения, если их строительство соответствует генеральному плану застройки. В случае, если объекты построены с нарушением генерального плана застройки или без него, то это может привести к их сносу.

3. Право земельного расселения, землепользования и землеустройства

197 Равно как и в общинах, на межобщинном уровне должно быть обеспечено устойчивое развитие. Соответствующие вопросы развития регулирует право земельного расселения, землепользования и землеустройства, регулирующее социальные, экономические, экологические, культурные отношения, а также отношения в сфере инфраструктуры на территории земель и федерации в целом (п. 1 ч. 2 § 2 Закона о порядке расселения, землепользования и землеустройства). Соответствующие органы земель издают *планы организации территории* (планы развития земель, региональные планы), в которых устанавливается структурное развитие соответствующего пространства с разных точек зрения (жильё, занятия промыслом, промышленность, транспортная система, энергоснабжение, вода, телекоммуникация, отдых, спорт, здравоохранение, образование, научно-исследовательская деятельность, культура и так далее). В соответствии с ч. 4 § 1 СК, а также ч. 1 § 4 Закона о порядке расселения, землепользования и землеустройства, положениям и целям указанного межмуниципального (межобщинного) плана должны соответствовать местные планы строительства. В свою очередь, межмуниципальные (межобщинные) планы принимают во внимание положения местных планов, что представляет собой т. н. «принцип встречного течения» (ч. 3 § 1 Закона о порядке расселения, землепользования и землеустройства). Таким образом, обеспечивается рациональное и согласованное структурное развитие всего пространства.

III. Муниципальное право

1. Правоспособность общин

198 Общины занимают в организации государства особое место. Они не являются государственными органами с правовой точки зрения, а представляют собой юридические лица публичного права (опосредованное государственное управление, см. выше A.). Их называют территориальными корпорациями, т. к. они состоят из граждан, проживающих на установленной законом определённой территории. В соответствии с законодательством многие общины сгруппированы в объединения общин (земельные округи). Последние также обладают правосубъектностью. Совокупность общин и

земельных округов называют коммунами. Общее правовое положение коммун регулируется ч. 2 ст. 28 ОЗ.

2. *Самоуправление общин*

Согласно ч. 2 ст. 28 ОЗ, общины признаются самостоятельными субъектами собственных задач и полномочий, обладающими правом на самоуправление. В рамках данной *гарантии на самоуправление* общины самостоятельно регулируют и выполняют вопросы и задачи *местного значения* (к примеру, составление плана строительства на территории общины). В соответствии с ч. 2 ст. 28 ОЗ, то же относится к объединениям общин. В данном случае речь идёт не об основном праве, а о праве, которое является похожим на основное право. Также, согласно п. 4b ч. 1 ст. 93 ОЗ, для каждой общины существует возможность подать жалобу в ФКС, если тот или иной закон ограничивает или ущемляет органы местного самоуправления. 199

Под вопросами местного самоуправления понимаются вопросы, имеющие специфическое отношение к делам общины. Данная сфера самоуправления также называется *«собственной сферой действия»* общины. Из этого следует, что общины компетентны во всех местных административных вопросах и берут на себя за них ответственность. Однако соответствующим законом в качестве исключения могут быть определены и другие положения или могут быть относительно детально урегулированы их полномочия. Примерами могут служить утилизация сточных вод и обеспечение питьевой водой, градостроительное планирование или культурные образования, такие как театры, музыкальные школы, бассейны, библиотеки. Понятие «самоуправление» включает в себя и финансовую самостоятельность. Бюджет коммун состоит в основном из государственных и муниципальных налогов (ч. 5 ст. 106 и далее, ч. 2 ст. 28 ОЗ), государственных вкладов, доходов из муниципальных систем финансового балансирования, а также из средств граждан за пользование административными услугами. 200

Следует отличать задачи органов местного самоуправления от государственных задач, которые делегируются общинам для выполнения на территории их местонахождения посредством соответствующего закона или распоряжения. При выполнении подобных задач община действует в рамках своей т. н. *«переданной компетенции»*. Примерами могут служить полномочия общин в сфере строительного надзора (выдача разрешений 201 на строительство, строительный демонтаж неправомерно возведённых зданий), общественной безопасности и порядка (отчасти с помощью государственных органов полиции) или охраны природы и окружающей среды.

3. *Организация общин*

202 В соответствии с ч. 1 ст. 28 ОЗ, в общинах, равно как и земельных округах, должно существовать народное представительство, выбираемое её жителями. Необходимость создания представительного органа жителей общины объясняется её компетенцией в вопросах самоуправления и решения собственных местных вопросов. Согласно ч. 2 ст. 20 ОЗ, вопросы о том, как следует выполнять задачи собственной сферы действий, должны решаться демократическим путём на уровне общины. В этой связи представительный орган (совет депутатов) общины является главным органом общины. Он решает все её существенные политические вопросы. Порой подобное представительство называют «парламентом общины». Речь в данном случае, разумеется, не идёт о «настоящем» парламенте как о демократическом законодательном органе федерации или земель. Представительства земель являются административными органами, даже если они издают общие правовые акты, такие, как, к примеру, устав. Они также выступают самостоятельными носителями прав в области осуществления опосредованного государственного управления (см. выше 1.).

203 Организация общин и земельных округов детально урегулирована в муниципальных законах земель (положениях об общинах, положениях о земельных округах). Согласно ст. 70 ОЗ, федерация не обладает компетенцией по данному вопросу. Упомянутые муниципальные нормативно-правовые акты называют также муниципально-процессуальным правом, в соответствии с которым организационная форма общин не является одинаковой во всех федеральных землях, но очень похожей. Всегда помимо непосредственно выбранного общинного представительства существует *бургомистр*, выбирающийся представителями или непосредственно самими жителями общины. При этом в больших общинах и городах выбирают обер-бургомистра. Бургомистр представляет собой орган общины, осуществляющий текущую административную работу и исполняющий решения представительства общины. В федеральной земле Гессен административная деятельность находится в руках коллегиального органа, *общинного правления*. Его главой является бургомистр. В других федеральных землях существует ещё

один орган между бургомистром и представительством общины, а именно *главный (административный) комитет*. Помимо этого, бургомистр исполняет свои обязанности от лица общины и представляет её во внешних делах.

4. Государственный надзор за общинами

Будучи самостоятельными административными образованиями опосредованного государственного управления (см. выше 1.), общины и земельные округа во всей своей деятельности подлежат государственному надзору. Государственный (муниципальный) надзор за деятельностью общин подразделяется на правовой и специальный надзоры. 204

Правовой надзор простирается на вопросы в области собственной сферы деятельности общины. Он ограничен сугубо контролем за соблюдением ими законов. В свою очередь в рамках *специального надзора* проверяется целесообразность тех или иных действий общины, т. е. то, как она выполняет свои законодательно установленные полномочия. Важным инструментом государственного надзора является *предписание* действовать каким-либо определённым образом или воздержание от действия. Оно выносится компетентным земельным органом по отношению к общине, к примеру, министерством или президиумом правительства. Данное предписание представляет собой административный акт, который может быть оспорен в суде. 205

IV. Право социального обеспечения

Посредством права социального обеспечения реализуется принцип, в соответствии с которым ФРГ является социальным государством (ср. ч. 1 ст. 20, ч. 1 ст. 28 ОЗ). Речь идёт в целом о праве, служащем социальной справедливости и социальной безопасности. Данная отрасль права относится в большинстве своём к сфере публичного права, т. к. она регулирует действия государства по отношению к гражданам. 206

1. Назначение права социального обеспечения

Лица, имеющие местожительство в ФРГ, имеют право на достойную жизнь. Речь, в частности, идёт о подобающих средствах к существованию, достаточном финансовом обеспечении на старости лет, помощи при нетрудоспособности в связи с болезнью или несчастным случаем, а также равных возможностях для детей в сфере образования. 207

2. Модель трёх колонн

208 Для достижения упомянутых выше целей необходимо участие как самих лиц, так и их работодателей. В случае если то или иное лицо не в состоянии позаботиться о страховании рисков в настоящее время и в будущем, государство выступает в качестве третьего субъекта и поддерживает данное лицо, предоставляя свои услуги. Такую систему называют моделью трёх колонн.

209 Для каждой из трёх колонн в праве социального обеспечения содержатся соответствующие нормы, которые можно разделить на различные сферы.

210 В сфере *социального страхования* предоставляется страхование рисков, которые могут возникнуть в будущем. Примерами могут служить медицинское страхование на случай болезни или от несчастных случаев, а также пенсионное страхование.

211 В сфере *социального обеспечения* речь идёт о возмещении ущерба здоровью, за что государство берёт ответственность. Примерами применения норм данной сферы может служить социальное обеспечение инвалидов войны и семей лиц, погибших на войне, а также компенсация при судебных ошибках.

212 Для установления равенства возможностей существует сфера *социальной поддержки* в области образования, молодёжной политики, а также реабилитации людей, имеющих инвалидность. Помощь малоимущим людям также относится к данной сфере. Каждый человек должен иметь по крайней мере минимальный объём средств к существованию, поскольку для достойного существования необходимы соответствующие жизненные условия (питание, жильё и т. д.) и минимальное участие в общественной, культурной и политической жизни. Для обеспечения данного минимального объёма средств к существованию существует социальная помощь, к которой относится, в частности, пособие по безработице.

213 Во множестве законов и, в частности, в Социальном кодексе детально регулируются различные институты каждой из упомянутых сфер социального государства.

Часть 2: Гражданское право

Гражданское, или частное право регулирует отношения между частными лицами. Германское гражданское уложение, вступившее в силу 1 января 1900 г., делится на 5 книг: общая часть, обязательственное право, вещное право, семейное право и наследственное право. К гражданскому праву относятся также иные многочисленные отрасли права, такие как трудовое право, торговое право и корпоративное право. Данным отраслям права посвящены специальные законы. 214

А. Общая часть (Книга I ГГУ)

Общая часть Германского гражданского уложения (далее – «ГГУ») содержит положения и принципы, действие которых распространяется на всё гражданское право. Общая часть также содержит некоторые базовые определения, которые необходимы для понимания всего немецкого частного права. 215

I. Правоспособность

Правоспособность – это способность иметь права и обязанности. Такой способностью обладают только лица: лишь они могут быть субъектами права. Физическими лицами являются люди. Их правоспособность возникает в момент завершения процесса их рождения (§1 ГГУ) и прекращается в момент смерти (ср. § 1922 ГГУ). В юридическом смысле рождение начинается с родовых схваток и считается завершённым, когда плод окончательно покинул тело матери (независимо от перерезания пуповины). Прекращение правоспособности, по общему мнению, наступает в момент гибели головного мозга. 216

Наряду с физическими лицами правоспособными являются юридические лица, а также некоторые объединения лиц. Для юридических лиц действует принцип исчерпывающего перечисления, т. е. юридическими лицами являются только те структуры, которые существуют в формах, предусмотренных законодательством. Они являются правоспособными (полностью или частично) и вносятся в соответствующий регистрационный реестр (к примеру, в торговый реестр, реестр объединений). Правоспособностью обладают, к примеру, акционерные общества, общества с 217 ограниченной ответственностью, торговые товарищества и товарищества на вере (коммандитные товарищества). Они являются юридическими лицами частного права. Юридическим лицом публичного права является, к примеру, государство или община.

II. Дееспособность

218 От правоспособности необходимо отличать дееспособность. Несмотря на то, что каждый человек может иметь права и обязанности с рождения, по немецкому праву он ещё не может выражать юридически действительное волеизъявление, посредством которого он может заключать правовые сделки. Недееспособными являются дети младше 7 лет и душевнобольные лица (§ 104 ГГУ, *Недееспособность*). Дети в возрасте от 7 до 18 лет являются ограниченно дееспособными (§§ 2, 106 ГГУ) и вправе самостоятельно совершать мелкие бытовые сделки (к примеру, покупка продуктов). Для совершения правовых сделок более крупного размера необходимо получение согласия законного представителя (§ 107 ГГУ). В случае, если ограниченно дееспособные лица заключают правовую сделку без согласия родителей, такая сделка является относительно недействительной, т. е. требует последующего одобрения родителей (ч. 1 § 108 ГГУ).

III. Правовая сделка

219 В основе правовой сделки лежит как минимум одно волеизъявление одного правоспособного лица, которое влечёт за собой наступление правовых последствий. Выделяют односторонние и многосторонние сделки. *Односторонняя сделка* может быть совершена по воле одного лица, к примеру, завещание или увольнение. *Многосторонние сделки*, напротив, совершаются по воле нескольких лиц. Посредством заключения многосторонней сделки двое или более лиц обязуются выполнить определённое соглашение. Такие сделки именуются договорами.

IV. Волеизъявление

220 Волеизъявление – это выражение воли, направленное на достижение некоего правового последствия. Посредством волеизъявления субъект права совершает сделки.

1. Элементы волеизъявления

Волеизъявление может быть осуществлено прямовыраженно или посредством конклюдентных действий. 221

При этом волеизъявление делится на 3 элемента: воля к действию, воля к заявлению и воля к заключению сделки. *Воля к действию* – это, прежде всего, осознание собственного действия; волей к действию не охватываются телодвижения во сне или рефлексы. *Воля к заявлению*, в свою очередь, означает, что лицо намеревается выразить свою волю и тем самым создать для себя правовые последствия. Лицо, изъявляющее волю, таким образом, осознаёт своё намерение. Наконец, *воля к заключению сделки* проявляется в том обстоятельстве, что лицо, изъявляющее волю, чётко осознаёт, к каким правовым последствиям приведёт волеизъявление (к примеру, приобретение определённой вещи за конкретную цену). 222

Изъявление воли считается таковым, только если лицо отдаёт себе отчёт в том, что оно действует и если оно, проявляя должную степень заботливости и осмотрительности, осознаёт, что его поведение воспринимается как имеющее правовое значение. 223

2. Вступление волеизъявления в силу

В данном аспекте следует выделять 2 вида волеизъявлений: требующие подтверждения и не требующие подтверждения. 224

Не требующее подтверждения волеизъявление должно быть лишь выражено, и не требуется, чтобы оно было доставлено другому лицу, т. е. никто не должен его получать для того, чтобы принять к сведению. Это относится, к примеру, к составлению завещания. 225

Требующее подтверждения волеизъявление напротив, для того, чтобы иметь правовое значение, должно быть, во-первых, совершено одним лицом, и, во-вторых, получено другим. Случай, когда волеизъявление выражено устно между присутствующими лицами, не урегулирован законодательством. Как бы то ни было, волеизъявление считается доставленным, если получатель его услышал. Получение волеизъявления, совершённого между отсутствующими лицами, презюмируется, если волеизъявление поступило в распоряжение получателя и если при нормальных обстоятельствах можно рассчитывать на то, что он примет его к сведению (ч. 1 § 130 ГГУ). 226

V. Право требования

227 Право требования – это право требовать от другого лица совершения какого-либо действия или воздержания от такового (ч. 1 § 194 ГГУ). Это право возникает у лица либо на основании заключённой правовой сделки, либо в силу положения закона (к примеру, в отношении другого лица, которое причиняет ему ущерб (§ 823 ГГУ) или неосновательно обогащается за его счёт (812 ГГУ)). По общему правилу, требования могут быть заявлены в судебном порядке. Для установления факта наличия права требования необходимо определить, какой субъект права вправе предъявлять другому требования и на каком правовом основании (к примеру, возмещение ущерба, возмещение расходов, поставка товаров), т. е. ответить на вопрос: «Кто предъявляет требования этому лицу, чего он требует и на каком основании?».

VI. Договор

1. Понятие

228 Договор – это основная форма проявления правовой сделки. О наличии договора можно говорить в случае, когда 2 или более лиц совершают согласованные волеизъявления в отношении друг друга. Первое по времени волеизъявление именуется офертой (ср. § 145 ГГУ), а последующее волеизъявление другого лица – акцептом (ср. § 146 ГГУ). При этом оферта должна содержать все существенные элементы договора, а именно: стороны договора, предмет договора, а также (в случае с товарообменными сделками) цену договора, с тем чтобы получателю оферты оставалось лишь принять её или отклонить. Во внимание в данной случае принимается принцип автономии воли (закреплён в ч. 1 ст. 2 ОЗ в качестве одного из основных прав). Помимо этого, действует принцип автономии воли (свободы договора). Стороны свободны самостоятельно определять, желают ли они заключить договор (*свобода заключения договора*) и в случае положительного ответа – каким будет его содержание (*свобода формирования договора*). Помимо автономии воли, необходимо иметь в виду некоторые другие важные принципы, гарантирующие справедливость в гражданском обороте, например, принцип добросовестности (§ 242 ГГУ). После заключения договора стороны связаны его условиями.

Вступление договора купли-продажи (ч. 1 § 433 ГГУ) в силу по немецкому праву устанавливает обязанность (волеизъявление) продавца передать право собственности на вещь покупателю и обязанность (волеизъявление) последнего уплатить покупную цену (*обязательственная сделка*). Отношения собственности в этот момент ещё фактически не изменены. Покупатель не становится, таким образом, с заключением договора собственником, а имеет право требовать от продавца по договору передачи собственности. Право собственности продавца на вещь непосредственно переходит к покупателю только в момент совершения *распорядительной сделки* (§ 929 ГГУ). Посредством такой сделки продавец осуществляет свою обязанность из договора купли-продажи. Эта особенность немецкого права носит название *принципа абстрактности*. На практике, как правило, обе правовые сделки совершаются одним действием. 229

Юридические пороки, возникшие при осуществлении обязательственной сделки и являющиеся основанием недействительности договора (к примеру, ошибка, принуждение и заблуждение) не распространяют своё действие на распорядительную сделку, и наоборот. Если право собственности на вещь передаётся без договора, то продавец имеет в таком случае право требования возврата вещи, приобретённой покупателем вследствие неосновательного обогащения (§§ 812 ГГУ и далее). Лицо, которое в силу оказания другим лицом услуги или иным образом обогатилось за его счёт без правовых на то оснований, обязано вернуть такому лицу неосновательное обогащение. Данная обязанность имеет место даже в том случае, когда правовое основание впоследствии отпадает или когда не достигается намеченная цель правовой сделки. 230

При купле-продаже прав и других предметов договора соответствующим образом применяются положения о купле-продаже вещей (ч. 1 § 453 ГГУ). 231

2. Представительство

О представительстве можно говорить в том случае, когда одно лицо вправе действовать от имени другого и создавать для этого лица правовые последствия (ч. 1 § 164 ГГУ). Правовые последствия сделки (к примеру, обязанность по договору купли-продажи) наступают для представляемого лица, а не для лица, которое действует по его доверенности. Представительство может быть использовано, по общему правилу, в любой правовой сделке, 232 кроме сделок, неразрывно связанных с личностью стороны, к примеру, при заключении брака или составлении завещания.

233 Для того, чтобы представлять другое лицо, представитель самостоятельно совершает волеизъявление. Таким образом, он изъявляет собственную волю и действует не просто в качестве посланника представляемого. Напротив, он действует *от чужого имени*, чтобы третьим лицам было понятно, что их контрагентом намеревается стать не он. Если намерение действовать от имени другого лица не выражено с полной ясностью, то отсутствие намерения действовать от своего собственного имени не принимается во внимание (ч. 2 § 164 ГГУ). Представляемый должен быть упомянут (необязательно назван по имени) с той целью, чтобы третье лицо понимало, перед кем у него возникает обязанность (*принцип общеизвестности*).

234 При этом представитель должен действовать в рамках своих представительских полномочий, которые предоставлены ему представляемым посредством доверенности или в силу закона. Наделение полномочиями осуществляется посредством волеизъявления, направленного уполномочиваемому лицу или третьему лицу, по отношению к которому должно осуществляться представительство (ч. 1 § 167 ГГУ). Если представитель в своих действиях выходит за рамки полномочий, то сделка становится действительной для представляемого при условии его последующего одобрения. Если он откажет в одобрении договора, то договор считается недействительным и представитель должен исполнить договор или возместить третьему лицу убытки, понесённые в результате того, что такое третье лицо полагалось на действительность договора (ч. 1 § 179 ГГУ).

235 С целью защиты добросовестного контрагента (по аналогии с § 173 ГГУ) договор в порядке исключения может признаваться действительным для представляемого, несмотря на то, что он не передавал представителю полномочий посредством доверенности на его заключение. Примером является такой случай, когда поведение представляемого даёт третьему лицу основания полагать, что имеют место отношения представительства и если представляемый сознательно допускает такое поведение (*кажущаяся доверенность*). Если, однако, лицо виновным образом создаёт видимость права, которую мог предотвратить, если бы проявил должную степень осмотрительности, то имеет место *мнимая доверенность*. При этом, контрагент имеет право требования выполнения условий того или иного договора со стороны представляемого, т. к. первый действовал добросовестно.

3. Оспаривание

Если одна сторона договора обнаружит, что при заключении договора имела место ошибка, заблуждение или угроза и если она в связи с этими обстоятельствами не желает придерживаться положений договора, то эта сторона может оспорить своё волеизъявление. В таком случае договор считается недействительным с момента его заключения (ч. 1 § 142 ГГУ) и считается, что он никогда и не был заключён. 236

Одним из первоочередных оснований оспаривания является ошибка, которая привела к заключению договора. Ошибка может быть допущена относительно содержания волеизъявления или относительно его выражения. *Ошибка относительно содержания* (ч. 1 § 119 ГГУ), к примеру, имеет место в случае, когда покупатель, будучи убеждённым, что он приобретает куриное мясо, по ошибке покупает свинину (содержательная ошибка при выражении волеизъявления). Напротив, об ошибке относительно *передачи волеизъявления* (ч. 2 § 119) идёт речь, когда лицо, изъявляющее волю, оговаривается, совершает описку (опечатку) или совершает некорректное движение, несмотря на то, что лицо осведомлено о предмете договора (техническая ошибка при выражении волеизъявления). 237

Также оспорить договор можно в случае, когда одна сторона была принуждена к волеизъявлению посредством злонамеренного обмана другой стороной (ч. 1 § 123 ГГУ) или противоправной угрозы (ч. 1 § 123 ГГУ). 238

Однако для оспаривания договора недостаточно наличия одного из указанных оснований. Лицо, оспаривающее сделку, должно, кроме того, направить другому лицу заявление о том, что не намерено придерживаться договора на этих основаниях (*заявление об оспаривании*, § 143 ГГУ). Это заявление должно быть направлено лицу без виновного промедления, незамедлительно, как только оспаривающему лицу станет известно о наличии основания оспаривания (*срок оспаривания*, § 121 ГГУ). Оспаривание волеизъявления, совершённого посредством злонамеренного обмана или угрозы, может быть при этом осуществлено в течение года (ч. 1 § 124 ГГУ). 239

Если оспаривание производится на основании ошибки (за которую несёт ответственность лицо, оспаривающее сделку), то на него возлагается *обязанность по возмещению убытков*, понесённых контрагентом в результате того, что он полагался на действительность договора. Если должник обязан возместить убытки, то он должен поставить лицо, которое понесло убытки, 240 в такое положение вещей, в котором оно было бы, если бы не полагалось на действительность договора (*убытки, понесённые в связи с тем, что лицо полагалось на действительность договора, т. н. отрицательный интерес*).

4. Истечение срока исковой давности

241 Право требовать от другого лица совершения действия или воздержания от совершения действия истекает со сроком исковой давности (ч. 1 § 194 ГГУ). Общий срок исковой давности составляет 3 года (§ 195 ГГУ). При этом, существуют исключения, к примеру, дольший срок давности в отношении претензий по качеству товару в рамках договора купли-продажи. По общему правилу он начинает своё течение с окончания календарного года, в котором возникло право требования и в котором кредитор узнал о наличии такого права и установил личность должника или должен был узнать об этих обстоятельствах (ч. 1 § 199 ГГУ). По истечении срока исковой давности обязанное лицо может отказаться предоставлять исполнение. Если оно всё же оказало исполнение в неведении о том, что срок исковой давности истёк, оно не может требовать возврата исполнения, поскольку своими действиями он признал требование (ч. 2 § 214 ГГУ). Ответчик должен чётко сослаться на истечение срока исковой давности в судебном порядке (*возражение*), и в таком случае оно будет учтено, а требование истца будет отклонено как неосуществимое. Суд по собственному усмотрению может проигнорировать истечение срока исковой давности.

Б. Обязательственное право (Книга II ГГУ)

I. Обязательственное правоотношение

242 Под обязательственным правоотношением понимается правоотношение между двумя и более лицами, в силу которого одно лицо (кредитор) имеет право требовать от другого лица (должника) совершения какого-либо действия. Правоотношение может возникать на основании правовой сделки или закона.

243 Правоотношения, основанные на сделках, постоянно возникают в силу договора (ч. 1 § 311 ГГУ). Обязательственное правоотношение урегулировано в ч. 1 § 241 ГГУ. Согласно данной норме кредитор имеет право требовать от должника совершения действия или воздержания от такового. Из обязательственного правоотношения у каждой стороны возникают

не только обязанности исполнения условий договора, а также такие обязанности, как прикладывать усилия к защите прав, правовых ценностей и имущественных интересов контрагента (ч. 2 § 241 ГГУ). Обязательственное правоотношение прекращается, согласно ч. 1 § 362 ГГУ, когда обе стороны исполнили соответствующие обязанности и тем самым исполнили обязательство.

II. Обстоятельства, препятствующие исполнению обязательства и возмещение убытков

1. Возмещение убытков вместо исполнения обязательства

а) Неисполнение и ненадлежащее исполнение обязательства

Если должник не исполняет своё обязательство по договору (ч. 1 § 281 ГГУ), а предоставляет вещь с дефектом или не предоставляет её вообще, то кредитор может установить разумный срок, в течение которого должник может произвести исполнение. Существуют, однако, исключения (см. ч. 2 § 281 ГГУ). Если должник не исполняет своё обязательство, то он обязан возместить убытки взамен исполнения (ч. 1, ч. 3 § 280, § 281 ГГУ). В соответствии с § 278 ГГУ должник может нести ответственность и за пособника (доверенное лицо), который в рамках рассматриваемого обязательственного правоотношения имел обязанности перед должником. Вместо возмещения убытков, кредитор вправе требовать и возмещения своих расходов (§ 284 ГГУ). 244

По общему правилу, обязанность возмещения за неисполнение части обязательства возникает по правилам ч. 1 § 281 ГГУ (т. н. *возмещение убытков в неполном размере*). Возмещение убытков, причинённых кредитору неисполнением обязательства (т. н. *возмещение убытков в полном размере*), возможно в следующих ситуациях: в случае частичного исполнения обязательства – только если такое исполнение не отвечает интересам кредитора (ч. 1 § 281 ГГУ), и в случае неисполнения – если нарушение обязательства является существенным. 245

Если кредитор требует возмещения убытков вместо выполнения договорных обязательств, то требование по выполнению обязательств по договору утрачивает свою силу. В свою очередь, должник имеет право требовать возврата полученного кредитором, согласно ч. 5 § 281 ГГУ в сочетании с § 346 ГГУ и далее. 246

б) Нарушение обязанности защищать права, правовые ценности и имущественные интересы кредитора

247 В случае, когда кредитор не способен принять исполнение от должника, поскольку последний допустил серьёзное нарушение обязанности защищать права кредитора по смыслу ч. 2 § 241 ГГУ, кредитор вправе требовать возмещения ущерба взамен исполнения по правилам ч. 1 и ч. 3 § 280, § 282 ГГУ. При этом, однако, подобное нарушение должно быть существенным, поэтому подобное право требования возникает лишь в редких случаях.

в) Невозможность исполнения

248 Право требования по возмещению убытков вместо исполнения возникает также в случае, когда исполнение не представляется возможным, и когда должник имеет право не выполнять условия довора (ч. 1, ч. 3 § 280, § 283, а также § 275 ГГУ). К примеру, уничтожена вещь, составлявшая объект обязательства, или должник не может исполнить обязательство по личным обстоятельствам (к примеру, исполнение возможно только с несоизмеримыми затратами). Право требования исполнить обязательство в данном случае прекращается. Разумеется, прекращается также и обязанность кредитора предоставить встречное удовлетворение (ч. 1 § 326 ГГУ). Кредитору должно быть предоставлено такое возмещение, которое поставит его в то положение, которое существовало бы, если бы должник исполнил своё обязательство надлежащим образом (т. н. *предположение об альтернативной ситуации*). Таким образом, необходимо произвести возмещение интереса, возникшего из-за неисполнения обязательства (т. н. *позитивного интереса*). В случае отказа от исполнения условий договора вследствие невозможности должник должен данную невозможность обосновать.

2. *Убытки вследствие просрочки*

249 В случае, если должник не исполнит свои обязательства к оговоренному времени, он может нести ответственность за принесённые убытки вследствие просрочки (ч. 1, ч. 2 § 280 и § 286 ГГУ). Должник считается просрочившим выполнение обязательства, если он не исполнит его по получении от кредитора напоминания (т. е. срочного требования исполнить обязательство) (ч. 1 § 286 ГГУ) (*просрочка должника*, ч. 1 § 286 ГГУ). Напоминание

излишне, если дата предоставления исполнения была точно установлена (п. 1 ч. 2 § 286 ГГУ). Несмотря на виновную просрочку должника, сохраняется право требования исполнения обязательства. Кроме того, возникает право требования возмещения убытков, причинённых просрочкой, ввиду отложенного исполнения обязательства (ч. 1, ч. 2 § 280, § 286 ГГУ). Данное право требование, при этом, не заменяет предыдущее право требование, а существует наряду с ним. Должник в течение всего периода просрочки несёт полную ответственность за исполнение своих обязательств (§ 287 ГГУ): за любое своё небрежное поведение, а также за случайно причинённый ущерб, за исключением случаев, когда такой ущерб возник бы, даже если бы обязательство было исполнено в срок.

250 Необходимо отделять просрочку должника от просрочки кредитора. Если кредитор не принимает предложенную должником вещь (просрочка принятия, § 293 ГГУ и далее), то он считается просрочившим выполнение обязательства. В таком случае должник имеет право требовать от кредитора возмещения дополнительных расходов по продолжительному хранению и безуспешной передаче товара (§ 304 ГГУ). Но даже в этом случае должник, несёт ответственность, если в его действиях обнаруживается соответствующий умысел или халатность при выполнении своих обязательств перед кредитором (ч. 1 § 300 ГГУ). При этом, риск гибели вещи, определённой родовыми признаками, переходит к кредитору (ч. 2 § 300 ГГУ).

3. Возмещение убытков наряду с предоставлением исполнения

251 Право требования возмещения убытков наряду с исполнением по правилам ч. 1 § 280 ГГУ (к примеру, в случае *имущественного вреда, причинённого вследствие недостаточности исполнения обязательств*) возникает, когда убытки не покрываются запоздалым исполнением обязательства (преобладающее мнение), и речь не идёт лишь об обычном ущербе вследствие просрочки. При этом должны быть изменены все убытки, которые возникли вследствие нарушения обязательства, к примеру, нарушение интереса в безупречности исполнения обязательства. Под таким интересом понимают интерес контрагента в неприкосновенности его неимущественных благ, находящихся вне договорных отношений.

III. Обстоятельства, препятствующие исполнению обязательства, и односторонний отказ от исполнения договора

252 Помимо требования по возмещению убытков кредитор вправе отказаться от исполнения договора в одностороннем порядке (§ 325 ГГУ). При этом имеются не только основания одностороннего отказа от исполнения договора (§ 323, 324, 326 ГГУ), предусмотренные законом, но и основания, установленные договором. В результате возникает правоотношение в связи с отказом от исполнения договора ex nunc. Вследствие *одностороннего отказа от договора* (§ 346 ГГУ и далее) прекращаются взаимные требования сторон исполнить обязательства и возникает право требовать возврата исполненного по договору. До этого, однако, должнику (как в ситуации с возмещением убытков), по общему правилу, должен быть назначен разумный срок, в течение которого он всё-таки может произвести исполнение (если это представляется возможным, ч. 5 § 326, § 275 ГГУ).

253 Частным случаем одностороннего отказа от договора является *отказ от его заключения* (§ 355 ГГУ). Это возможно в рамках определённых потребительских договоров (к примеру, договоры розничной купли-продажи, заключаемые дистанционно; договоры, заключаемые вне закрытых служебных помещений; договоры займа). Таким образом, при заявлении на отказ исчезнут обязательства по заключению договора. Так потребитель защищается от недобросовестных практик крупных предприятий, к которой они могут прибегать.

IV. Отдельные договорные обязательственные правоотношения

254 §§ 433–853 ГГУ регулируют особенно важные договорные обязательственные правоотношения (к примеру, договор купли-продажи, договор имущественного найма, договор аренды и договор оказания услуг). К этим видам договоров применяются общие определения обязательственного права в той мере, в которой это не противоречит правовому регулированию этих конкретных видов. Данные положения применяются, если стороны не договорились об ином (принцип свободы договора), в то время как установлены правовые границы такой свободы.

1. Договор купли-продажи

Договор купли-продажи (§ 433 и далее ГГУ) – это двусторонне обязывающий обязательственно-правовой договор. Он устанавливает обязанность продавца предоставить предмет договора право собственности на него покупателю. Покупатель, напротив, обязан уплатить покупную цену и принять вещь. Продавец при этом несёт обязанность по доставке товара, свободного от правовых пороков (ч. 1 § 433 ГГУ). 255

Вещь считается свободной от пороков, если в момент перехода от продавца к покупателю она имеет все оговоренные свойства. Если таковые не оговорены, то вещь считается свободной от пороков, если она пригодна для применения по назначению, установленному в договоре. Достаточно того, чтобы она была пригодна для применения по своему обычному назначению и обладает свойствами, обычными для вещей этого типа, а также свойствами, наличия которых покупатель ожидает от вещи такого типа (ч. 1 § 434 ГГУ). 256

Специальная гарантия ответственности за недостатки в исполнении обязательства (§ 437 ГГУ) относится к общим правам, возникающим вследствие наличия обстоятельств, препятствующих исполнению обязательства (см. выше II., III.). В рамках этого права покупатель может требовать возмещения убытков, уменьшения покупной цены или вправе в одностороннем порядке отказаться от договора, если продавец не исполняет исправно обязательство в пределах разумного срока (*право последующего исполнения*). Это право «второго предложения товара покупателю» предоставляет дополнительную защиту последнему и играет в торговом обороте важную роль. Покупатель, однако, может выбрать одну из опций: последующего устранения недостатков (дефектов) вещи или дополнительной (свободной от пороков) поставки (§ 439 ГГУ). 257

2. Договор имущественного найма

По договору имущественного найма (§ 535 и далее ГГУ) наймодатель принимает на себя обязанность предоставить нанимателю вещь во временное пользование в состоянии, пригодном для использования, а по истечении срока наниматель обязуется вернуть предмет договора наймодателю (§ 546 ГГУ). Встречное удовлетворение со стороны нанимателя состоит в выплате условленной платы. В договоре имущественного найма часто бывают урегулированы иные договорные обязанности сторон, к примеру, обязанность 258 проведения косметического ремонта или обязанность подметать улицу и убирать снег. Возможными предметами договора могут являться движимые и недвижимые вещи или (к примеру, если внаём сдаётся балкон) их части, пригодные к использованию. ГГУ подробно регулирует найм жилого помещения (§ 549 и далее ГГУ) и предоставляет дополнительные права нанимателю жилого помещения (социальные жилищно-правовые нормы).

259   Если в течение срока действия договора имущественного найма проявляется какой-либо недостаток сданной внаём вещи, наниматель обязан незамедлительно уведомить наймодателя (ч. 1 § 536с ГГУ). Если наниматель не направит уведомление наймодателю, то последний приобретает право на возмещение убытков, возникших из ненаправления уведомления (ч. 2 § 536с ГГУ). Напротив, наймодатель обязан поддерживать исправное состояние вещи, сданной внаём, и устранять соответсвующие дефекты (ч. 1 § 535 ГГУ). Если же у этой вещи есть какой-либо недостаток или возможность её использования в том объёме, в котором обговорено в договоре, уменьшена, то наниматель обязан возвратить наймодателю соответствующим образом уменьшенную плату (§ 536 ГГУ). Уменьшение платы за наём должно быть согласовано с наймодателем. При этом, наниматель может требовать возмещения убытков или даже расторгнуть отношения, основанные на договоре имущественного найма, если наймодатель пропускает срок устранения недостатков предмета договора (§ 536а, ч. 3 § 543 ГГУ). Наниматель не несёт ответственность за изменения или ухудшение предмета договора, которые наступили в рамках поведения, отвечающего условиям договора (§ 538 ГГУ)

3. Договор аренды

260   Договор аренды – это договор, по которому арендатор получает не только право пользования вещью, но и право на потребление плодов этой вещи (§ 581 ГГУ). Арендатор обязан вносить арендную плату, установленную договором. К договору аренды соответственно применяются нормы о договоре имущественного найма. §§ 581–597 ГГУ содержат специальные нормы, относящиеся к арендным правоотношениям.

4. Договор безвозмездного пользования (ссуды)

261   Договор безвозмездного пользования (§ 598 и далее ГГУ) имеет место, когда ссудодатель предоставляет ссудополучателю безмозвездное

пользование вещью (§ 598 ГГУ). Ссудополучатель обязан возвратить ссудодателю переданную ему вещь по истечении определённого срока (ч. 1 § 604 ГГУ). Если такой срок не установлен договором, то ссудополучатель должен возвратить вещь по окончании использования её в целях, указанных в договоре ссуды. Ссудодатель вправе потребовать вещи и до этого момента, если истёк срок, достаточный для того, чтобы ссудополучатель мог бы воспользоваться вещью (ч. 2 § 604 ГГУ). Если срок действия договора ссуды не был определён и не может быть установлен на основании целей использования вещи, то ссудодатель может потребовать возврата вещи в любой момент (ч. 3 § 604 ГГУ).

5. Договор возмездного оказания услуг

262 По договору о возмездном оказании услуг (§§ 611–630 ГГУ) одна сторона (исполнитель) обязуется оказать определённые услуги, а другая сторона (заказчик) обязуется оплатить эти услуги (§ 611 ГГУ). К услугам относятся самостоятельные и несамостоятельные, зависимые, собственно определённые и побочные услуги.

263 Специальным видом договора возмездного оказания услуг (его частным случаем) является *трудовой договор*. В противоположность договору возмездного оказания услуг, по трудовому договору исполнитель (работник) обязан оказать не самостоятельные услуги, а услуги по инструкции заказчика (работодателя). Как правило, работник включается в производственный процесс работодателя. Трудовой договор отличается от договора возмездного оказания услуг тем, что он содержит перечисление дальнейших взаимных прав и обязанностей (в особенности – обязанность придерживаться должностной инструкции, положения о социальном обеспечении, фидуциарные обязанности, обязанность выплаты заработной платы по больничному листу, право требования предоставления отпуска). Трудовое право представляется собой отдельную отрасль права (см. ниже Е.)

264 В отличие от договора возмездного предоставления услуг, в трудовом договоре исполнитель (работник) обязан оказать услугу, но не обязан достигать цели оказания этой услуги. Он должен лишь стремиться к достижению цели оказания услуги, прикладывая необходимые усилия и применяя необходимые профессиональные знания.

6. Договор подряда

265 По договору подряда (§§ 631–651 ГГУ) одна сторона (подрядчик) обязуется изготовить какую-либо вещь (к примеру, построить дом), а другая сторона (заказчик) обязуется выплатить установленное вознаграждение и принять изготовленную вещь (§ 631 ГГУ).

266 Предметом договора подряда является сам результат, достигнутый путём выполнения работы, а не попытка его достижения. Работа, таким образом, должна быть свободна от недостатков. Результат должен обладать установленными в договоре свойствами. Если это условие не соблюдено, то заказчик приобретает право требования устранения недостатков, т. е. на последующее улучшение результата в разумный срок. В отличие от договора купли-продажи, подрядчику принадлежит право выбора между устранением недостатков и изготовлением новой вещи (ч. 1 § 635 ГГУ). Если подрядчик не исполнит своего обязательства исполнения, то заказчик вправе самостоятельно устранить недостаток и потребовать возмещения расходов (*самостоятельное исполнение*, ч. 1 § 637 ГГУ). В остальном заказчику предоставлены такие же права, как и по договору купли-продажи (§ 634 ГГУ).

7. Поручение

267 Принимая поручение (§§ 662–674 ГГУ), поверенный обязуется безвозмездно совершить сделку в пользу доверителя (§ 662 ГГУ). Поверенный обязуется передать доверителю всё, что он получил для исполнения поручения или приобрёл в результате его исполнения (§ 667 ГГУ). Если поверенный совершает для исполнения поручения расходы, то доверитель обязан возместить такие расходы (§ 670 ГГУ).

V. Внедоговорные обязательственные правоотношения

268 Внедоговорные обязательственные правоотношения возникают, когда закон обязывает кого-либо (при определенном поведении) к оказанию определённой услуги. К внедоговорным обязательственным правоотношениям относятся, в частности, отношения, возникающие вследствие представительства без поручения (§§ 677–687 ГГУ), неосновательного обогащения (§§ 812–822 ГГУ) и деликтов (§§ 823–853 ГГУ). Таким образом, в случае внедоговорных обязательственных правоотношений происходит не добровольное принятие обязательства путём заключения договора, а возникновение на основании

закона того или иного обязательства вследствие фактического поведения лица (действия либо противоправного бездействия).

1. Представительство без поручения

269 О представительстве без поручения идёт речь в том случае, когда одно лицо (*представитель*) вступает в правоотношения от имени другого лица (*представляемого*) без соответствующего поручения со стороны последнего либо в противоречие с волеизъявлением последнего (§ 677 ГГУ).

270 В случае если действия представителя соответствуют интересам и намерениям (действительным или возможным) представляемого (*правомерное представительство без поручения*), представитель может потребовать возмещения понесённых им расходов (§§ 683, 670 ГГУ).

271 В случае если действия представителя противоречат волеизъявлению, интересам и намерениям (действительным или возможным) представляемого и если об этом должен был знать представитель (*правомерное представительство без поручения*), последний обязан уплатить представляемому возмещение соответствующих убытков, даже если представитель не несёт иной ответственности за свои действия (§ 678 ГГУ). В этом случае представляемый также обязуется передать всё, что он приобрёл в ходе своих действий согласно положениям о возврате полученного в результате неосновательного обогащения (§ 684, ч. 2 § 818 ГГУ). В случае же, если представляемый утверждает представительство, представитель имеет право в соответствии с § 683 ГГУ требовать возмещения затрат (§ 684 ГГУ).

272 В случае если представитель действует в неведении относительно того, что он выступает от имени другого лица, положения ч. 1 § 687 ГГУ о представительстве без поручения не действуют. В таком случае принимается решение в соответствии с принципами виндикационного иска либо неосновательного обогащения. Если же, наоборот, представитель осведомлён о том, что вступает в правоотношения от имени другого лица, и всё же продолжает действовать, исходя из собственных интересов (т. н. *ведение дел в собственных интересах*), то речь идёт о незаконном пользовании правом, что регулируется ч. 2 § 687 ГГУ. В этом случае представитель на наделён правовой защитой и несёт ответственность перед представляемым в соответствии с §§ 677, 678, 681, 682 ГГУ (возмещение ущерба, реституция, суррогатная ответственность). Эти нормы также применяются к последующему восстановлению баланса интересов обеих сторон.

2. Неосновательное обогащение

273 Лицо, которое приобрело что-либо без правового на то основания в результате работы третьего лица (т. н. *неосновательное обогащение*) либо иным образом (т. н. *незаконное обогащение*), обязано осуществить возврат такого неосновательного обогащения. (ч. 1 § 812 ГГУ). Такая обязанность также имеет место, если правовое основание обогащения в последующем утрачивает свою силу или если целевое назначение работы не предусматривает такое обогащение (ч. 1 § 812 ГГУ). Таким образом, правовые нормы предусматривают обязанность по возврату неосновательного обогащения. Такое неосновательное приобретение имущества (как в случае неосновательного обогащения) может произойти как результат работы, которая имеет определённую цель, связанную с таким приобретением, однако впоследствии перестаёт быть правовым основанием такого обогащения. Примером подобного случая является ситуация, в которой продавец по договору купли-продажи передаёт право собственности на товар, которое с самого начала является или впоследствии признаётся ничтожным при признании судом этого договора недействительным. В этом случае покупатель является неосновательно обогатившимся за счёт продавца, так как правовое основание приобретения им имущества утратило силу, и он обязывается вернуть товар.

274 Обязанность по возврату неправомерно приобретённого распространяется также и на доход от его использования (ч. 1 § 818 ГГУ). Если возврат товара невозможен (например, отъезд лица), неосновательно обогатившееся лицо обязано исполнить обязательство в натуре, предоставив замену для товара (ч. 2 § 818 ГГУ).

275 Обязанность по возврату или исполнению в натуре исчерпывается, когда получатель более не может считаться обогатившимся (ч. 3 § 818 ГГУ). Соответствующие правовые нормы дают понять, что законодатель имеет целью лишь положить конец несновательному обогащению в том или ином случае, но никак не наказать неосновательно обогатившееся лицо. Если лицо больше не получает выгоды от неосновательного обогащения, то и необходимость в привлечении его к ответственности пропадает. Немного другая ситуация существует лишь в отношении судопроизводства по иску о возврате товара, когда лицо знало о пороке своего правового титула на объект прав с самого начала или узнаёт о нём позже, а также, если принятие товара нарушает ту или иную правовую норму (ч. 4 § 818 ГГУ). Если лицо бесплатно передало

товар третьему лицу, в связи с чем оно не в состоянии вернуть его получателю, то именно третье лицо обязано вернуть товар (§ 822 ГГУ).

3. *Деликтные правоотношения (правоотношения из причинения вреда)*

а) Общие положения

Деликтные правоотношения, как и правоотношения из неосновательного обогащения и из ведения чужих дел без поручения, относятся к внедоговорным правоотношениям. Основание деликтной ответственности лежит не в индивидуальных правоотношениях определённых сторон, которые возникают, к примеру, из договора, а из действий, которые не могут быть совершены вследствие того, что они являются запрещёнными. Поэтому существуют отличия между договорной и внедоговорной ответственностью. Так, стороны договора несут друг перед другом ответственность за имущественный ущерб. Или согласно § 278 ГГУ стороны договора ручаются за свой вспомогательный персонал (доверенные лица) при исполнении условий договора, и подобная ответственность предусмотрена только в деликтных правоотношениях при наличии оснований, предусмотренных § 831 ГГУ (пособник при выполнении обязательства). Или вина (§ 276 ГГУ) в договорной ответственности презюмируется согласно ч. 1 § 280 ГГУ, в то время как в деликтных правоотношениях бремя доказывания вины лежит на пострадавшем. Отсутствие вины возможно лишь в том случае, если должник может это доказать.

Лицо, умышленно и противоправно причинившее смерть или вред здоровью или телесной неприкосновенности, свободе, частной собственности и любому другому праву другого лица, обязано возместить последнему причинённый ущерб (ч. 1 § 823 ГГУ). Это называется деликтной ответственностью. Данная норма ГГУ устанавливает в качестве предпосылок противоправное и виновное нанесение ущерба названным правовым ценностям или иным правам. Под «иными правами» понимаются лишь безусловные права. К ним относятся, например, личные права, право на имя, а также право на свободное использование своих способностей для предпринимательской деятельности. Если имеют место все фактические обстоятельства нарушения права, то в отсутствие обстоятельств, исключающих ответственность, такое действие является противоправным, а лицо, нанесшее вред, считается ответственным возместить нанесённый ущерб.

278 Согласно ч. 2 § 823 ГГУ, лицо, виновно нарушившее т. н. защитительное положение закона и нанесшее посредством этого вред другому лицу, также несёт ответственность. Защитительной нормой считается любая норма права (ст. 2 Вводного закона к ГГУ), целью которой является защита определённых правовых благ личности. К примеру, в случае с дорожно-транспортным происшествием, причиной которого стало превышение максимального порога скорости, а результатом – причинение вреда здоровью человека, применимой защитительной нормой по смыслу ч. 2 § 823 ГГУ был бы § 3 ПДД. Данный закон имеет целью защитить других участников дорожного движения посредством принуждения водителей транспортных средств соблюдать скоростные ограничения в зависимости от вместимости дорог, погодных условий и условий видимости. § 229 УК (нанесение вреда здоровью по неосторожности) также можно считать защитной нормой. В данном случае помимо требования возмещения вреда здоровью по ч. 1 § 823 ГГУ также можно потребовать возмещения убытков по правилам ч. 2 § 823 ГГУ в сочетании с 3 ПДД и § 229 УК.

279 Факт наличия ущерба определяется методом сравнения ценности имущества и состояния неимущественных благ до события, вызвавшего причинение ущерба, и после такового (*метод расчёта разности*). Как правило, убытки возмещаются в натуральной форме, т. е. должник обязан восстановить состояние, которое сохранилось бы, если бы не наступило нанесшее вред событие (ч. 1 § 249 ГГУ). Если вследствие нанесения вреда здоровью лица или повреждения вещи необходимо возместить такой ущерб, то кредитор вправе потребовать денежное возмещение вместо натурального (ч. 2 § 249 ГГУ). Если восстановление положения невозможно, то пострадавший может потребовать возмещения расходов в соответствии с § 251 ГГУ, понесённых им для восстановления вещи (*принцип компенсации*). Согласно этому принципу, убытки, подлежащие возмещению, включают в себя упущенную выгоду (§ 252 ГГУ).

280 Согласно ч. 1 § 253 ГГУ, пострадавший имеет право требования *нематериальной компенсации* только в случае, когда таковая прямо предусмотрена законом. Нематериальный ущерб – это такой ущерб, который не измеряется в деньгах, а может быть компенсирован только с использованием экономических средств. § 843 ГГУ содержит специальные нормы, применимые к нанесению вреда телесной неприкосновенности лица противоправным действием. В случае с продолжительным ограничением трудоспособности

или возрастающей потребностью в уходе уплачивается, таким образом, месячное пособие. Согласно § 842 ГГУ в иных случаях ограничения личных прав лицо, понёсшее убытки в отношении своего дохода, имеет право требовать соответствующей компенсации.

б) Ответственность за действия третьих лиц

281 Лицо, нанимающее другое лицо для исполнения какого-либо действия, несёт ответственность за ущерб, противоправно (необязательно виновно) причинённый последним в рамках исполнения поручения, за исключением случаев, когда поручитель проявил должную степень осмотрительности при выборе и контроле поверенного, а также случаев, когда убытки возникли бы в любом случае, даже при проявлении должной степени осмотрительности (§ 831 ГГУ). Вина поручителя, при этом, устанавливается, но ответственность за поверенного он не несёт (как в случае с § 278 ГГУ). Соответствующее правило применимо согласно § 832 ГГУ к лицам, которые обязаны надзирать над действиями других лиц (к примеру, родители над несовершеннолетними детьми).

в) Ответственность за совместно причинённый вред

282 Если несколько лиц совместно умышленно причинили вред, действуя в качестве соучастников, подстрекателей или пособников, то каждый из них несёт ответственность за причинённый ущерб. То же правило применимо, если не представляется возможным определить, кто из нескольких участников причинил вред (ч. 1, ч. 2 § 830 ГГУ). Если несколько лиц несут одновременно ответственность за причинённый ими ущерб, то они отвечают как солидарные должники (ч. 1 § 840 ГГУ).

г) Частные случаи

283 Если животным причинена смерть или вред здоровью или телесной неприкосновенности человека или повреждена вещь, то по общему правилу владелец животного обязан возместить потерпевшему причинённый ущерб (§ 833 ГГУ). Если вследствие обвала здания или иного соединённого с землёй сооружения причинена смерть или вред здоровью или телесной неприкосновенности человека или повреждена вещь, то владелец здания обязан возместить потерпевшему причинённый ущерб, если такой обвал или разрушение являлись следствием неправильного возведения строения

или ненадлежащего эксплуатационного обслуживания. Не возникает обязанности возмещения ущерба, если владелец проявлял должную степень осмотрительности с целью избежания риска (ч. 1 § 836 ГГУ). Специальное регулирование положения, в частности, смотрителей животных содержится в § 834 ГГУ, владельцев строений – в § 837 ГГУ, а также владельцев лиц, обязанных содержать строения – в § 838 ГГУ.

284 § 826 ГГУ в общем гарантирует возмещение убытков, вызванных недобросовестным поведением и умышленно причинённым вредом. Для этого достаточно установления умысла, т. е. определения того обстоятельства, что лицо, причинившее вред, предвидело возможность наступления ущерба и сознательно её допускало (в то же время не желая его наступления). Недобросовестность имеет место, когда поведение лица идёт вразрез с добрыми нравами (нормами нравственности, одобряемыми обществом). При этом возмещению подлежат убытки, которые причинены умышленными деяниями.

B. Вещное право (Книга III ГГУ)

285 В то время как обязательственное право охватывает правоотношения между физическими лицами, вещное право регулирует возникновение и изменение правового положения лиц относительно вещей. Нормы вещного права содержатся в Книге III ГГУ (§ 854 ГГУ и далее).

I. Основные положения

286 В вещном праве индивидам присваиваются права на вещь, которыми данный индивид обладает в отношении каждого, в отличие от обязательственного права, в котором права действуют только в конкретном обязательственном правоотношении. Первая категория прав именуется вещными правами. Законодатель ограничил перечень вещных прав, приведя исчерпывающий их список в законе (*ограничительный порядок*). В частности, к ним относится право собственности на движимые и недвижимые вещи (земельные участки). Согласно положениям закона, вещными правами считаются также ипотека и залог. Ограниченные вещные права гарантируют своему обладателю (в отличие от собственника) лишь ограниченные полномочия, тем самым приуменьшая значимость правового положения обладателя ограниченного вещного права, так что ограниченные вещные права представляют собой

отклонение от полноценного статуса собственника. Важнейшими ограниченными вещными правами, согласно ГГУ, являются: право пользования чужим имуществом (§§ 1030 и далее ГГУ), предиальный (земельный) сервитут (§§ 1018 и далее ГГУ), ограниченные личные сервитуты (§§ 1090 и далее ГГУ), обеспечение и право реализации (§§ 1204 и далее и §§ 1113 и далее ГГУ), обременение земельного участка и право преимущественной покупки вещи (§§ 1094 и далее ГГУ).

287 Правовая регламентация вещного права должна быть явной для всех участников таких правоотношений. Ввиду того обстоятельства, что вещные права действуют в отношении каждого, то каждому должно быть очевидно, кому принадлежит право собственности на какую-либо вещь (*принцип публичности*). В отношении движимых вещей, согласно § 1006 ГГУ, действует презумпция, что владелец вещи является её собственником. Что касается недвижимых вещей, то здесь должен быть соблюдён принцип публичности в отношении регистрации в поземельном кадастре (§ 873 ГГУ).

288 Вещные права могут возникать только на индивидуально определённые вещи. Исходя из этого, индивид не может передать право на всё своё имущество в целом, а должен передавать его в отношении каждой определённой вещи. К примеру, если лицо продаёт свой дом вместе с движимым имуществом, то оно должно, по общему правилу, составить акт передачи каждого отдельного предмета, находящегося в доме (*принцип специализации*).

289 Необходимо помнить, что ГГУ разделяет обязательственные (к примеру, договор купли-продажи) и распорядительные сделки (к примеру, непосредственная её передача). Действительность каждого из этих видов сделок должна определяться независимо друг от друга (*принцип абстракции*, см. выше A. IV. 1., а также ниже III. 4.).

290 При приобретении и передаче вещных прав должно быть ясно, какие конкретные вещи затронуты. Это необходимо для того, чтобы было очевидно (в том числе третьим лицам), кому принадлежит какое абсолютное вещное право на предмет. Следовательно, невозможно передать лишь одну категорию прав на определённую вещь (*принцип определённости*).

291 Правовой режим передачи прав на вещь и учреждения права собственности, а также иных вещных прав различается в зависимости от того, какие вещи передаются: движимые или недвижимые. Право собственности на движимую вещь передаётся следующим образом: субъект, осуществляющий отчуждение, и приобретатель прав согласуют свою волю относительно

перехода права собственности, и собственник передаёт вещь приобретателю (§ 929 ГГУ). При передаче права собственности на недвижимую вещь вместо физической передачи происходит внесение записи о передаче права собственности в поземельный кадастр (§§ 873, 925 ГГУ).

II. Владение

292 Владение (ч. 1 § 854 ГГУ) – это фактическое обладание вещью, в то время как право собственности (§ 903 ГГУ) представляет собой всеобъемлющее господство над вещью, независимо от того, кто фактически ею обладает. Таким образом, те лица, которые владеют вещью, не обязательно должны быть её собственниками, а те, кому вещь принадлежит на праве собственности, не обязаны ею владеть.

1. Виды владения

293 Следует различать самостоятельное владение вещью (как собственной) и владение чужой вещью. *Самостоятельный владелец вещи* (§ 872 ГГУ) владеет вещью как собственной, даже если он считает (ошибочно) лишь себя её собственником. Такой собственник, как правило, осуществляет самостоятельное владение вещью. *Владелец чужой вещи*, напротив, осознаёт, что он не является собственником вещи, а лишь владеет ею вместо другого лица. Если несколько лиц владеют вещью совместно, то можно говорить о *совладении* (§ 866 ГГУ).

294 Также необходимо различать непосредственного и опосредованного владельца. *Непосредственный владелец* осуществляет фактическое владение вещью. Он имеет возможность воздействовать на неё непосредственно. *Опосредованное владение* (§ 868 ГГУ), напротив, возникает лишь в том случае, когда собственник вещи передал её другому лицу на определённый срок, тем самым установив соответствующее правоотношение. Кроме прочего, об опосредованном владении также можно говорить, если одно лицо передаёт другому лицу вещь напрокат, в аренду или внаём. При этом собственник остаётся опосредованным собственником вещи, лишённым фактического владения таковой. Т. н. правоотношение опосредованного владения продолжает существовать до тех пор, пока лицо, фактически владеющее вещью, признаёт опосредованного собственника вещи основным её собственником и хранит вещь для него. В противном случае отношения

опосредованного владения перестают существовать. Согласно § 855 ГГУ, лицом, осуществляющим для владельца фактическое владение вещью, считается лицо, фактически владеющее вещью в интересах другого лица в доме или на предприятии последнего либо на основании иного правоотношения, но обязано следовать указаниям другого лица в отношении вещи. Собственником является только другое лицо. При этом достаточно отношений подчинения между двумя лицами.

2. Права владельца вещи

Владельцу вещи принадлежат многочисленные права защиты. К ним относится, прежде всего, презумпция права собственности: в отношении владельца вещи считается, что он является собственником вещи (§ 1006 ГГУ). Тем не менее, даже в том случае, когда владелец не является собственником, он имеет право на защиту своего владения. Это объясняется тем, что, с одной стороны, управомоченный владелец вещи должен иметь возможность защититься от неправомерного вмешательства для того, чтобы использовать вещь и дальше хранить её для собственника. С другой стороны, правовая защита предоставляется неуправомоченному владельцу для защиты общественного порядка. Управомоченный владелец не может самостоятельно защищать своё право владения, а должен использовать судебный порядок защиты прав.

Лицо, которое помимо воли владельца лишает его права владения или препятствует осуществлению им владения, действует в рамках ч. 1 § 858 ГГУ неправомерно, если закон разрешает подобного рода лишение или воспрепятствование. В противном случае имеет место *запрещённое самоуправство*. Владелец имеет право защиты своих прав, если кто-либо неправомерно воздействует на его вещь (*Самозащита владельца при запрещённом самоуправстве*, ч. 1 § 859 ГГУ). В том числе он может требовать возвращения вещи во владение или устранения тех или иных проблем в отношении владения вещью (§ 861, § 862 ГГУ).

III. Собственность

1. Понятие

Собственность – это всеобъемлющее господство над вещью. Собственник вправе распоряжаться вещью по своему усмотрению, а также одновременно воспрещать другим лицам воздействовать на его вещь (§ 903 ГГУ). Право собственности защищено ч. 1 ст. 14 ОЗ. При этом не должны нарушаться права третьих лиц. Право собственности на вещь предоставляет её собственнику, в сущности, три полномочия: право пользования, право извлечения плодов и право распоряжения (отчуждения и обременения).

298 По общему правилу, в немецком праве собственником считается тот, кто владеет вещью (владелец), пока не было доказано иное (ч. 1 § 1006 ГГУ). В случае с недвижимыми вещами требуется внесение соответствующей записи в поземельный кадастр о том, что лицо является собственником. В кадастре содержится вся юридическая информация, имеющая отношение к данной недвижимой собственности. Если в поземельном кадастре содержится запись об одном лице как о собственнике земельного участка, то предполагается, что право собственности принадлежит ему (ч. 1 § 891 ГГУ). Если в поземельном кадастре содержится запись о прекращении права собственности, то считается, что право больше не существует (ч. 2 § 891 ГГУ).

2. Приобретение права собственности

299 Для приобретения права собственности необходимо, чтобы лицу было передано право собственности и, по общему правилу, владение вещью (§ 929 ГГУ, см. ниже 4 а.). Если будущий собственник (приобретатель) уже владеет вещью, то достаточно одного соглашения о переходе права собственности.

300 Если бывший собственник желает владеть вещью и дальше, то, согласно § 930 ГГУ, передача вещи может быть заменена соглашением, по которому между собственником и приобретателем возникнет правоотношение (к примеру, аренда или хранение), посредством которого приобретателю перейдёт опосредованное владение (*передача права собственности на движимое имущество*), в то время как фактическим (непосредственным) владельцем вещи останется её бывший собственник. Данный вид передачи права собственности используется, к примеру, когда кто-либо продаёт квартиру, но желает жить в ней в качестве арендатора. В данном случае новый собственник, будучи арендодателем, приобретает право опосредованного владения.

301 Если третье лицо владеет вещью, то её передача может быть заменена соглашением, по которому собственник уступает приобретателю своё требование о выдаче вещи (§ 931 ГГУ).

3. Права требования собственника

Из права собственности возникают, помимо прочего, следующие права требования. 302

Прежде всего, существует право собственника *требования о выдаче* (§ 985 ГГУ) в отношении лица, которое неправомерно владеет вещью. Пока другое лицо правомерно владеет вещью, как, к примеру, в случае с арендой, требование о выдаче не может быть реализовано. Так, арендодатель не вправе потребовать от управомоченного арендатора освобождения арендуемого помещения. Он должен сначала прекратить правоотношение, в силу которого арендатор имеет право владения, посредством расторжения договора аренды. 303

Наряду с требованием о выдаче собственнику принадлежит право *требования об устранении нарушений, не связанных с лишением владения*, т. е. когда его право собственности нарушается иным образом, кроме захвата или незаконного лишения владения (ч. 1 § 1004 ГГУ). Названный в § 1004 ГГУ нарушитель называется причинителем вреда, который осуществляет неправомерное воздействие своими действиями, или считается виновным в причинении такого вреда, если он способствовал складыванию такой ситуации, при которой были нарушены право собственности или иные абсолютные права. Ч. 1 § 1004 ГГУ описывает *право требования воздержания от дальнейших нарушений*. 304

4. Связь между обязательственным правом и вещным правом

В предпринимательской деятельности обязательственное право и вещное право рассматриваются только в совокупности. 305

а) Приобретение права собственности посредством покупки

Невозможно приобрести право собственности лишь посредством заключения договора купли-продажи. Пример: если одно лицо покупает у другого велосипед, этот процесс состоит из двух сделок. Первая сделка – это договор купли-продажи (§ 433 ГГУ), посредством которого одно лицо обязуется передать велосипед, а второе обязуется заплатить за него. Данная сделка урегулирована обязательственным правом и является *обязательственной*. Вещное право, напротив, связано с другим видом сделок – с *распорядительными* (о *принципе адстракции* см. выше A. VI. 1.). Таковой является 306 смена собственника велосипеда, осуществляемая посредством достижения соглашения и фактической передачи (§ 929 ГГУ). В то время как соглашение свидетельствует об одной сделке, фактическая передача происходит посредством другого юридически значимого действия. В отношении передачи денежных средств имеет место распорядительная сделка, поэтому за обыкновенным договором купли-продажи стоит три правовых сделки.

б) Добросовестное приобретение

307 Взаимодействие обязательственного и вещного права также можно проиллюстрировать тем примером, что лишь то лицо, которое имеет вещные права (собственник), вправе передать право собственности на купленную вещь. В целях защиты участников делового оборота, однако, допускается приобретение права собственности от неправомочного лица, если приобретатель исходил из того, что отчуждатель был собственником вещи (ч. 1 § 932 ГГУ в сочетании с ч. 1 § 1006 ГГУ). Заблуждение приобретателя не считается грубой небрежностью.

308 Пример: лицо продаёт велосипед, который оно взяло напрокат у другого лица, третьему лицу – покупателю. Последний исходит из того, что отчуждатель (продавец) является собственником велосипеда. Вследствие такого отчуждения покупатель добросовестно приобретает право собственности на велосипед. Данное вещное право действительно также по отношению к лицу, которое отдало велосипед напрокат. Последнее, таким образом, теряет право собственности на свой велосипед. У него остаётся лишь возможность потребовать от отчуждателя за его поведение возврата покупной цены или возмещения убытков (ч. 1 § 816 ГГУ).

309 Добросовестное приобретение права собственности на основаниях, перечисленных в §§ 932–934 ГГУ, недействительно, если вещь была украдена у прежнего собственника, потеряна или иным образом утрачена им против его воли (ч. 1 § 935 ГГУ). То же действует, если собственник был лишь опосредованным владельцем вещи, а также если вещь была утрачена владельцем (ч. 1 § 935 ГГУ). Если лицо, отчуждающее вещь, украло велосипед, то третье лицо, несмотря на добросовестность, не приобретает права собственности. Данное исключение введено с той целью, чтобы предоставить собственнику дополнительную правовую защиту, поскольку он передал вещь во владение не по своей воле.

в) Оговорка в договоре купли-продажи о сохранении за продавцом права собственности на товар вплоть до его оплаты

Другой часто используемой в Германии юридической конструкцией является включение в договор купли-продажи оговорки о сохранении за продавцом права собственности на проданную вещь (ч. 1 § 449 ГГУ). В этом случае собственник передаёт вещь своему контрагенту, однако сохраняет право собственности на неё до тех пор, пока покупная цена не будет уплачена полностью. Институт вещного права – передача права собственности – в данной ситуации поставлен под условие полной оплаты товара. Собственник вещи не вправе препятствовать наступлению условия (ч. 1 § 158 ГГУ). Описанная юридическая конструкция служит цели защиты интересов собственника, поскольку он несёт риск неплатёжеспособности контрагента. С другой стороны, интересы покупателя также защищены, поскольку ему предоставлены обширные права пользования, которые также действуют в отношении третьих лиц.

Пример: лицо намеревается приобрести автомобиль, однако не имеет возможности оплатить его стоимость единовременным платежом. Поэтому стороны включают в договор положение о том, что покупатель может оплатить стоимость автомобиля частями и становится его собственником лишь тогда, когда уплатит последний взнос за него.

310

311

г) Передача кредитору права собственности на имущество в обеспечение исполнения обязательства

При использовании указанной юридической конструкции должник по кредиту (лицо, предоставляющее обеспечение) передаёт право собственности на принадлежащее ему движимое имущество кредитору (лицу, принимающему обеспечение). Передача права собственности осуществляется по достижении соглашения о передаче (§ 929 ГГУ) и соглашения об установлении опосредованного владения (§ 930 ГГУ). Таким образом, должник по кредиту остаётся фактическим владельцем вещи, передавая кредитору опосредованное владение. Кредитор (лицо, принимающее обеспечение) вправе реализовать имущество должника или вступить во владение этим имуществом в случае нарушения договора о предоставлении обеспечения, а также в случае неуплаты суммы кредита. В любом другом случае кредитор нарушал бы соответствующий договор о предоставлении обеспечения.

312

313   Приобретаемое посредством описанной юридической конструкции имущество, в отличие от института залога, в силу положения § 1252 ГГУ, не привязано к определённому требованию, а составляет принципиально независимое обязательство (не является акцессорным). Собственность не возвращается, таким образом, автоматически кредитору, как только выполняется требование договора о предоставлении обеспечения, т. е. как только кредит выплачен. Тем не менее, обратный переход права собственности при недействительности обеспеченного обязательства должен быть, как правило, урегулирован в договоре.

IV. Сервитут

314 Земельный участок, согласно § 1018 ГГУ, может быть обременён в пользу собственника другого земельного участка таким образом, чтобы последний или имел право использовать чужой земельный участок в определённых случаях, или чтобы на чужом земельном участке не могли совершаться определённые действия, или чтобы было исключено осуществление определённых прав, которое следует из права собственности на обременённый земельный участок.

V. Узуфрукт

315 Посредством установления узуфрукта собственник вещи передаёт другому лицу право пользования этой вещью, а также право извлечения всех выгод от такового. При этом собственник вещи сохраняет право распоряжения вещью (§ 1030 ГГУ). Таким образом, в данном правоотношении участвуют две стороны: с одной стороны - собственник обременённого имущества, а с другой - лицо, в пользу которого произведено обременение – «узуфруктуарий».

VI. Ипотека (залог недвижимости)

316 Ипотека – это земельное залоговое право (§ 1113 ГГУ). Согласно данному положению закона, земельный участок может быть обременён таким образом, чтобы тому лицу, в пользу которого установлено обременение, была выплачена определённая денежная сумма для его удовлетворения на основании принадлежащего ему требования в отношении земельного

участка. Посредством ипотеки земельный участок отдаётся в залог. Таким образом, кредитор по ипотеке может использовать своё право в порядке принудительного исполнения получить установленную денежную сумму (§ 1147 ГГУ). Собственник (или должник, если он не является собственником) может воспрепятствовать осуществлению кредитором его права, посредством погашения долга (§ 1142 ГГУ).

317 Ипотека возникает из соглашения между собственником земельного участка и кредитором, которому принадлежит право требования (ч. 1 § 873 ГГУ), а также посредством внесения соответствующей записи об ипотеке в поземельный кадастр (ч. 1 § 1115 ГГУ). При оформлении ипотеки может быть выдано ипотечное свидетельство, которое передаётся кредитору (ч. 1 § 1116, § 1117 ГГУ). В случае, если ипотечное свидетельство исключается, то такое соглашение должно быть внесено в поземельный кадастр (ч. 2 § 1116 ГГУ).

318 Акцессорность (установленная законом привязка) ипотеки к земельному участку отличается от акцессорности ипотеки в связи с личным требованием к должнику. Данное личное требование, как правило, вытекает из договора займа. В случае ипотеки наличие личного требования об уплате денежной суммы является неотъемлемой законодательной предпосылкой (акцессорное требование). Передача ипотеки осуществляется посредством передачи (§ 398 ГГУ) обеспеченного ею права требования (§ 1153 ГГУ). При этом, если речь идёт об ипотечном свидетельстве, то оно также передаётся (§ 1153 ГГУ и далее). В случае передачи права требования собственник приобретает ипотеку (ч. 1 § 1163 ГГУ).

VII. Поземельный долг

319 Поземельный долг относится к земельному залоговому праву и урегулирован в §§ 1191 ГГУ и далее. Согласно данным положениям земельный участок может быть обременён таким образом, чтобы лицу, в пользу которого установлено обременение, была выплачена денежная сумма за счёт стоимости земельного участка (§ 1191 ГГУ). Таким образом, обременённый земельный участок обеспечивает исполнение обязательства своей стоимостью. Поземельный долг также вносится в поземельный кадастр как вещное право на земельный участок. Согласно ч. 1 § 1192 в сочетании с § 1147 ГГУ, наличие поземельного долга предоставляет кредитору право

требования удовлетворения посредством принудительного исполнения. Данное право требования возникает после уведомления о расторжении договора (§ 1193 ГГУ).

320　На практике поземельный долг является более значимым, чем ипотека. Причина этого состоит в том, что в отличие от ипотеки, поземельный долг не акцессорен по отношению к требованию, т. е. не зависит от действительности и объёма обеспеченного требования. Поземельный долг может быть передан, а права по нему реализованы самостоятельно. В отношении поземельного долга соответственно применяются предписания об ипотеке (ч. 1 § 1192 ГГУ).

VIII. Залоговое право

321　Движимая вещь может быть обременена для обеспечения требования таким образом, чтобы кредитор был вправе требовать удовлетворения за счёт стоимости вещи (§§ 1204 ГГУ и далее). Для установления залогового права необходимо, чтобы собственник передал вещь кредитору и обе стороны согласились на предоставление кредитору залогового права. Если вещь находится во владении кредитора, то достаточно соглашения об установлении залогового права. Передача вещи, находящейся в опосредованном владении, может быть заменена тем, что собственник перенесёт опосредованное владение на залогодержателя и уведомит собственника о передаче вещи в залог (ч. 1, ч. 2 § 1205 ГГУ). Если обязательство перед кредитором не исполнено, то последний вправе требовать удовлетворения из стоимости заложенной вещи.

IX. Наследственное право застройки

322　Наследственное право застройки – это право наследственного застройщика (правомочного лица) за определённую плату возвести или реконструировать постройку на поверхности чужого земельного участка или под поверхностью такового (ч. 1 § 1 Закона о наследственном праве застройки).

323　Это право является особым. Ведь собственник земельного участка в силу положений закона приобретает право собственности на постройку, возведённую на земельном участке и вследствие этого соединённую с этим земельным участком (§ 946 ГГУ). В силу положения ч. 1 § 12 Закона о наследственном праве застройки, возведённая постройка считается существенной составной частью не земельного участка, на котором она возведена, а существенной составной частью наследственного права застройки. Собственник постройки, соответствственно, является наследственным застройщиком (правомочным лицом), а не собственником земельного участка. Если наследственное право застройки прекращается, то постройка становится существенной составной частью земельного участка (ч. 1 § 94 ГГУ), и в таком случае собственник такого участка становится и собственником постройки.

Наследственное право застройки – это ограниченное вещное право, которым обременяется земельный участок. Запись о нём вносится в два поземельных кадастра: во-первых, в поземельный кадастр земельных участков (в отношении обременённого участка), во-вторых, в поземельный кадастр наследственных прав застройки (ч. 1 § 14 Закона о наследственном праве застройки). 324

Г. Семейное право (Книга IV ГГУ)

Под семейным правом понимается совокупность норм, регулирующих правоотношения лиц, состоящих в отношениях родства и свойства. Книга IV ГГУ подразделяется на 3 раздела: брак, родство, опека. 325

I. Брак

Брак – это союз между мужчиной и женщиной, заключаемый на всю жизнь (ч. 1 § 1353 ГГУ). Ч. 1 ст. 6 ОЗ ФРГ предусматривает, что брак и семья находятся под особой охраной государства, поскольку права в данной сфере относятся к основным правам человека, закреплённым в Основном законе. Наряду с браком, с 2001 г. немецкое право признаёт институт зарегистрированного гражданского партнёрства между лицами одного пола, правоотношения которого регулируются Законом о гражданских партнёрствах. 326

1. Заключение брака

С точки зрения семейного права, брак – это договор. В Германии закреплено исключительное единобрачие, т. е. разрешается состоять в браке лишь с одним лицом одновременно (§ 1306 ГГУ). Брак заключается в присутствии государственного служащего, ведающего актами гражданского состояния, и лиц, вступающих в брак – будущих супругов (ч. 1 § 1310 ГГУ). Брак – это 327 правовая сделка исключительно личного характера, поэтому он не может быть заключён через представителей.

328   Заключению брака может предшествовать обручение (§§ 1297–1302 ГГУ) как не требующий определённой формы семейноправовой договор, предметом которого является обязательство вступить в брак. Тем не менее, обручение не может служить основанием для предъявления иска о принудительном заключении брака (ч. 1 § 1297 ГГУ).

329   Для вступления в брак будущие супруги должны обладать брачной правоспособностью. Брачная правоспособность, в первую очередь, определяется совершеннолетием, которое по немецкому праву наступает в 18 лет (ч. 1 § 1303 ГГУ). Суд по семейным делам, однако, может проигнорировать то обстоятельство, что один из супругов достиг 16 лет, если второй супруг достиг совершеннолетия (ч. 1, ч. 2 § 1303 ГГУ). Кроме того, действительному браку не могут быть противопоставлены такие обстоятельства, как, к примеру, двоебрачие и брак между братом и сестрой (§§ 1306 ГГУ и далее).

2. Правовые последствия заключения брака

330   После заключения брака между супругами возникает обязанность ведения совместной брачной жизни, а также ведения домашнего хозяйства по взаимному согласию (ч. 1 § 1353, § 1360 и далее ГГУ).

а) Ведение хозяйства в браке

331   Супруги обязаны вести домашнее хозяйство по взаимному согласию и вправе заниматься деятельностью, приносящей доход (§ 1356 ГГУ). Мелкие бытовые сделки (к примеру, покупка продуктов) могут быть совершены каждым из супругов, при этом права и обязанности по таким сделкам приобретают оба супруга (§ 1357 ГГУ).

б) Правовой статус имущества в браке

332   Заключение брака также имеет правовые последствия в отношении имущественных отношений супругов. Закон предусматривает несколько альтернатив урегулирования имущественных правоотношений в брачном союзе (т. н. имущественные режимы супругов). В Германии существует 3 различных режима супружеского имущества: общность совместно нажитого в браке имущества (§§ 1363 ГГУ и далее), режим раздельности имущества

(§ 1414 ГГУ) и режим общности имущества (§§ 1415 ГГУ и далее). В случае, если супруги в брачном контракте не установили режима имущества, то в силу положений закона автоматически (по умолчанию) применяется первый режим.

аа) Общность совместно нажитого в браке имущества (имущественный режим, установленный законом)

В случае, когда супруги выбирают режим общности совместно нажитого имущества (§ 1363 ГГУ и далее), то имущество каждого из них остаётся индивидуальной собственностью соответствующего супруга. При этом имущество, которое каждый супруг приобретает после заключения брака, также не становится общим имуществом супругов. Каждый супруг управляет своим имуществом самостоятельно, но действует специальное положение об ограничении распоряжения своим имуществом в целом. Если указанный режим имущественных отношений прекращён по основаниям иным, чем смерть супруга (в частности, ввиду расторжения брака, см. ниже 3. б.), то необходимо исчисление размера увеличения стоимости имущества каждого из супругов. Если размер увеличения стоимости имущества одного из супругов превышает размер увеличения стоимости имущества другого, то половина такого превышения причитается другому супругу в качестве компенсации.

333

бб) Имущественные режимы, установленные договором

Наряду с имущественным режимом, установленным законом, существуют и другие имущественные режимы, которые супруги вправе предусмотреть в договоре. Согласно § 1408 ГГУ, супруги вправе урегулировать имущественные отношения между собой путём заключения брачного контракта, в частности, отменить или изменить установленный законом режим имущественных отношений.

334

Режим раздельности имущества (§ 1414 ГГУ) возникает, когда супруги исключают установленный законом режим имущественных отношений (или уравнительное компенсирование имущества, приобретённого в браке). Если супруги установили режим раздельности имущества, то собственность каждого является индивидуальной и управляется самостоятельно. Супруги вправе распоряжаться лишь своей частью имущества, но без ограничений. *Режим общности имущества* должен быть прямо

335

предусмотрен соглашением супругов в брачном контракте. Вследствие достижения супругами такого соглашения имущество мужа и имущество жены становятся общим имуществом обоих супругов. К общему имуществу также будет отнесено то имущество, которое оба супруга приобретут во время существования такого режима имущества (§ 1415 ГГУ и далее).

3. Прекращение брака

336 По общему правилу, брак прекращается смертью одного из супругов. Кроме того, брак может быть прекращён признанием брака недействительным или посредством расторжения брака.

а) Признание брака недействительным

337 Согласно §§ 1313 и далее ГГУ, заключённый брак может быть признан недействительным. Исчерпывающий список оснований для признания брака недействительным приведён в ч. 1, ч. 2 § 1314 ГГУ. Так, к примеру, брак может быть признан недействительным, если он был заключён вопреки существующему запрету заключения брака, а также если одно из обручённых лиц не достигло брачного возраста или не обладает брачной правоспособностью. Другим случаем, в котором существует основание для признания недействительным, является, к примеру, следующий: если одно из обручённых лиц при заключении брака находилось в бессознательном состоянии или в состоянии психического расстройства (к примеру, опьянения) или не осознавало, что вступает в брак. Признание брака недействительным также может быть осуществлено на том основании, что один из супругов был принуждён к заключению брака посредством злонамеренного обмана или угрозы или если оба лица, вступающих в брак, не намеревались вступать в фактические брачные отношения (*фиктивный брак*).

338 Однако, согласно § 1315 ГГУ, признание брака недействительным исключено, если один или оба супруга прямовыраженно заявили о своём намерении продолжать брачные отношения, несмотря на наличие оснований для признания брака недействительным (*подтверждение намерения*).

339 Признание брака недействительным осуществляется посредством подачи иска и вынесением решения соответствующим судом по семейным делам. Последствия признания брака недействительным схожи с последствиями расторжения брака (ч. 1 § 1318 ГГУ).

б) Расторжение брака

аа) Непоправимый распад брака

При наличии основания признания брака недействительным брак может быть расторгнут решением суда компетентного суда по семейным делам по заявлению одного или обоих супругов (§ 1564 ГГУ). 340

Самостоятельным основанием для расторжения брака является его непоправимый распад. Брак считается распавшимся, если супруги более не ведут совместную жизнь и нельзя ожидать её возобновления (ч. 1 § 1565 ГГУ). При этом не принимается во внимание, по чьей вине наступило данное обстоятельство. Существует презумпция распада (брак считается непоправимо распавшимся), если супруги живут раздельно не менее года и оба супруга подают заявление о расторжении брака или один из супругов соглашается с заявлением о расторжении брака, поданном другим супругом (ч. 1 § 1566 ГГУ). Если супруги живут раздельно в течение трёх лет, то для признания брака непоправимо распавшимся достаточно заявления о расторжении брака от одного из супругов (ч. 2 § 1566 ГГУ). Супруги считаются живущими раздельно, если между ними не существует хозяйственной общности и один из них явно не намерен устанавливать её (ч. 1 § 1567 ГГУ). Если супруги живут раздельно менее одного года, то брак может быть расторгнут только в случае, если продолжение брака являлось бы для заявителя непереносимо жестоким по причинам, связанным с личностью другого супруга (ч. 2 § 1565 ГГУ). 341

бб) Последствия расторжения брака

После расторжения брака каждый из супругов по определению несёт ответственность за своё содержание. В случае необходимости они могут заниматься соответствующей трудовой деятельностью (§ 1574 ГГУ). Если один из супругов после расторжения брака своим заработком и имуществом не в состоянии обеспечивать себя (нужда, согласно ч. 1 § 1577 ГГУ), он имеет право получить от своего бывшего партнёра *алименты*. Основаниями для такого права требования могут являться уход за общим ребёнком, болезнь, возраст, а также неминуемое безработное положение (§ 1571 ГГУ и далее). Право требования алиментов сохраняется до тех пор, пока существует необходимость в помощи, или пока лицо повторно не вступило в брак (ч. 1 § 1586 ГГУ). Размер алиментов, которые бывший супруг может потребовать, 342 определяется в соответствии с условиями жизни супругов (§ 1578 ГГУ). Разумеется, он ограничен таким образом, чтобы второй супруг мог в том числе обеспечивать себя соответсвующим образом (т. н. удержание средств на собственные нужны, § 1581 ГГУ).

343 Кроме того, между разведёнными супругами должно быть произведено т. н. *выравнивание долей* в той мере, в которой для обоих супругов в период брака возникли перспективы на получение пенсии по старости (§ 1587 ГГУ).

344 Особенно важным представляется регулирование *родительского попечения* в отношении общих детей после расторжения брака. По общему правилу, сохраняется право совместного родительского попечения. В случае подачи одним из родителей заявления о передаче ему родительского попечения вопрос о праве родительского попечения решается судом по семейным делам. При этом во внимание принимается то регулирование, которое наилучшим образом будет отвечать благу ребёнка (§ 1671 ГГУ).

II. Родительское попечение

345 Согласно ч. 1 § 1626 ГГУ, родители имеют право и обязаны заботиться о несовершеннолетнем ребёнке. Родительское попечение охватывает заботу о личности ребёнка (опека), о его имуществе, а также представительство от имени ребёнка. На родителей и детей возложена взаимная обязанность помощи и уважения (§ 1618a ГГУ).

346 Европейский суд по правам человека вынес решение, в котором признал ранее действующую норму о том, что право родительского попечения должно переходить исключительно к матери, если родители не состоят в браке на момент рождения ребёнка (ч. 2 § 1626a ГГУ старой редакции), дискриминационной по отношению к отцу, который не является мужем матери ребёнка. Согласно новому регулированию в области родительского попечения, отец имеет право на совместную родительскую заботу и без согласия матери. Для осуществления данного права он должен подать заявление в суд по семейным делам. В данном случае действует принцип «негативной проверки соответствия благу ребёнка». Суд обязан признать за обоими родителями право совместной родительской опеки, если таковая не противоречит благу ребёнка (ч. 3 § 1626a ГГУ). Перед вынесением решения, однако, суд должен предоставить матери возможность заявления протеста в течение срока в несколько недель (ч. 3 § 1626a ГГУ).

III. Отношения родства

Родство (§§ 1589 ГГУ и далее) – это правоотношение между физическими 347
лицами, основанное на общности крови. Родственниками по прямой линии
считаются лица, каждое из которых является потомком другого (бабушки и
дедушки, родители, дети и т.д.). Родственниками по боковой линии считаются
лица, которые не являются родственниками по прямой линии, но которые
являются потомками одних и тех же третьих лиц (родные братья и сёстры,
дяди и т. д.). Отношения родства имеют значение при определении вопросов
оказания материальной поддержки, а также в наследственном праве.

Д. Наследственное право (Книга V ГГУ)

Наследственное право регулирует переход собственности умершего лица 348
(наследодателя), выполняя функцию сохранения такого имущества и предотвращения его гибели после смерти собственника. При этом, действует принцип универсальной преемственности. Таким образом, наследство
является правопреемником наследодателя в отношении его имущества и
обязательств. В случае, если наследодатель оставляет большее количество
наследства, то оно делится в равной степени между всеми наследниками
(§ 2032 ГГУ и далее).

I. Порядок наследования

Установленный законом порядок наследования определяет, каким лицам пе- 349
реходит какая доля имущества умершего собственника. При этом порядок
наследования по закону применяется только в случае, если наследодатель не
определил порядок наследования самостоятельно в *завещании* или *договоре
о наследовании*.

В наследственном праве по закону действует *принцип очерёдности*. Со- 350
гласно упомянутому принципу порядок наследования точно установлен.
Наследниками по закону первой очереди являются дети наследодателя (ч. 1
§ 1924 ГГУ), второй – родители наследодателя и их потомки (ч. 1 § 1925 ГГУ),
третьей – бабушка с дедушкой и их потомки (ч. 1 § 1926 ГГУ) и четвёртой –
прабабушка с прадедушкой и их потомки (ч. 1 § 1928 ГГУ). Из этого следует:

Сначала (первая очередь) наследство в равной степени делится между 351
детьми наследодателя (ч. 1 § 1924 ГГУ). При этом, в случае смерти того или

иного рёбёнка-наследника, право наследования переходит уже к его ребёнку, т. е. внуку наследодателя. В случае смерти внука, право наследования переходит, таким образом, на ребёнка внука, т. е. правнука наследодателя (ч. 3 § 1924 ГГУ).

352 Если наследодатель состоял в браке, то его супруг, по общему правилу, также является наследником по закону, имеющим право наряду с наследниками первой очереди получения четверти наследуемого имущества (ср. исключения § 1933 ГГУ). При этом, следующим образом осуществляется *уравнительная компенсация имущества, приобретённого в браке* (см. выше Г. I. б. аа.), в случае смерти одного из супругов: доля наследуемого имущества, причитающаяся пережившему супругу (четверть), увеличивается на четверть наследуемого имущества. При этом, не имеет значения, достигнуто ли супругами в данном конкретном случае увеличение стоимости имущества (ч. 3 § 1931, ч. 1 § 1371 ГГУ).

353 Родители и их прямые нисходящие родственники (вторая очередь) наследуют, согласно ч. 1 § 1925 ГГУ, если у наследодателя отсутствуют нисходящие родственники. Родители наследодателя и их прямые нисходящие родственники наследуют наряду с супругом наследодателя половину наследственной массы. Если на момент открытия наследства отец или мать наследодателя не находятся в живых, то место умерших занимают их прямые нисходящие родственники согласно предписаниям, действующим для наследников первой очереди. Если у умерших нет прямых нисходящих родственников, то единственным наследником по закону становится переживший супруг наследодателя (ч. 3 § 1925 ГГУ). Наряду с родственниками второй очереди переживший наследодателя супруг имеет право получить половину наследуемого имущества (ч. 1 § 1931 ГГУ) и в соответствующем случае четверть имущества вдобавок (ч. 1 § 1371 ГГУ). В случае, если нет наследников ни первой, ни второй очередей, переживший наследодателя супруг получает всё оставленное в наследство имущество (ч. 2 § 1931 ГГУ).

II. Завещательное распоряжение на случай смерти

1. Завещание

354 Несмотря на установленную очередность наследования по закону наследодатель имеет возможность самостоятельно определить порядок наследования

в случае его смерти посредством составления завещании (свобода завещания). Ч. 1 ст. 14 ОЗ гарантирует ему это право.

Ввиду важности института завещания закон устанавливает строгие требования к его форме (§ 2064 ГГУ). Существует несколько способов составить действительное завещание. Т. н. *публичное завещание* подлежит удостоверению в нотариальном порядке (§ 2232 ГГУ). Т. н. *чрезвычайное завещание* может быть составлено, к примеру, бургомистром в присутствии трёх свидетелей или, к примеру, на корабле во время морского путешествия (§ 2249 ГГУ и далее). В данных случаях наследодатель вправе выразить свою последнюю волю в устной форме. Т. н. *собственноручное завещание* составляется наследодателем, однако, самостоятельно. Оно должно быть оформлено от руки в письменной форме, подписано (§ 2248 ГГУ) и может быть отдано на хранение в соответствующий орган (§ 2248 ГГУ). Составление собственноручного завещания допускается только совершеннолетним наследодателем. 355

Своё завещание наследодатель может в любое время полностью или частично отменить. Разумеется, при соблюдении соответствующей процедуры (§§ 2253 ГГУ и далее) 356

2. Общее завещание супругов

Супруги вправе составить общее завещание, при этом достаточно того, что один из супругов составляет завещание собственноручно, а другой супруг собственноручно его подписывает (§§ 2265, 2267 ГГУ). Если супруги включили в общее завещание такое распоряжение, в отношении которого можно предположить, что распоряжение со стороны этого супруга не было бы сделано без распоряжения другого, то ничтожность или отмена одного распоряжения влечёт за собой недействительность другого (ч. 1 § 2270 ГГУ). 357

3. Договор о наследовании

Договор о наследовании (§ 1941, §§ 2274 и далее ГГУ) наряду с завещанием составляет вторую альтернативу, посредством использования которой наследодатель может установить порядок наследования его имущества после его смерти, отличный от порядка наследования, установленного законом. 358

Договор о наследовании должен быть составлен наследодателем лично, в присутствии второй стороны по договору, и заключён у нотариуса (ч. 1 § 2276 ГГУ). Договор о наследовании может быть заключён лишь лицом, 359 обладающим завещательной правоспособностью, а также полностью дееспособным лицом (ч. 1 § 2275 ГГУ). В договор о наследовании не могут быть включены иные распоряжения, чем назначения наследников, завещательные отказы и возложения (ч. 2 § 2278 ГГУ). При этом наследодатель может включить в договор другие распоряжения на случай смерти.

360 В отличие от завещания, в случае заключения договора о наследовании наследодатель обязывает себя по отношению ко второй стороне в договоре. В то время как лицо, установленное наследником в завещании, не вправе препятствовать отзыву завещания, наследник по договору о наследовании является более защищённой стороной, имеющей обоснованное ожидание получения наследства. Договор о наследовании может быть оспорен (§§ 2281 ГГУ и далее). Договор о наследовании, а также отдельное распоряжение, включённое в договор, могут быть отменены по соглашению лиц, заключивших такой договор о наследовании (ч. 1 § 2290 ГГУ). При наступлении определённых обстоятельств возможно отступление от договора о наследовании (§§ 2293 ГГУ и далее).

III. Содержание распоряжения на случай смерти

1. Отклонение от порядка наследования, установленного законом

361 При *назначении наследника*, согласно § 1937 ГГУ, наследодатель вправе передать своё наследство определённым лицам целиком или в долях. Одновременно наследодатель может лишить права наследования по закону родственника или супруга (лишение наследства, § 1938 ГГУ). Он может определить замещающего наследника согласно § 2096 ГГУ, чтобы не допустить наследования по закону.

362 Наследодатель может также назначить наследника с тем, чтобы он стал наследником после того, как наследником станет другое лицо (*подназначенный наследник*, § 2100 ГГУ). Подназначенный наследник имеет притязание на получение права в будущем. С момента открытия наследства подназначенному наследнику предварительный наследник перестаёт быть наследником, и наследство приобретает подназначенный наследник (§ 2139 ГГУ).

2. Отдельные выплаты

363 Наследодатель в завещании может предоставить другому лицу *завещательный отказ* (§§ 1939, 2147–2191 ГГУ). Отказополучатель приобретает лишь

право требования определённой части наследства, не считаясь, при этом, с наследником. Отказополучатель может потребовать от наследников предоставления предназначенной ему части наследственной массы (§ 1939, §§ 2147 и далее, § 2174 ГГУ).

Кроме того, наследодатель имеет возможность по завещанию обязать наследника или отказополучателя совершить действие (к примеру, организация погребения) в форме *возложения* (§ 1940, §§ 2192 ГГУ и далее). При этом другому лицу не предоставлено право требовать исполнения (§ 1940 ГГУ).

IV. Регулирование института обязательной доли в наследстве

Свобода завещания ограничена институтом обязательной доли в наследстве. Данный институт гарантирует ближайшим родственникам долю в наследстве независимо от того, учёл ли их в своём завещании наследодатель или нет. Право притязания на обязательную долю в наследстве принадлежит лишь прямым потомкам наследодателя, его супругу и родителям (ч. 1, ч. 2 § 2303 ГГУ). Обязательная доля равняется половине стоимости доли наследника при наследовании по закону (ч. 1 § 2303 ГГУ).

V. Правовое положение наследников

Наследство не обязательно и не всегда представляет преимущество для наследников. Принятие наследства всегда связано с риском несения ответственности по долгам наследодателя, как лица, несущего солидарную ответственность (§ 2058 ГГУ). При этом не имеет значения, были ли наследники осведомлены о наличии долгов. Кроме того, в Германии взимается налог в крупном размере с имущества, переходящего в порядке наследования. В частности, большие выплаты устанавливаются с недвижимости и наследства в крупном размере.

Наследник может принять наследство или отказаться от него, как только наступил момент открытия наследства (§ 1946 ГГУ). Наследник приобретает наследство в момент открытия наследства без ведома и согласия в силу закона. По этой причине наследнику предоставлено право отказа от наследства для того, чтобы препятствовать приобретению нежелательного наследства. Наследник, однако, теряет право отказа от наследства, если он его уже принял или если истёк установленный срок отказа от наследства; по истечении такого срока наследство считается принятым (§ 1943 ГГУ). Отказ от наследства может быть осуществлён в течение шести недель с момента получения уведомления о приобретении наследства (ч. 1 § 1944 ГГУ).

368 Если принятие наследства или отказ от такового можно оспорить, то такое оспаривание должно быть осуществлено в течение шести недель (ч. 1 § 1954 ГГУ). Оспаривание принятия считается отказом от наследства, а оспаривание отказа считается принятием наследства (ч. 1 § 1957 ГГУ).

E. Трудовое право

369 Частное трудовое право регулирует правоотношения между работодателем и работником. Основная проблематика трудового права состоит в экономической зависимости работника от работодателя. Поэтому трудовое право предназначено для защиты более слабой стороны – работника в данном правоотношении (принцип защиты слабой стороны).

I. Структура трудового права

370 В трудовом праве выделяются два раздела: *индивидуальное трудовое право* и *коллективное трудовое право*. В то время как первая часть регулирует правоотношения между работником и работодателем, вторая часть посвящена регулированию статуса профсоюзов и ассоциаций, в которые могут объединяться работники и работодатели.

371 Трудовое право не кодифицировано. Его положения рассредоточены по различным законам, регулирующим отдельные области трудового права. Некоторые институты трудового права не урегулированы законодательно. В таком случае к ним применяются общие конституционные права и ценности по аналогии права. Также в качестве исключения в трудовом праве важную роль играет судебная практика. Данный способ правового регулирования характерен для Англии и США, поскольку право данных государств носит прецедентный характер. В Германии, тем не менее, суды обладают широкой компетенцией по оцениванию законов.

372 Необходимо отличать частное трудовое право от публичного должностного права. Последнее регулирует трудовые правоотношения госслужащих, должностных лиц и работников на государственной службе в государственных учреждениях. Работодателем (начальником) в данном случае является государство (федерация или земля), община или иное государственное учреждение.

II. Индивидуальное трудовое право

1. Работник и вольнонаёмный

В трудовом праве проводится различие между работником и вольнонаём- 373
ным. *Работниками* считаются те лица, которые выполняют, прежде всего, физическую работу. *Вольнонаёмные* – это лица, которые заняты преимущественно умственной деятельностью (предпринимательская, управленческая, научная деятельность или занятие высоких постов).

2. Трудовые правоотношения

Трудовые правоотношения являются договорными обязательственными 374
правоотношениями. По общему правилу, при вступлении в трудовые отношения действует свобода договора. Трудовой договор является *договором об оказании услуг* (см. выше Б. IV. 5.). Обязанность работника как главного должника в трудовом договоре заменяется понятием «трудовой потенциал»; успешность работы при этом не гарантируется. Помимо этого, работник обязан следовать указаниям работодателя. Обязанностью последнего является предоставление вознаграждения.

Наряду с этими основными обязанностями в трудовых правоотношени- 375
ях, как и в любых других правоотношениях, существует взаимная обязанность уважительного отношения. Трудовые правоотношения связывают работника и работодателя с целью совместного выступления в рыночной конкуренции и охраны коммерческой тайны.

Трудовые правоотношения прекращаются надлежащим расторжени- 376
ем трудового договора, которому должно предшествовать уведомление в определённый срок. В исключительных случаях при наличии определённых оснований (вне рамок соответствующего срока) допускается расторжение трудового договора по воле одной из сторон. Так, к примеру, у работодателя появляется право прекратить трудовые правоотношения с работником при совершении последним должностного проступка, а также в случае тяжёлого финансового положения предприятия.

3. Регламентация со стороны государства

Свобода договора ограничена некоторыми запретами, закреплённы- 377
ми в законе. Посредством таковых регулируется рынок труда с целью

гарантирования соблюдения норм права в области занятости. Согласно данным предписаниям закона, к примеру, запрещено использование детского труда или нелегальной трудовой деятельности. Или, к примеру, иностранные граждане, не являющиеся гражданами государств-членов Европейского союза, обязаны иметь разрешение на работу (§ 39 Закона о пребывании, трудовой деятельности и интеграции иностранцев), если намереваются заняться трудовой деятельностью на территории ФРГ.

378 *График рабочей деятельности* также установлен законом. Трудовое законодательство ограничивает максимальную продолжительность рабочего дня и устанавливает минимальную продолжительность перерывов для отдыха в течение рабочего дня, а также режим отдыха по праздничным и выходным дням. Кроме того, трудовое законодательство содержит нормы, ограничивающие работу в ночное время.

379 Согласно Закону о трудовых выплатах за работу в праздничные дни и об оплате пособий по нетрудоспособности (далее – «Закон»), работник имеет право требования выплат в случае *нетрудоспособности* (ч. 1 § 3 Закона). Правоотношения в таком случае должны беспрерывно длиться, по меньшей мере, четыре недели (ч. 3 § 3 Закона). Работник, однако, не должен быть виновным в нетрудоспособности, т. е. не должен совершать «грубых нарушений». Право требования выплат сохраняется в общей сложности на срок в шесть недель (ч. 1 § 3 Закона). Работник, согласно ч. 1 § 5 Закона, обязан незамедлительно уведомить работодателя о наступившей нетрудоспособности. При болезни, длящейся более трёх календарных дней, необходимо предъявление справки от врача. Если работник не выполняет данную обязанность, то у работодателя есть преимущественное право на временный отказ от оплаты труда. Размер выплат зависит согласно ч. 1 § 4 Закона от полного размера заработной платы работника. Право требования выплат принадлежит не только работникам, занятым на постоянной основе, но и сотрудникам, занятым в режиме неполного рабочего дня.

380 Защита работника от *расторжения трудового договора* урегулирована Законом о гарантии защиты от незаконных увольнений. Для применения механизма защиты, установленного Законом, предприятие, на котором занят работник, согласно ч. 1 § 23, должно иметь более десяти работников (*оговорка о малом предприятии*), а трудовое правоотношение, согласно ч. 1 § 1, должно длиться более шести месяцев. Согласно ч. 2 § 1 Закона о гарантии защиты от незаконных увольнений, для увольнения существует три вида

оснований: связанные с личностью работника, связанные с поведением работника и связанные с предприятием. В случае с увольнением, *связанным с личностью работника*, основания прекращения трудовых отношений обусловлены личностью работника (длительная болезнь, нетрудоспособность), при этом, как правило, работник не несёт за них ответственности. В случае с увольнением, *связанным с поведением работника*, основание для увольнения лежит в совершении работником проступков (воровство с рабочего места, регулярные опоздания, прогул без уважительной причины), которые делают невозможным продолжение трудовых отношений. Такое увольнение может быть охарактеризовано как увольнение в исключительном порядке (без соблюдения срока уведомления об увольнении). Однако, кроме совершения тяжких проступков, необходимо направление работодателем предварительного уведомления. Наконец, об увольнении, *связанном с предприятием*, можно говорить, если состояние предприятия (наложение на него штрафов, реструктуризация предприятия) вынуждает работодателя прекратить трудовые правоотношения с работником. При наличии данного вида оснований, согласно ч. 3 § 1 Закона, необходимо по возможности прежде всего уволить тех работников, которые в меньшей степени будут затронуты таким увольнением. Увольнение не всегда справедливо, если работодатель учитывает возраст, трудовые обязанности, инвалидность и другие качества работника; по предъявлении требования работником работодатель обязан объяснить причины, которые повлекли к принятию им решения об увольнении.

III. Коллективное трудовое право

1. Стороны коллективного трудового договора

В ФРГ трудовое право формируется сторонами т. н. коллективного трудового договора. Следуя общему правилу ч. 3 ст. 9 ОЗ, согласно которому каждому принадлежит право вступать в объединения с целью требования и защиты благоприятных условий труда, было создано множество (частноправовых) профессиональных союзов и ассоциаций работодателей. Их деятельность оказывает серьёзное влияние на формирование трудовых правоотношений, а также на регулирование размеров заработной платы, длительности отпусков и процедуры расторжения трудового договора. Это обусловлено заключением между союзами работников и ассоциациями работодателей коллективных трудовых договорах для урегулирования указанных областей трудовых правоотношений. Коллективные трудовые договоры распространяют своё действие на их стороны, однако могут приобретать универсальное применение.

2. Коллективный трудовой спор

382 С целью продвижения своих интересов и работники, и работодатели, согласно ч. 3 ст. 9 ОЗ ФРГ, имеют право участия в т. н. коллективных трудовых спорах. Работники могут осуществить это право посредством коллективной забастовки, у работодателей же в распоряжении есть средство отстранения от работы. Разумеется, использование такого права ограничено и должно быть соразмерно конкретным обстоятельствам. Поэтому вступлению в коллективный трудовой спор должны предшествовать коллективные переговоры.

383 Под *забастовкой* понимается отказ от исполнения предусмотренных договором трудовых обязанностей. Забастовки являются законными лишь в том случае, если проходят по одобрению профсоюза, в противном случае они недопустимы и считаются «стихийными забастовками». Во время забастовки трудовая деятельность сведена к нулю, работники освобождены от исполнения своих трудовых обязанностей, а работодатель не обязан уплачивать работникам заработную плату за время забастовки. Работодатели, состоящие в ассоциациях, получают от своей ассоциации финансовую поддержку на время забастовки.

384 В то время, как работники вправе начать забастовку, работодателю в качестве компенсации предоставлено право *отстранения работников от работы*. Под отстранением от работы подразумевают временное освобождение работников от обязанности исполнять свои трудовые обязанности на период длительности коллективного трудового спора. В случае, если работодатель реагирует на забастовку отстранением от работы, то работник больше не обязан осуществлять свои трудовые обязанности, а работодатель освобождён от уплаты ему заработной платы. Отстранение от работы в качестве ответа на забастовку называют «защитным» отстранением от работы. Оно увеличивает финансовые потери предприятия от забастовки, поскольку ассоциации работодателей обязаны уплачивать финансовую помощь предприятию в более крупном размере. Наряду с защитным

отстранением от работы теоретически может применяться «агрессивное» отстранение от работы, при котором ассоциации работодателей пытаются добиться изменения условий коллективного трудового договора.

3. Участие в управлении предприятием

385 В рамках коллективного трудового права в Германии работник также наделён правом *участия в управлении предприятием*. Предметами такого участия являются вопросы внутреннего трудового распорядка, благоустройства рабочих мест, производственный процесс и производственная среда. Участие в управлении предприятием урегулировано в Законе о представительных органах рабочих на предприятии. В данном законе регламентированы, к примеру, права сотрудников предприятия на получение информации, право на выдвижение предложений, а также право на участие в управлении предприятием и права отдельных категорий работников.

386 Органом управления предприятием является выбираемый работниками *совет представителей рабочих и служащих* (§§ 1, 7–41 Закона о представительных органах рабочих на предприятии). Задачей представительного органа является представление интересов работников. Совет представителей может принимать участие в принятии решений на предприятии о сокращениях, графике работы и отдыха, вопросах производства и др. (§§ 74–113 Закона о представительных органах рабочих на предприятии). Также представлением интересов рабочих заняты такие органы на предприятии, как наблюдательный совет и правление.

Ё. Торговое право

I. Особый правовой статус коммерсантов

387 Торговое право регламентирует особенности правового статуса коммерсантов. Коммерсанты – это лица, занятые приносящей прибыль деятельностью по совершению сделок купли-продажи товаров с целью получения прибыли при перепродаже.

388 Германское торговое уложение (ГТУ) принимает во внимание потребности торгового оборота. Поскольку коммерсант занимается предпринимательской деятельностью профессионально, ему не требуется такая же защита, как обыкновенному физическому лицу. Правовое регулирование также направлено на ускорение делового оборота.

II. Коммерсант

389 По смыслу ГТУ коммерсантом является лицо, занятое торговым промыслом (§ 1 ГТУ, т. н. *полноправный коммерсант*). *Торговый промысел* – это любое занятие промыслом, за исключением случаев, когда предприятие по своей природе или объёму совершаемых сделок не требует учреждения коммерческой организации (ч. 2 § 1 ГТУ). В данном случае, согласно § 29 ГТУ, имеются в виду большие предприятия, которые заносятся в торговый регистр (см. ниже IV.). Маленькие предприятия, чья промысловая деятельность не считается торговым промыслом согласно ч. 2 § 1 ГТУ, при регистрации в торговом реестре получают статус коммерсантов согласно § 2 ГТУ (т. н. *коммерсант, ведущий свою деятельность под регистрацией в качестве торговой фирмы*). Если фирменное наименование зарегистрировано в торговом реестре, то против того, кто ссылается на регистрацию, нельзя выдвигать возражение, что промысел, ведущийся под таким фирменным наименованием, не является торговым промыслом (т. н. *коммерсант в силу регистрации*, § 5 ГТУ). Если какое-либо лицо посредством соответствующего поведения создаёт видимость наличия у него статуса коммерсанта, то, несмотря на отсутствие у него такого статуса, такое лицо обязано вести себя, как коммерсант в силу видимости права (т. н. *мнимый коммерсант*).

III. Торговая сделка

390 Торговыми сделками (§§ 343 ГТУ и далее) считаются все сделки коммерсанта, относящиеся к ведению его торгового промысла и не относятся к его частной жизни. По крайней мере, одной из сторон такой правовой сделки должен быть коммерсант.

391 К торговым сделкам наряду с общими положениями ГГУ применяются важные специальные нормы. К примеру, молчание контрагента считается акцептом и не требует дальнейшего прямовыраженного волеизъявления (ч. 1 § 362 ГТУ). Кроме того, действует презумпция добросовестности покупателя, если он был осведомлён, что отчуждатель-коммерсант не являлся собственником вещи. Данное положение применимо, к примеру, если покупатель уверен, что отчуждатель вправе распоряжаться вещью на основании разрешения собственника (ч. 1 § 366 ГТУ). В ГГУ такой уверенности недостаточно – покупатель должен также быть уверен в том, что отчуждатель являлся собственником вещи.

IV. Фирменное наименование и торговый реестр

Каждый коммерсант в Германии обязан иметь *фирменное наименование*. Фирменное наименование – это наименование, под которым коммерсант заключает торговые сделки и ставит свою подпись (ч. 1 § 17 ГТУ). Под этим наименованием он вправе выступать истцом и отвечиком (ч. 2 § 17 ГТУ). Фирменным наименованием является то, что внесено в торговый реестр.

392

Под торговым реестром понимается публичный перечень, в который вносятся записи о зарегистрированных коммерсантах. Как правило, в торговом реестре содержится информация о фирменном наименовании, месте нахождения, сведения о филиалах и обособленных подразделениях, предмете деятельности предприятия, уполномоченных действовать от его имени лицах, организационно-правовой форме предприятия, а также об уставном и основном капитале. Торговый реестр выполняет важные функции для торговых связей. Каждый может осведомиться о работе того или иного коммерсанта, с которым он заинтересован работать совместно. Если какой-либо юридический факт был внесён в торговый реестр и тем самым был сделан общедоступным, третьи лица обязаны принять его в отношении себя (ч. 2 § 15 ГТУ). Пока факт, подлежащий внесению в торговый реестр, не зарегистрирован и не опубликован, лицо, в интересах которого он должен быть зарегистрирован, не может противопоставить его третьему лицу. Исключение из этого правила действует в том случае, если данный факт был известен такому третьему лицу (ч. 1 § 15 ГТУ).

393

V. Доверенность коммерсанта

По практическим соображениям коммерсант может выдавать другому лицу доверенность, на основании которой представитель вправе вести дела коммерсанта. При этом можно выделить два вида доверенности коммерсанта.

394

С одной стороны, допускается выдача *доверенности на ведение дел*, которая предоставляет право совершать все обычные относящиеся к торговому промыслу сделки (§§ 54 и далее ГТУ). Данный вид предоставления полномочий схож с представительством по ГГУ (см. выше A. VI. 2.). С другой стороны, допускается выдача *прокуры* (§§ 48 и далее ГТУ), которая предоставляет значительно более широкий объём полномочий, чем доверенность на ведение дел. Прокура уполномочивает на все виды судебных

395

и внесудебных дел и правовых действий, с которыми связан торговый промысел предприятия (§ 49 ГТУ). Ограничение объёма прокуры не действует по отношению к третьим лицам (ч. 1 § 50 ГТУ). В силу особого объёма полномочий, предоставляемых прокурой, она может быть выдана только владельцем торгового промысла или его законным представителем и только посредством прямовыраженного заявления (ч. 1 § 48 ГТУ), а также может быть отозвана в любое время (ч. 1 § 52 ГТУ).

Ж. Корпоративное право

396 Корпоративное право состоит из норм, касающихся частных объединений лиц. При этом прилагательное «частный» используется не для обозначения того, что объединения не являются публично-правовыми объединениями, а для того, что они построены на частно-правовых началах. Объединения подразделяются на корпорации (общества) и товарищества. Все корпоративные объединения учреждаются для достижения определённой цели посредством заключения правовой сделки (учредительный договор) или составления устава и имеют предметом деятельности ведение предпринимательской деятельности. У объединений также могут быть некоммерческие цели. В ч. 1 ст. 9, а также в ч. 1 ст. 2 Основного закона также закреплено право образовывать союзы и общества.

397 В Германии существует множество подобных обществ. Каждая организационно-правовая форма направлена на удовлетворение тем или иным образом потребностей учредителей и защиту прав третьих лиц – контрагентов. Для участников корпорации выгодно учредить как можно менее сложную форму корпорации, при этом не подвергаясь экономическому риску. Кредиторы, с другой стороны, также заинтересованы в наличии обеспечения на случай наступления несостоятельности корпорации до исполнения её обязанностей.

I. Организационно-правовые формы

398 Участники объединений вправе свободно выбирать, какая форма объединения подходит для достижения поставленных ими целей (*свобода выбора организационно-правовой формы*). Однако в своём выборе они ограничены разрешёнными правовыми формами; образование новой организационно-правовой формы не допускается (*исчерпывающий*

перечень форм объединений). Такое ограничение позволяет защитить третьих лиц, выступающих контрагентами таких объединений. Третьи лица должны быть осведомлены о том, в какой организационно-правовой форме создано объединение и кто отвечает по его обязательствам.

II. Хозяйственные товарищества и общества

1. Отличия

Следует различать хозяйственные товарищества и хозяйственные общества. Важнейшим отличием между ними является следующее: при учреждении *хозяйственного товарищества* не появляется новый субъект права. Товарищи остаются носителями прав общего имущества товарищества и выступают от его имени в гражданском обороте. Хозяйственное товарищество также не является самостоятельным юридическим лицом. При учреждении же *хозяйственного общества* возникает новое юридическое лицо, которое выступает в гражданском обороте независимо от его участников через совет директоров или единоличного управляющего в силу собственной правосубъектности.

Если речь идёт о *хозяйственных товариществах*, то говорят прежде всего о товарищах. Такое товарищество находится в зависимом положении от их личного вклада, поскольку не может существовать без товарищей. Последние предоставляют в распоряжение товарищества свой трудовой потенциал, технические знания и опыт, платёжеспособность и другие активы. *Хозяйственные общества* главным образом зиждятся на объединении финансового капитала участников.

Правовые нормы корпоративного права проводят различие между внутренними и внешними отношениями объединений. *Внутренние отношения* касаются структуры объединения и отношений между его участниками. *Внешние отношения* касаются отношений объединения с третьими лицами в гражданском обороте.

2. Хозяйственное товарищество

К хозяйственным товариществам относятся *простое товарищество, полное товарищество, коммандитное товарищество* и *партнёрское товарищество*.

а) Простое товарищество

403 Простое товарищество, согласно ГГУ, представляет собой объединение по крайней мере двух лиц, сформированное учредительным договором для достижения общей цели (§ 705 ГГУ). Товарищи обязуются объединять усилия для достижения установленной цели товарищества. При этом целью простого товарищества не может быть ведение коммерческой деятельности. За исключением этой цели, товарищество вправе преследовать любую законную цель, которую легче достичь совместными усилиями. К примеру, простым товариществом является объединение частных лиц для совместной перевозки на автомобиле (карпулинг).

аа) Правоспособность

404 Вопрос о том, обладает ли простое товарищество правоспособностью, долгое время являлся дискуссионным, т. к. это прямо не установлено законодательством. Тем временем признано, что простое товарищество, хоть и не обладает правосубъектностью, тем не менее, имеет некоторые права и обязанности. Поэтому оно (а не отдельные товарищи как правоспособные лица) может выступать истцом и ответчиком в суде.

бб) Ведение дел

405 В отношениях между товарищами (*внутренних отношениях*) действует принцип совместного ведения деятельности. Согласно ч. 1 § 709 ГГУ, участники простого товарищества совместно осуществляют ведение дел для достижения цели простого товарищества. Однако участники простого товарищества вправе предоставить одному или нескольким из них полномочия по ведению деятельности (автономия воли) (§ 710 ГГУ).

вв) Представительство

406 При представительстве товарищества по отношению к третьим лицам (во *внешних отношениях*) также действует принцип совместного ведения дел, с тем, чтобы лишь то волеизъявление было действительным, которое было согласовано между всеми товарищами (ч. 1 § 709 ГГУ). Если, согласно договору простого товарищества, полномочия на ведение дел предоставлены одному участнику, то при наличии сомнения такой участник уполномочен на представительство остальных участников в отношении третьих лиц (§ 714 ГГУ).

гг) Имущество

Имущество товарищества, которое образуется из вкладов его участников 407
или извлекается самим товариществом в процессе хозяйственной деятельности, именуется общим совместным имуществом. Это означает, что оно принадлежит всем товарищам без выделения долей и должно быть отделено от их личного имущества. Товарищи по отдельности не вправе распоряжаться ни имуществом товарищества, ни своей расчётной долей в нём. Данное правило ч. 1 § 719 ГГУ является императивным, т. е. товарищи не вправе изменить или отменить его положением договора о простом товариществе.

дд) Ответственность

По обязательствам простого товарищества в отношении третьих лиц отвечает 408
само товарищество своим имуществом (§ 718 ГГУ). Однако, поскольку товарищество не представляет собой самостоятельное юридическое лицо, а создаёт для себя правовые последствия посредством действий своих участников, то и участники такого товарищества отвечают лично (по аналогии с § 128 ГТУ) и непосредственно по всем правовым обязательствам товарищества как солидарные должники. В этом для товарищей заключается недостаток простого товарищества. При учреждении простого товарищества не установлен минимальный размер вклада, которым можно было бы распоряжаться в случае наступления ответственности. Кредиторам товарищества предоставлена правовая защита: они вправе обратить взыскание на личное имущество товарищей (§ 739 ГГУ).

б) Открытое торговое товарищество

Товарищество, имеющее целью занятие торговым промыслом под общим 409
фирменным наименованием, является полным товариществом, если ответственность каждого из его участников перед кредиторами общества не ограничена (ч. 1 § 105 ГТУ). Полное товарищество представляет собой торговый тип простого товарищества. Оно сходно с простым товариществом по многим критериям сравнения, при этом решающие отличия урегулированы в ГТУ. Оно заключается в цели полного товарищества (ведение торгового промысла). Для учреждения полного товарищества, как и для простого товарищества, требуется заключение учредительного договора, однако первое должно также быть зарегистрировано в торговом реестре, с тем чтобы третьи лица могли распознать его как участника гражданского

оборота. При этом в торговом реестре должны быть поименованы все участники полного товарищества (§ 106 ГТУ).

аа) Правоспособность

410 Полное товарищество, согласно ч. 1 § 124 ГТУ, вправе под своим фирменным наименованием приобретать права и вступать в обязательства, а также быть истцом и ответчиком в суде. При этом оно не является юридическим лицом, так же, как и любое другое хозяйственное товарищество.

бб) Ведение дел

411 Отношения между товарищами урегулированы, прежде всего, договором о товариществе (§ 109 ГТУ). Все участники имеют право и обязаны вести дела товарищества (ч. 1 § 114 ГТУ). Если договором о товариществе ведение дел поручается одному или нескольким участникам, то остальные участники считаются исключёнными из ведения дел (ч. 2 § 114 ГТУ). Если ведение дел входит в компетенцию всех или нескольких участников, то каждый из них вправе действовать единолично (в отличие от простого товарищества), если же другой ведущий дела участник возражает против предпринятия единоличных действий, то таковое не должно иметь места (ч. 1 § 115 ГТУ). Полномочие на ведение дел распространяется на все действия, которые влечёт за собой обычное занятие общества торговым промыслом (ч. 1 § 116 ГТУ).

вв) Представительство

412 На представительство товарищества уполномочен любой его участник, если он договором товарищества не отстранён от представительства (ч. 1 § 125 ГТУ). В договоре товарищества может быть определено, что все или несколько участников только совместно уполномочены на представительство товарищества (совместное представительство) (ч. 2 § 125 ГТУ).

гг) Ответственность

413 Согласно § 124 ГТУ рассматриваемое общество несёт ответственность своим имуществом. Участники товарищества лично отвечают по обязательствам товарищества перед кредиторами как солидарные должники. Соглашение об обратном является недействительным в отношении третьих лиц (§ 128 ГТУ). Кредитор, таким образом, может самостоятельно решать, кого привлечь к ответственности (общество как таковое или его членов).

в) Коммандитное товарищество

Коммандитное товарищество (ч. 1 § 161 ГТУ), целью которого также является занятие торговым промыслом, существенно отличается от полного товарищества тем, что ответственность по обязательствам коммандитного товарищества несут не все его участники в равной доле. 414

аа) Ответственность

В то время как полные товарищи в коммандитном товариществе несут неограниченную ответственность, как в полном товариществе (ч. 2 § 161, § 128 ГТУ), ответственность коммандитистов, по общему правилу, ограничена суммой их соответствующего имущественного вклада. Коммандитист отвечает не своим личным имуществом, а лишь вкладом в капитал товарищества (ч. 1 § 161 ГТУ). Однако в обмен на ограничение ответственности коммандитист исключается из управления товариществом и не вправе представлять его в гражданском обороте (§ 170 ГТУ). Благодаря данной организационно-правовой форме полные товарищи получают возможность инвестировать больший по размеру капитал в товарищество, тем самым расширяя возможности последнего в гражданском обороте, в то время как коммандитисты получают возможность увеличить свою прибыль, избегая высокого риска. Лицо, являющееся коммандитистом, обязано зарегистрироваться в торговом реестре (§ 162 ГТУ). 415

бб) ООО и компания (коммандитное товарищество)

Общество с ограниченной ответственностью и компания (коммандитное товарищество) – это особая форма коммандитного товарищества, т. е. это хозяйственное товарищество. В отличие от обыкновенного коммандитного товарищества, в данной его форме коммандитист является не физическим, а юридическим лицом, а именно обществом с ограниченной ответственностью. Благодаря данной форме минимизируются риски ответственности для лиц, стоящих за данным товариществом. 416

3. *Хозяйственное общество*

К хозяйственным обществам относятся, прежде всего, общество с ограниченной ответственностью и акционерное общество. 417

а) *Общество с ограниченной ответственностью*

аа) Учреждение

418 Общество с ограниченной ответственностью – это хозяйственное общество, создаваемое также посредством заключения учредительного договора. Последний требует нотариального удостоверения. По общему правилу, для создания общества с ограниченной ответственностью необходимо заключение соответствующего соглашения несколькими лицами, однако, также возможно учреждение т. н. единоличного общества. Учреждение общества с ограниченной ответственностью требует его регистрации в торговом реестре (§ 10 Закона об обществах с ограниченной ответственностью, далее – «Закона об ООО»). Общество с ограниченной ответственностью также требует предварительной оплаты участниками минимального уставного капитала размером в 25 000 евро (ч. 1 § 5 Закона об ООО). Этот взнос не может быть возвращен его участникам (запрет возврата вклада в уставный капитал). Он служит для покрытия долгов ООО, т. к. его члены не несут персональную ответственность по обязательствам ООО.

419 В Германии общество с ограниченной ответственностью является самой популярной организационно-правовой формой ведения предпринимательской деятельности, поскольку благодаря ограничению ответственности исключается неконтролируемый риск, а уставный капитал в 25 000 евро предоставляют гарантию возврата кредита при надлежащем ведении дел. Общество, уставный капитал которого на момент учреждения является небольшим, обязано включить в своё название слова «Предпринимательское общество (с ограниченной ответственностью)» или «ПО (с ограниченной ответственностью)».

бб) Правоспособность

420 Общество с ограниченной ответственностью является юридическим лицом. Оно обладает собственной правоспособностью независимо от его участников (§ 13 Закона об ООО).

вв) Органы управления

421 Органами управления общества с ограниченной ответственностью являются общее собрание участников (§ 48 Закона об ООО), наблюдательный

совет (совет директоров) (§ 52 Закона об ООО) и один или несколько управляющих (§ 6 Закона об ООО).

Общее собрание участников – высший орган управления общества с ограниченной ответственностью. В нём представлены все участники общества. Удельный вес голоса каждого из участников (§ 47 Закона об ООО) зависит от величины вклада, внесённого им в уставный капитал общества. 422

Наблюдательный совет состоит на одну треть из представителей работников и на две трети из представителей работодателей. Наблюдательный совет, однако, должен быть создан в обществе лишь тогда, когда количество работников в нём превышает 500. Если число работников превышает 2000, то половина наблюдательного совета должна состоять из представителей работников, а другая половина из представителей работодателя. 423

гг) Ведение дел

Совершение повседневных сделок, как правило, поручается одному из управляющих. Общество обязано иметь одного или нескольких управляющих (ч. 1 § 6 Закона об ООО). Управляющими могут быть назначены как участники общества, так и третьи лица. Назначение должно быть зафиксировано в договоре об обществе либо с соблюдением правил третьего раздела Закона об обществах с ограниченной ответственностью (ч. 3 § 6 Закона об ООО). Ведение дел контролируется наблюдательным советом. 424

дд) Представительство

Общество может быть представлено в суде или в иных отношениях своими управляющими (ч. 1 § 35 Закона об ООО). Если у общества нет управляющего (отсутствие руководства), то для тех случаев, когда, к примеру, в отношении общества совершаются волеизъявления или доставляется деловая корреспонденция, общество считается представленным своими участниками (ч. 1 § 35 Закона об ООО). В случае, если управляющих несколько, то они считаются уполномоченными на представительство лишь совместно, за исключением случаев, когда в договоре об обществе прямо предусмотрено иное (ч. 2 § 35 Закона об ООО). 425

ее) Ответственность

Участники не несут личную ответственность по обязательствам общества – по ним отвечает само общество (ч. 2 § 13 Закона об ООО) своим 426 имуществом, если только они не совершали действий от имени общества до его регистрации в торговом реестре (ч. 2 § 11 Закона об ООО). В остальном участники несут личную ответственность лишь в исключительных случаях (смешение имущества, заведомое освобождение от ответственности участника общества в ущерб кредитору), и в таком случае эта ответственность становится неограниченной и солидарной – участники будут отвечать своим личным имуществом по обязательствам общества (т. н. *снятие корпоративной вуали*).

427   Управляющие обязаны возместить обществу платежи, совершённые им после наступления несостоятельности общества (§ 64 Закона об ООО). Управляющие, нарушившие свои обязанности, отвечают перед обществом как солидарные должники по убыткам, причинённым по их вине (ч. 2 § 43 Закона об ООО).

б) Акционерное общество
аа) Учреждение

428   Акционерное общество также создаётся посредством заключения и нотариального удостоверения договора об обществе между несколькими физическими или юридическими лицами (§§ 23–53 Закона об акционерных обществах, далее – «Закона об АО»). Представляется также возможным учреждение акционерного общества одним лицом (§ 42 Закона об АО).

429   Учреждение акционерного общества, как и общества с ограниченной ответственностью, требует учредительного капитала, и в данном случае он составляет 50 000 евро (§ 7 Закона об АО). Данный капитал разделяется на отдельные акции, которые передаются участникам общества – акционерам. При этом следует различать акции с номинальной стоимостью и акции без номинальной стоимости. Акции с номинальной стоимостью имеют установленную денежную ценность, составляющую, по крайней мере, один евро; акции без номинальной стоимости, напротив, определяются через известный процент от учредительного капитала, который может увеличиваться или уменьшаться с течением времени. С акциями второго вида могут совершаться различные действия, чтобы обеспечить их ликвидность и постоянное нахождение в обороте (т. н. «рассеивающее владение», нем. «Streubesitz»,). Приобретение акций даёт акционеру право голоса в общем собрании акционеров, а также право на долю в прибыли общества.

бб) Органы управления

В акционерном обществе создаётся три органа управления. Во-первых, к ним относится *общее собрание акционеров* (§§ 118–149 Закона об АО), в котором принимают участие все акционеры. На общем собрании акционеры используют своё право голоса, удельный вес которого определяется количеством принадлежащих им акций. Общее собрание акционеров ежегодно принимает решение о распределении чистой прибыли общества. Оно избирает членов наблюдательного совета, утверждает важнейшие сделки, а также принимает решение о ликвидации общества. Мероприятия, которые отнесены к компетенции общего собрания акционеров, перечислены в § 119 Закона об АО. К компетенции общего собрания акционеров отнесены, к примеру, внесение изменений в устав общества, а также меры по привлечению капитала. Однако общее собрание не может передать правлению полномочия заключения сделок от имени общества. Скорее, правление ведёт предпринимательскую деятельность самостоятельно (под свою собственную ответственность) (ч. 1 § 76 Закона об АО). 430

Правление (§§ 76–94 Закона об АО) состоит из нескольких членов, которые могут не быть акционерами общества (т. н. сторонний орган управления). Члены правления назначаются посредством заключения гражданско-правового договора (как правило, договор оказания услуг) сроком на 3 года. 431

Деятельность правления контролирует *наблюдательный совет* (§§ 95–116 Закона об АО). Он включает членов правления и представляет интересы общества перед правлением. Наблюдательный совет акционерного общества состоит наполовину из представителей владельцев акций и наполовину из работников предприятия, при этом количество членов такого наблюдательного совета зависит от величины уставного капитала и ограничено 21. Члены наблюдательного совета избираются на общем собрании акционеров каждые 4 года. 432

вв) Ведение дел и представительство

Если правление состоит из нескольких лиц, то все без исключения члены правления уполномочены на ведение дел лишь совместно (§ 77 Закона об АО). Правление осуществляет представительство общества в судах и в других правоотношениях. Если в акционерном обществе не сформировано 433 правление (отсутствие руководства), то функции представительства общества осуществляет наблюдательный совет (ч. 1 § 78 Закона об АО).

гг) *Ответственность*

434 Уставный капитал, который устанавливается членами АО для его регистрации, как в случае и ООО, нужен для защиты кредиторов общества. По этой причине и ограничена персональная ответственность членов АО по его долгам. По своим обязательствам АО отвечает самостоятельно и только своим имуществом.

435 Каждый член правления, однако, несёт личную ответственность перед обществом, согласно § 93 Закона об АО, т. е. своим личным имуществом, за ущерб, который понесло общество вследствие его виновного нарушения обязанностей (к примеру, обязанности проявлять должную степень заботливости и осмотрительности).

III. Союз

436 Следующей формой объединения лиц является союз.

1. Учреждение

437 Союзы по определению не преследуют цели извлечения прибыли (т. н. некоммерческие союзы). Именно поэтому наиболее часто встречающимися формами союзов в Германии являются союзы в сфере спорта, искусства, а также благотворительные союзы. Наряду с ними также существуют коммерческие союзы (§ 22 ГГУ), приобретающие правоспособность с момента государственной регистрации и которые учреждаются лишь в тех случаях, когда невозможен выбор другой формы объединения (субсидиарный характер).

2. Правоспособность

438 Союзы приобретают правоспособность в качестве юридических лиц посредством их внесения в реестр союзов (§ 21 ГГУ).

3. Органы управления

439 Собрание участников союза представляет собой главный орган управления союзом. Оно ответственно за ведение всех дел союза. Правление избирается

участниками союза и представляет его в суде и других отношениях. Правление выполняет функции законного представителя (ч. 2 § 26 ГГУ).

4. Члены союза

440 Лицо, вступающее в союз, становится его членом и приобретает права на участие в управлении. В частности, в них входит право на участие в общем собрании и на голосовании (§ 32 ГГУ). Остальные права на участие в управление могут быть закреплены в уставе союза.

441 Однако союз является независимым от своих членов. Смена лиц, выход из состава союза или вступление в него не влияют на его существование (§ 21 ГГУ). По этой причине членство в союзе не может быть передано, в том числе по наследству. Использование прав, связанных с членством в союзе, также не может быть передано другому лицу (§ 38 ГГУ).

5. Ответственность

442 Вопросы ответственности союза урегулированы в § 31 ГГУ. Союз отвечает за убытки, причинённые действиями правления или члена правления, совершёнными при исполнении возложенных на них обязанностей. Союз как юридическое лицо отвечает своим имуществом, при этом члены союза не несут ответственность.

IV. Кооператив

443 Кооператив можно описать как гибрид хозяйственного общества (в частности, АО) и союза.

1. Учреждение

444 Кооперативы – это объединения, целью которых является удовлетворение их экономических, социальных или культурных потребностей посредством совместного ведения деятельности (ч. 1 § 1 Закона о кооперативах). Особым признаком кооператива является то обстоятельство, что его члены одновременно являются его клиентами (*принцип идентичности*).

445 Кооператив должен состоять по крайней мере из трёх членов (§ 4 Закона о кооперативах). Кооператив должен быть зарегистрирован в реестре кооперативов соответствующего местного суда (регистрационного суда). В уставе кооператива должно содержаться положение о минимальном

установленном количестве членов кооператива (§§ 6 Закона о кооперативах и далее).

446 В уставе также может быть определён минимальный капитал кооператива, который складывается из выплаченных членами друг другу сумм в результате выхода из состава кооператива или расторжения договоров (§ 8a Закона о кооперативах). Выбывшие члены получают лишь общую сумму их взноса, теряя, по общему правилу, право требования выплаты из резервного капитала кооператива (ч. 2 § 73 Закона о кооперативах).

2. Правоспособность

447 Зарегистрированный кооператив является юридическим лицом и в силу своей организационно-правовой формы – коммерсантом (§ 17 Закона о кооперативах).

3. Органы управления

448 В кооперативе действует общее собрание (§ 43 Закона о кооперативах), правление (§§ 9, 24 Закона о кооперативах) и наблюдательный совет (§§ 9, 36 Закона о кооперативах). Должны быть избраны, по крайней мере, два члена правления (ч. 2 § 24 Закона о кооперативах) и три члена наблюдательного совета (ч. 1 § 36 Закона о кооперативах). В кооперативах с количеством членов, не превышающим двадцати, допускается отказ от создания наблюдательного совета посредством закрепления соответствующего положения в уставе. В таком случае все права и обязанности наблюдательного совета переходят к общему собранию, если законом не предусмотрено иное (§ 9 Закона о кооперативах). Общее собрание принимает решения большинством поданных голосов (простое большинство), если закон или устав не предусматривают повышенного порога голосов или иных требований (ч. 2 § 43 Закона о кооперативах). Каждый член кооператива обладает одним голосом (ч. 3 § 43 Закона о кооперативах), если только устав кооператива не предусматривает иное.

4. Ведение дел и представительство

449 К функциям правления относится управление кооперативом под собственную ответственность, т. е. ведение внутренних дел и представительство кооператива во внешних отношениях. Если в кооперативе не сформировано

правление (отсутствие руководства), то представительские функции осуществляет наблюдательный совет (ч. 1 § 24 Закона о кооперативах). Члены правления уполномочены представлять кооператив лишь совместно, однако в уставе может содержаться указание на иное (ч. 1 § 25 Закона о кооперативах).

5. *Ответственность*

По обязательствам кооператива перед кредиторами отвечает лишь имущество кооператива (§ 2 Закона о кооперативах). Члены кооператива, таким образом, не несут ответственности в размерах принадлежащей им доли. Устав кооператива может предусматривать, что в случае несостоятельности кооператива у его членов возникает обязанность внести недостающую для расчётов с кредиторами часть денежных средств.

450

Часть 3: Уголовное право

A. Общая часть

Защита таких благ, как жизнь, здоровье и собственность является обязательной для сосуществования в обществе. Подобная охрана законных благ является задачей уголовного права. Тем не менее, применение уголовного права является ultima ratio – последним средством, к которому представляется необходимым прибегнуть в случае, если другие возможности решения конфликтных ситуаций, связанных с правовой защитой лиц, являются недостаточными. 451

Уголовное право представляет собой часть публичного права, т. к. регулирует правовые отношения между государством и гражданином, предметом которых выступает государственное наказание. Однако часто его рассматривают в качестве отдельной отрасли права. Более того, оно старше других отраслей публичного права. 452

Уголовное право определяет правовые последствия поведения, которое является уголовно наказуемым. Уголовно-правовые положения содержатся в Уголовном кодексе, а также в других правовых источниках: Международный уголовный кодекс, Закон о наркотических средствах, Закон об ответственности за экономические преступления. УК подразделяется на две части: общую и особенную. Общая часть (§§ 1–79b) содержит общие положения, применяемые в отношении всех уголовно наказуемых деяний. Особенная часть (§§ 80–358), в свою очередь, раскрывает состав каждого из них. 453

В Германии все составы также подразделяются на преступления и правонарушения. Преступления представляют собой противоправные деяния, за совершение которых полагается наказание в виде лишения свободы на срок от одного года (ч. 1 § 12 УК). Правонарушениями, в свою очередь, являются противоправные деяния, за совершение которых следует законодательно установленная санкция в виде штрафа или лишения свободы на срок менее одного года (ч. 2 § 12 УК). 454

I. Принципы уголовного права

Принцип законности, в соответствии с ч. 2 ст. 103 ОЗ, заключается в том, что лицо подвергается уголовному наказанию в случае, если наказуемость 455 совершенного им деяния была законодательно установлена до его совершения. Таким образом, целью данного принципа является защита лиц, которые имеют представление о существующих запретах в Германии и о том, что разрешено. К тому же, данный принцип гласит, что не допускается назначение наказания за преступление, которое не установлено законом (ср. с § 1 УК).

456 Помимо этого, из принципа законности вытекают другие правила. Для обеспечения правовой безопасности необходимо, чтобы каждое уголовно-наказуемое деяние было точно определено в соответствующем правовом источнике (*принцип определённости*). Данный принцип направлен в том числе и на правоприменителя, т. е., к примеру, на судью по уголовным делам. Расширение состава уголовного преступления за пределы буквального смысла нормы не в пользу виновного лица является недопустимым. Более того, не допускается обратная сила уголовного закона и назначение наказания, ухудшающего положение обвиняемого. Если тот или иной закон в момент совершения преступного деяния не квалифицирует данное деяние в качестве уголовно наказуемого, то лицо не может быть привлечено к уголовной ответственности в соответствии с новым законом (*запрет обратной силы закона*).

457 Кроме того, в уголовном праве действует запрет применения уголовного закона по аналогии. Даже если очевиден пробел в уголовном законодательстве и действие лица явно заслуживает наказания несмотря на то, что его действия не выполняют полностью состав соответствующего преступления, судья не вправе осудить данное лицо (*запрет аналогии*). Таким образом, указанные проблемы играют существенную роль в сфере государственного урегулирования наказаний. Запрет применения уголовного закона по аналогии действует в основном в сфере материального уголовного права. При этом считается, что аналогии, улучшающие положение виновного лица (в частности, обстоятельства, исключающие ответственность, а также причины, исключающие вину), не представляют собой нарушение принципа запрета аналогии. Рассматриваемый запрет берёт своё начало из принципа «нет наказания без закона» (ч. 2 ст. 103 ОЗ, а также § 1 УК).

II. Сущность уголовного права

458 Для установления факта совершения преступления необходимо наличие трёх элементов: наличия состава преступления, противоправности деяния и вины субъекта преступления.

Совершение деяния влечёт за собой соответствующее наказание. Под 459
преступным деянием понимается действие либо бездействие (§ 13 УК). К
примеру, убийство человека представляет собой *действие*, тогда как неоказание помощи тяжело раненному является *бездействием*. Не являются
преступными такие действия, как, например, движения человеческого тела
во сне или рефлекторные движения.

Действие является уголовно наказуемым в том случае, если в нём со- 460
держатся все признаки состава преступления, установленные в соответствующем уголовном законе (к примеру, убийство), а также если вина
соответствующего лица установлена. В свою очередь, бездействие является
уголовно наказуемым в том случае, если законодатель чётко предписывает лицу совершение определённых действий. В данном случае речь идёт о
преступном бездействии.

Ниже приведён пример разбора конкретной ситуации по элементам 461
преступления.

Двое студентов, X и Y, ссорятся на вокзале из-за девушки Z. X вне себя от 462
ярости, т. к. он узнал, что Y и Z состояли в отношениях сексуального характера. Он наносит кулаком удар по лицу Y, у которого появляется гематома.

1. Состав преступления

Преступное деяние состоит из объективной и субъективной стороны. 463
Объективная сторона представляет собой противоправное деяние и
причинно-следственную связь между ним и наступившими последствиями.
При этом субъективная сторона учитывает волевой элемент, т. е. желало ли
лицо в действительности совершить то или иное противоправоне деяние.

а) Объективная сторона

аа) Требования

Возвращаясь к ситуации, необходимо заметить, что X причинил вред здо- 464
ровью Y и таким образом совершил преступление, согласно ч. 1 § 223 УК.

бб) Причинно-следственная связь

(1) Теория эквивалентности

Необходимо учитывать, что удар X и появившаяся гематома у Y должны 465
находиться в причинно-следственной связи между собой. Согласно теории

эквивалентности, действие находится в причинно-следственной связи с наступившими последствиями, если невозможно представить данные последствия без его совершения. Если бы X не ударил своего товарища, то у последнего бы не появилась гематома.

(2) Объективное вменение

466 Широкое понятие причинно-следственной связи требует разграничения понятия вменения. Иначе сам факт родов матери X находился бы в связи с причинённым Y здоровью вредом. Ведь если бы мать X его не родила, он бы никогда не смог ударить Y. Именно для того, чтобы избежать излишне широкого толкования понятия причинно-следственной связи, учёными выделяется отдельная категория, называемая объективным вменением. Она требует, чтобы лицо для наступления преступного результата совершило противоправное посягательство на то или иное законное благо. Рождение ребёнка однозначно не играет в этом случае роли. Однако противоправное посягательство представляется возможным заметить в действиях X (удар кулаком в лицо Лиана). Таким образом, объективная сторона преступления имеет место в приведённом случае.

б) Субъективная сторона

аа) Элементы умысла

467 Одного неправомерного поведения для назначения наказания недостаточно. Действие должно быть совершено умышленно (§ 15 УК), т. е. лицо должно было осознавать, что совершает преступление и должно было желать наступления его последствий. Таким образом, оно должно представлять социально-правовое значение своих действий к моменту совершения преступления (§ 16 УК). Достаточно того, что X осознавал неправомерность своих действий.

468 Умысел подразделяется на два вида: *прямой (dolus directus)* и *косвенный (dolus eventualis)*. Прямой умысел имеет целью совершение преступления. При косвенном умысле лицо, в свою очередь, не обязательно желает наступления соответствующих последствий преступления, однако принимает их в расчёт и допускает возможность их появления. В приведённом случае X хорошо осознает, что, ударив Y, он причинит ему вред. Он желает причинить данный вред и действует, таким образом, с прямым умыслом. Если бы X закрыл Z с Y в комнате без окон, зная, что у последнего астма, не

представлялось бы возможным говорить о том, что он действовал с прямым умыслом. X тем самым не имел бы целью повлечь смерть Y, чтобы остаться с Z наедине, однако, принимал бы данное обстоятельство во внимание.

Преступления, совершённые по неосторожности, признаются умышлен- 469 ными, если это прямо установлено в законе (к примеру, §§ 222, 227 УК). Это означает, что не была соблюдена необходимая предосторожность, в связи с чем был причинён вред (см. ниже IV.).

бб) Заблуждение относительно фактических обстоятельств дела

Согласно ч. 1 § 16 УК, в случае, если лицо при совершении деяния не осве- 470 домлено об обстоятельстве, которое относится к предусмотренному законом составу преступления, то оно действует неумышленно. Таким образом, если лицо, совершая какое-либо деяние, не осведомлено о каком-либо обстоятельстве, которое ведёт к осуществлению состава преступления, то оно считается действующим неумышленно.

В соответствии с ч. 1 § 176 УК, лицо подлежит уголовной ответствен- 471 *ности, если оно совершило действия сексуального характера в отношении другого лица, не достигшего четырнадцатилетнего возраста. Y совершил действия сексуального характера в отношении тринадцатилетней Z, которая, однако, утверждала, что ей пятнадцать лет. Таким образом, Y не подлежит ответственности, т. к. не имел представления об этом обстоятельстве. В его действиях нет умысла, а также не представляется возможным говорить о том, что он совершил противоправное деяние по неосторожности.*

(1) Ошибка в определении объекта (aberratio ictus)

Aberratio ictus имеет место, когда преступный результат наступает не в от- 472 ношении желаемого объекта, а по ошибке в отношении другого лица.

X намеревается убить Z, чтобы она не смогла больше ни с кем заводить 473 *отношения. Во время разговора Z с её отцом в саду X, целясь из ружья в Z, случайно попадает в отца, смертельно ранив его.*

Правовая оценка данной ошибки является неоднозначной. Некоторые 474 учёные придерживаются мнения, что, пока речь идёт о равнозначных законных благах, неважно, попадает ли преступник в желаемую цель или нет. Судебная практика, однако, отрицает умысел в отношении убийства отца Z. Ведь лицо, целясь в определённый объект, чётко показывает намерение застрелить именно данный объект. Суд бы осудил X за совершение преступления по неосторожности В связи с вышеизложенным, X должен быть привлечён к ответственности за покушение на убийство Z и в отношении её отца за убийство по неосторожности.

(2) Ошибка в определении лица (error in persona)

475 Необходимо разграничивать понятия aberratio ictus и error in persona. Под последним понимается ситуация, при которой ошибка допускается в отношении личности лица или идентичности преступного объекта.

476 *X имеет целью убийство Z. Он подстерегает её ночью в саду. В темноте, замечая силуэт человека, он производит выстрел и наносит этому человеку рану, не совместимую с жизнью. Как оказывается позднее, он по ошибке убивает отца Z.*

477 В отличии от примера с aberratio ictus, X попадает в объект, в который целился, допуская ошибку в его идентификации. Он намеревался выстрелить в конкретное лицо, в которое и попал. Error in persona в данном случае рассматривается в качестве ошибки в определении мотива, не имеющей значения. X хотел убить человека, в которого целился, и он этого добился. При этом не принимается во внимание, кого конкретно он представлял в качестве преступного объекта.

2. *Противоправность деяния*

478 Было бы несправедливо каждый раз при посягательстве на законное благо наказывать лицо в полном объёме, поскольку могут возникать ситуации, при которых лицо вынуждено защитить себя самого, совершая тем самым противоправное деяние. По этой причине допускаются обстоятельства, исключающие ответственность. Ими являются состояние необходимой обороны, состояние крайней необходимости, а также согласие.

а) *Состояние необходимой обороны*

479 В основе необходимой обороны (§ 32 УК) лежат два принципа: во-первых, принцип самозащиты потерпевшего, во-вторых, принцип защиты права от посягательства. Для потерпевшего *принцип самозащиты* является возможностью самостоятельной защиты собственных нарушенных прав. *Принцип защиты права от посягательства* означает, что право должно быть защищено от противоправных деяний.

Обязательным условием правомерности необходимой обороны является наличие противоправного посягательства в настоящий момент. Лишь тогда представляется возможным принять меры по самозащите в отношении нападающего. При этом данные меры должны иметь целью именно защиту от действий нападающего и не превышать соответствующий порог (т. н. *субъективный элемент*). Следующим условием правомерности необходимой обороны является принятие меры, которая бы представляла собой наименее опасное в отношении нападающего средство защиты из всех возможных. Более того, следует принять во внимание, что для правомерности необходимой обороны возможность действовать должна быть установлена законодателем. 480

В рассматриваемом случае не представляется возможным говорить о состоянии необходимой обороны, т. к. Y не нападал на X. 481

Иначе было бы, если бы Y, имея в руках пистолет, выстрелил бы в X, ожидая повторного нападения, вместо того, чтобы защищаться от лежачего X без применения оружия. 482

В данном случае имеет место состояние необходимой обороны, однако защита посредством применения оружия являлась излишней, т. к. не была наименее опасным по отношению к X средством защиты. В частности, Y мог бы ответить таким же ударом. Применение оружия в подобных ситуациях представляет собой опасное средство самозащиты, применяемое лишь в крайнем случае. Также следует отметить, что бегство не является средством самозащиты. 483

б) Состояние крайней необходимости

Понятие крайней необходимости (§ 34 УК) основывается на *принципе соотношения интересов*. Тем самым подчёркивается, что интерес лица в сохранении законного блага перевешивает интерес в отношении законного блага, которому причинён вред посредством посягательства. К примеру, если лицо на автомобиле на большой скорости, не создавая помехи движению других транспортных средств, везёт в клинику жену, находящуюся на большом сроке беременности, то здоровье будущей матери и ребёнка имеет приоритет по отношению к правилам дорожного движения. 484

Для правомерности крайней необходимости требуется посягательство на законное благо, совершаемое в настоящий момент. Лишь впоследствии допускается применение действия по состоянию крайней необходимости, которое должно быть направлено лишь на защиту от посягательства. Более 485 того, защищаемое благо должно перевешивать благо, в отношении которого совершается посягательство, а лицо, действующее в состоянии крайней необходимости, должно быть движимо желанием спасти себя или другого человека. Таким образом, данное лицо должно иметь целью предотвратить соответствующее посягательство (т. н. *субъективный элемент*).

в) *Согласие*

486 Предположим следующую ситуацию. *У говорит Х: «Если хочешь и если тебе станет легче, ты можешь меня ударить». После чего последний замахивается и бьёт первого.*

487 Тем самым причиняется телесный вред здоровью, однако уголовная ответственность не наступает. Это возможно, если потерпевший обладает тем законным благом, которое подвергается нарушению, и в состоянии им распоряжаться. Он должен в свою очередь демонстрировать сознательность и быть в состоянии отдавать себе отчёт в происходящем, а также должен быть в состоянии выражать свою волю. При этом согласие невозможно квалифицировать как обстоятельство, исключающее ответственность, если речь идёт об убийстве (§ 216 УК). Однако согласно § 228 УК, лицо, которое наносит *телесные повреждения с согласия потерпевшего*, действует противоправно только в том случае, если деяние, несмотря на согласие потерпевшего, нарушает общепринятые моральные нормы.

3. Вина

а) *Невменяемость*

488 В уголовном праве существует принцип: «без вины нет наказания» (ч. 3 ст. 20 ОЗ, ч. 1 ст. 28 ОЗ, ч. 1 ст. 1 ОЗ, ч. 1 ст. 2 ОЗ). Решающее значение имеет вопрос о том, мог ли преступник не совершать преступление. Он должен быть обвинён в его совершении лично и должен обладать вменяемостью.

489 Согласно ст. § 19 УК, невменяемым считается лицо, которое на момент совершения противоправного деяния не достигло 14 лет. Совершая противоправное деяние, лицо, которое на момент совершения противоправного деяния не способно осознавать неправомерность деяния или действовать согласно этому осознанию вследствие болезненного психического расстройства, глубокого расстройства сознания или слабоумия, а также иного тяжёлого психического отклонения, не считается виновным (§ 20 УК).

Несовершеннолетние лица в возрасте от 14 до 17 лет являются условно вменяемыми, т. к. они должны быть достаточно зрелыми и должны находиться в здравом уме, чтобы осознавать неправомерность своих действий (§ 3, ч. 2 § 1 Закона об отправлении правосудия по делам несовершеннолетних).

Если судья устанавливает факт невменяемости лица, то наказание ему не назначается. При этом согласно § 21 УК, если способность лица понимать или способность управлять своим поведением существенно нарушена вследствие биологических причин (к примеру, вследствие болезни или нахождения под действием наркотических веществ), возможно смягчение наказания по ч. 1 ст. § 49 УК.

б) Основания, исключающие вину

Если вменяемый преступник совершил противоправные действия, являющиеся составом того или иного преступления, он считается невиновным при наличии оснований, исключающих его вину. Однако это не приводит к тому, что совершённое преступление не будет признаваться таковым в отличие от оснований, исключающих ответственность. В случае с основаниями, исключающими вину, не представляется возможным обвинить лицо в совершении деяния, несмотря на его квалификацию в качестве преступления.

аа) Превышение пределов необходимой обороны

В случае, если лицо предпринимает излишние меры по противодействию посягательству, выходящие за границы требуемого, то имеет место превышение пределов необходимой обороны.

X нападает на Y. Вместо того чтобы ответить ударом кулаком или пропорционально защититься иным образом, Y, будучи в замешательстве и в страхе, выстреливает из оружия в голову.

В приведённом случае Y выбрал отнюдь не наименее опасное по отношению к X средство самозащиты, выходящее за допустимые пределы. Однако в соответствии с § 33 УК превышение пределов необходимой обороны может быть оправдано вследствие психологического состояния потерпевшего в соответствующий момент: замешательство, страх или испуг.

бб) Крайняя необходимость, исключающая вину

В различных жизненных ситуациях невозможно всегда придерживаться установленных правил и вести себя согласно предписанным нормам. По этой причине возникло понятие крайней необходимости, исключающей вину (§ 35 УК).

496 *X и Y находились на корабле, который потерпел кораблекрушение. Оказавшись в воде, они одновременно цепляются за кусок древесины, который в свою очередь может выдержать лишь одного из них. Понимая это, X сталкивает Y обратно в воду.*

497 Для правомерности крайней необходимости требуется наличие посягательства на жизнь, личную неприкосновенность или на свободу передвижения того или иного лица, его родственника или иным образом близкого лицу человека. Данному лицу должно быть известно о соответствующем посягательстве и его действия должны быть мотивированы желанием его предотвратить. При этом необходимо, чтобы действие по предотвращению посягательства представляло собой средство, причиняющее наименьший вред.

вв) Крайняя необходимость, обоснованная на неправовых основаниях

498 Не установленное в конкретной правовой норме состояние крайней необходимости, позволяющее исключить вину, может иметь место, если действие лица представляет собой преступление без обстоятельств, исключающих ответственность. При этом посягательство на важнейшее законное благо является необходимым требованием для правомерности рассматриваемого института. Более того, действие должно являться единственно возможным вариантом спасения в той или иной ситуации. Помимо этого, лицо должно действовать из побуждений крайней необходимости и конфликта с собой вследствие осознания ситуации крайней необходимости. Необходимо принять во внимание, что § 35 УК не подлежит применению, когда речь не идёт о посягательствах на жизнь, личную неприкосновенность или свободу передвижения того или иного лица, его родственника или иным образом близкого лицу человека.

499 Рассмотрим пару спорных случаев. Допустим, что диспетчер на железной дороге осознанно направляет пассажирский поезд, подъезжающий к разрушенному мосту, на параллельный путь. Ему известно, что на данном пути в настоящий момент находятся два работника. Однако он понимает, что если не перевести поезд на параллельный путь, все пассажиры погибнут. В противном случае погибнут двое упомянутых работников, которых предупредить об опасности не представляется возможным. Или другой

наглядный пример: уничтожение самолёта, захваченного террористами, которые намереваются совершить террористический акт, тем самым угрожая безопасности крупного мегаполиса.

в) Заблуждения

аа) Заблуждение относительно дозволенности действий

Следует различать заблуждение относительно фактических обстоятельств дела и заблуждение в отношении дозволенности действий (§ 17 УК). В данном случае лицо осознаёт, что совершает действия, являющиеся составом того или иного преступления, однако ошибочно убеждено в правомерности своих действий. 500

Y имеет отношения сексуального характера с тринадцатилетней Z, но не подозревает об уголовно-правовой ответственности за совершаемые им действия (ч. 1 § 176 УК). 501

В соответствии с § 17 УК, вопрос о снижении степени вины Y тесно связан с его способностью в полной мере осознавать реальные правовые последствия совершённых им действий. Только в случае, если представляется возможным доказать неизбежность ошибочного представления характера совершаемого действия, вина лица исключается (§ 17 УК). 502

бб) Заблуждение в отношении обстоятельств, исключающих ответственность

(1) Заблуждение в отношении дозволенности

О данном заблуждении речь заходит тогда, когда лицо не осознает правовые рамки того или иного обстоятельства, исключающего ответственность. Помимо этого, данное заблуждение имеет место, когда, несмотря на отсутствие исключающего ответственность обстоятельства, лицо убеждено в его применимости в конкретном случае. 503

X ударяет по лицу Y. Последний исходит из того, что он теперь может защищаться любыми средствами. 504

В данном случае Y понимает, что, по общему правилу, наносить ранения другому лицу запрещается. Однако он ошибочно полагает, что в рамках принципа необходимой обороны допускается отражать нападения любыми средствами, в том числе и с применением оружия. Лишь неизбежность приводит к исключению наказания. 505

(2) Фактическое заблуждение в наличии обстоятельства, исключающего противоправность деяния

506 Подобное заблуждение имеет место, когда лицо допускает ошибку в фактических обстоятельствах того или иного обстоятельства, исключающего ответственность.

507 *Направляясь домой, X видит Y, который идёт ему навстречу. Ошибочно полагая, что Y хочет на него наброситься, X впадает в страх, вследствие чего первым наносит удар Y. Последний, в свою очередь, намеревался лишь извиниться перед X.*

508 В данном случае X знает, какие меры в рамках принципа необходимой обороны разрешается предпринимать, а какие нет. Он заблуждается касательно непосредственно фактических обстоятельств, в рамках которых он не вправе предпринять действия по необходимой обороне. Вопрос квалификации подобного рода заблуждения является крайне спорным. Большинство учёных считают, что в данном случае исключается вина и обвинение в умышленном причинении вреда здоровью согласно § 16 УК не предъявляется.

III. Бездействие

1. Реальные преступления, совершаемые путём бездействия

509 Реальными преступлениями, совершаемыми путём бездействия, считаются такие преступления, которые в качестве основы имеют преступное бездействие. Примерами таковых могут служить: неоказание помощи (§ 323с УК), недонесение о подготовке преступления (§ 138 УК).

2. Мнимые преступления, совершаемые путём бездействия

510 В соответствии с § 13 УК, бездействие приравнивается к действию. Более того, согласно положениям данного параграфа, если лицо, бездействуя, не предотвращает последствие, относящееся к составу деяния, предусмотренного уголовным законом, оно подлежит ответственности по данному закону только в случае, если оно на данный момент было обязано по закону не допустить реализации соответствующего последствия. Также лицо несёт ответственность за преступное бездействие, если последнее содержит все элементы состава преступления (§ 13 УК).

Рассматривая такую правовую категорию, как преступления, совершаемые посредством бездействия, в рамках объективной стороны требуется разграничивать понятие «бездействие» от понятия «правомерное поведение». Данное разграничение является достаточно спорным. По общему правилу, любое добровольное телодвижение ведёт к совершению активного действия. В остальных случаях имеет значение то, можно ли избежать общественно опасных последствий путём действия или бездействия.

Бездействие ведёт к преступному результату лишь в том случае, если возможное действие в конкретной ситуации могло бы предотвратить наступление неблагоприятного последствия (т. н. *гипотетическая причинно-следственная связь*). Доказательством упомянутой связи процедура привлечения к уголовной ответственности не ограничивается: необходимо также объективно вменить вину лицу.

Согласно ч. 1 § 13 УК, лицо должно отвечать за непредотвращение преступного результата. Это происходит в том случае, если оно обязано действовать в целях его предотвращения. Подобные обязательства существуют в отношении конкретных лиц, которые призваны обеспечивать защиту определённого круга лица (супруг, ребёнок, группа застрахованных лиц) (т. н. *гарантия защиты*). Также подобные обязательства существуют и в отношении опасностей, исходящих из соответствующих источников (поведение, влекущее за собой причинение ущерба), которые лицо должно предотвращать (т. н. *гарантия наблюдения*). Законодатель, однако, может требовать выполнения тех или иных действий лишь в случае реальной физической возможности в соответствующей экстренной ситуации. Помимо этого, согласно *оговорке соответствия*, «бездействие должно соответствовать выполнению состава преступления» (ч. 1 § 13 УК).

Субъективная сторона преступления требует наличие умысла в отношении выполнения объективной стороны преступления и знания соответствующих фактических обстоятельств. К тому же, в действиях лица требуется наличие противоправности и виновности.

IV. Неосторожность

В соответствии с § 15 УК, уголовное право предусматривает ответственность за действия, совершённые по неосторожности, только в том случае, если за них определённым образом устанавливается наказание. В случае неосторожности затрагивается вопрос о том, является ли поведение лица предметом обвинения. Однако, если лицо, опираясь на свои знания и способности, не могло распознать или избежать того, что его действия ведут к выполнению состава соответствующего преступления, то ему не предъявляется уголовное обвинение.

516 Необходимо различать преступления, совершённые по *сознательной и бессознательной неосторожности*. В первом случае лицо предвидит возможность наступления правовых последствий, выражающихся в нарушении тех или иных законных благ, но неоправданно полагает, что они не наступят. Если же лицо принимает в расчёт последствия своего преступного действия, то имеет место косвенный умысел (dolus eventualis, см. выше II. 1. b. aa.). В свою очередь, преступления, совершённые по *бессознательной неосторожности*, отличаются тем, что лицо не предвидит наступление негативных последствий (преступного результата) своего действия, но при необходимой внимательности и предусмотрительности должно было и могло их предвидеть. Разграничение данных понятий является релевантным для назначения меры наказания. Понятие «*легкомыслие*» соответствует понятию «*грубой неосторожности*», используемом в ГГУ. При этом, однако, проводится различие между личными способностями лица.

517 Для установления факта совершения преступления по неосторожности необходимо также наличие трёх элементов: наличие всех элементов состава преступления, противоправность действия, а также вина субъекта преступления. В отношении состава преступления следует заметить, что не существует привычного деления на объективную и субъективную стороны вследствие отсутствия умысла. Вместо субъективной стороны имеются другие критерии, которые необходимо учитывать.

518 При рассмотрении преступления по неосторожности необходимо проверять наличие или отсутствие причинно-следственной связи, а также была ли лицом объективно нарушена *обязанность по должной осмотрительности*. Данная обязанность считается нарушенной, если лицо оставляет без внимания требование о должной осмотрительности, соблюдать которое в зависимости от обстоятельств оно обязано.

519 Принципиальным для установления факта совершения преступления по неосторожности является вопрос о том, могло ли лицо *объективно предвидеть* возможность наступления негативных последствий своих действий. Принято считать, что причинно-следственную связь и преступный

результат представляется объективно возможным предвидеть, если для среднестатического обывателя (в зависимости от его способностей и жизненного опыта) это является очевидным.

Наконец, подлежит разъяснению *объективное вменение*, в рамках которого представляется необходимым проверять *элемент нарушения обязательства*, т. е. является ли нарушение какого-либо обязательства у лица причиной возникновения преступного результата. Уголовная наказуемость данного деяния отпадает, если преступный результат наступил бы даже при правомерном поведении лица. Преступный результат, таким образом, при правомерном альтернативном поведении лица должен был бы быть для него неизбежным. В данном случае достаточно того, что преступный результат и при должной осмотрительности всё равно бы наступил. Более того, норма, устанавливающая соответствующее положение о должной осмотрительности, должна служить для того, чтобы предотвратить преступное последствие.

Критерий *противоправности* в преступлениях, совершённых по неосторожности, равно как и в преступлениях, совершённых умышленно, при наличии обстоятельств, исключающих ответственность, не принимается во внимание.

В рамках решения вопроса о *вине* необходимо установить, действовало ли лицо, нарушая обязательство по должной осмотрительности. Речь, таким образом, идёт о возможности предвидеть наступление преступного результата.

V. Покушение на преступление

1. Несовершённое преступление

До недавнего времени было принято считать, что уголовное наказание наступает, если все критерии состава того или иного преступления выполнены. Однако существуют случаи, когда лицо имеет чёткий умысел совершить конкретное преступление, начинает его совершение, но не доводит его до конца по каким-либо причинам. Подобное покушение является в том случае неправомерным, если за его совершение следует уголовное наказание (§ 22 УК). Примером является покушение на преступление (ч. 1 § 23 УК).

Лицо должно претворить своё *решение о совершении преступления* в жизнь, т. е. реализовать свой умысел и планы. Тот момент, когда лицо переступает порог дозволенного, осознавая противоправность деяния и когда оно объективно его начинает, считается непосредственным началом, которое ведёт к выполнению состава преступления или состоит с ним в непосредственной связи (т. н. *непосредственное начало выполнения состава преступления*). Лицо должно быть виновным в совершении неправомерного деяния и не может отказаться от его совершения.

525 *После того, как Y получил удар от X, последний намеревается ударить первого снова, а именно в солнечное сплетение, но случайно промахивается.*

526 В данном случае в действиях X наблюдается субъективная сторона преступления, т. к. он умышленно желал ударить Y снова. Объективная сторона, однако, устанавливается частично, потому что он не сумел причинить вред здоровью Y. Несмотря на это, элемент непосредственного начала выполнения состава преступления имеет место, т. к. X уже замахнулся и мог бы ударить Y, если бы не промахнулся. Даже при неудачном осуществлении преступной воли законодатель вводит уголовную ответственность за покушение на преступление. Данный принцип действует всегда в отношении преступлений. Проступки наказываются лишь в случаях, чётко установленных законодательством.

2. *Отказ от совершения преступления*

527 В соответствии с § 24 УК, лицо не подлежит уголовной ответственности за покушение на преступление, если покушение было сорвано и лицо исходит из того, что преступный результат всё равно не наступит (или наступит, если предпринять очередную попытку).

528 Если покушение ещё не окончено, то отказ имеет место, если лицо добровольно отказывается от дальнейшего совершения преступления и препятствует доведению его до конца. При этом, неоконченным является покушение, для реализации которого, по мнению лица, ещё не были предприняты все меры для достижения преступного результата. Однако если покушение уже состоялось, то лицо должно всё же сделать всё возможное, чтобы предотвратить последствия совершённого, чтобы можно было говорить об отказе от совершения преступления. Оконченным является покушение в том случае, когда лицо исходит из того, что оно сделало всё необходимое, по его мнению, для наступления преступного результата. Следует помнить, что желание предотвращения наступления преступного результата должно быть добровольным.

X желает причинить вред здоровью Y, опасный для его жизни. Он решает душить его, чтобы последний умер от асфиксии. Однако, замечая, что Y постепенно теряет сознание, он даёт ему глоток воздуха, чтобы всё же избежать наступления его смерти.   529

VI. Исполнительство и участие

В соответствии с § 25 и далее УК, следует различать понятия «участие» и «исполнительство». Исполнитель может быть признан центральной фигурой посягательства на правовые блага (ч. 1 § 25 УК). При этом участник - это второстепенное лицо, т. к. его участие в преступлении зависит от действий другого лица.   530

1. Исполнительство

а) Косвенное участие

Помимо единоличного совершения преступления (ч. 1 § 25 УК) законодатель предусматривает и косвенное участие, при котором то или иное лицо совершает преступление с помощью другого лица (ч. 1 § 25 УК). В данном случае лицо, заинтересованное в совершении преступления, привлекает другое лицо к его исполнению.   531

По прошествии двух недель ситуация не меняется и X не перестаёт думать о том, что между Z и Y были отношения сексуального характера. Поэтому он решает отравить Y и передаёт ему бутылку с отравленной жидкостью через их общего друга. Последний думает, однако, что в бутылке находится вода, и без лишних сомнений передаёт её Y. Попробовав содержимое, Y отравляется.   532

Несмотря на то, что общий друг X и Y имел непосредственное отношению к отравлению Y, именно X считается субъектом преступления, совершившим его с помощью своего друга.   533

б) Соисполнительство

В соответствии с ч. 2 § 25 УК, соисполнительство предполагает совместное совершение преступления. Таким образом, многие лица осознанно и преднамеренно действуют сообща в рамках преступного плана.   534

X ставит в известность своего товарища об отношениях между Z и Y. Вследствие того, что Z нравится товарищу X, последний, как и X, крайне   535 *расстраивается. По этой причине оба намереваются наказать Y. Они поджидают и забивают его до смерти.*

2. *Участие*

а) *Подстрекательство*

536 В соответствии с § 26 УК, лицо, которое подстрекает к совершению противоправного деяния иное лицо, является провокатором, влияющим на волю непосредственного исполнителя.

537 *X рассказывает своему товарищу о том, что он бы хотел подарить Z дорогую сумку. Однако это не представляется возможным вследствие отсутствия денежных средств. В связи с этим его товарищ предлагает ограбить автозаправочную станцию. Таким образом, X совершает соответствующее преступление.*

б) *Пособничество*

538 В отличие от подстрекательства, когда одно лицо провоцирует другое, пособничество (§ 27 УК) представляет собой основное преступление (облегчение или помощь в совершении преступления, дача совета).

539 *X рассказывает своему двоюродному брату о том, что разочарован в Z и не хочет больше её видеть. Более того, он не желает, чтобы кто-либо другой находился с Z в близких отношениях. По этой причине он решает её убить. Двоюродный брат X информирует последнего, в свою очередь, о том, что пробраться в дом Z можно с легкостью, т. к. ключ от входной двери находится под ковриком для вытирания обуви. После этого он отвозит X к дому Z и ожидает его перед домом.*

VII. Правовые последствия преступления

540 Следует различать две главные группы последствий преступлений: наказания, основанные на вине правонарушителя (§ 46 УК и далее), и меры исправления и безопасности (§ 61 УК и далее), которые служат для исправления лица и ограждения его от общества.

541 В качестве *наказания* назначается лишение свободы или штраф, а также в качестве единственного дополнительного наказания назначается запрет на управление транспортным средством. Наказание в виде *лишения свободы* может быть ограничено определённым временем или назначаться

пожизненно (§ 38, § 39 УК). Нижний порог данного вида наказания составляет один месяц, в то время как верхний – пятнадцать лет (ч. 2 § 38 УК). В случае совершения особо тяжких преступлений, к примеру, убийства (§ 211 УК) или геноцида (ч. 1 § 6 Международного уголовного кодекса), может назначаться пожизненное лишение свободы. В отношении пожизненного лишения свободы действует конституционная гарантия достоинства личности (ч. 1 ст. 1 ОЗ), призывающая дать осуждённому конкретный и реальный шанс, когда-нибудь снова жить на свободе. Поэтому для многих осуждённых лиц под термином «пожизненное» понимается не лишение лица свободы до момента их смерти, а лишение их свободы на неопределённое время.

Штраф взимается в денежной сумме в размере дневных ставок. Количество дневных ставок пропорционально содержанию вины лица в том или ином преступлении. Варьирующиеся размеры штрафов отражают различие в социальном положении, а также в личных и экономических аспектах субъектов преступлений (к примеру, в зависимости от наличия несовершеннолетних детей, находящихся на иждивении у лица). 542

Меры исправления и безопасности (§ 61 УК) принимаются с учётом принципа пропорциональности (§ 62 УК): помещение в исправительное учреждение (§ 64 УК) наряду с наказанием за преступление, совершённое в состоянии алкогольного опьянения; помещение в психиатрический стационар (§ 63 УК) при невменяемости лица вследствие, к примеру, недостаточной способности осознавать последствия совершаемых действий, а также содержание под стражей (§ 66 УК и далее) особо опасных преступников для ограждения их от общества. 543

Основным элементом определения меры наказания является, в соответствии с ч. 1 § 46 УК, вина лица. Однако, принимается во внимание и эффект на последующую жизнь лица в обществе, который ожидается от наказания (ч. 1 § 46 УК). Более того, делается акцент и на то, предпринимало ли лицо усилия к тому, чтобы возместить ущерб, принесённый пострадавшему (*внесудебное примирительное урегулирование конфликта между преступником и пострадавшим*, § 46а УК). 544

Суд вправе заменить наказание испытательным сроком (§ 56 и далее УК), таким образом, при положительном социальном прогнозе лицо освобождается до тех пор, пока не совершит последующих противоправных деяний. 545

Б. Особенная часть

546 В особенной части Уголовного кодекса перечисляются отдельные преступления и проступки, а также их правовые рамки (§§ 80–358 УК). Подробное описание различных преступлений излишне, поэтому представляется целесообразным кратко рассмотреть некоторые из них.

I. Преступления против жизни и физической неприкосновенности

1. Убийство

547 Правовой основой для этого вида преступления является § 212 УК. Согласно данной правовой норме, *убийцей* (нем. «Totschläger») является тот, кто убивает человека, не будучи злостным убийцей (нем. «Mörder»).

548 При этом *злостный убийца* – это лицо, совершившее убийство человека особо аморальным способом (§ 211 УК), руководствуясь низменными побуждениями (к примеру, из корысти или вследствие сексуального влечения). О злостном убийце речь идёт и тогда, когда преступление совершается вероломно и с особой жестокостью, а также в случаях, когда убийство совершается в целях скрыть или совершить другое преступление.

549 В соответствии с ч. 1 § 212 УК, убийство наказывается лишением свободы на срок не менее 5 лет. Убийство по неосторожности, к примеру, в дорожно-транспортном происшествии, наказывается лишением свободы на срок до 5 лет или денежным штрафом (§ 222 УК). В свою очередь, согласно § 211 УК, злостному убийце может быть назначено наказание в виде пожизненного лишения свободы.

2. Преступления, связанные с причинением телесных повреждений

550 Нанесение телесных повреждений в Германии, согласно § 223 УК, наказывается лишением свободы на срок до 5 лет или денежным штрафом. Однако в случае, если преступные действия или преступные средства лица ведут к более опасным последствиям, представляется возможным лишить лица свободы на срок от 10 месяцев до 10 лет. Речь в данном случае идёт о причинении *опасных телесных повреждений* в соответствии с § 224 УК. В соответствии с § 226 УК, если потерпевший получает особо тяжёлые увечья, например, потеря глаза или конечности, то в данном случае преступник считается причинившим ему тяжкое телесное повреждение. Срок лишения

свободы при этом может составлять от 1 до 10 лет. Если после нанесения телесных повреждений потерпевший умирает (§ 227 УК), то лицо наказывается лишением свободы на срок не менее 3 лет (*телесные повреждения со смертельным исходом*).

Также, согласно § 229 УК, причинение телесных повреждений по неосторожности наказывается лишением свободы на срок до 3 лет или денежным штрафом.

II. Имущественные преступления

1. Кража

Лицо, изымающее чужую движимую вещь с целью присвоения её себе, совершает тем самым кражу (§ 242 УК) и наказывается денежным штрафом или лишением свободы на срок до 5 лет.

Вещами являются все физические предметы (§ 90 ГГУ). Согласно § 90а ГГУ, ими признаются и животные, если только не установлено иное. Движимые вещи – это те вещи, которые представляется возможным передвигать. Вещь считается чужой, если она находится в исключительной, долевой или совместной собственности другого лица.

Под понятием «изъятие» по смыслу § 242 УК понимается присвоение чужой вещи лицом и установление над ней собственного господства.

Лицо, совершающее кражу, должно действовать умышленно, причём для квалификации его в качестве преступника достаточно косвенного умысла (dolus eventualis). Кроме того, оно должно иметь намерение неправомерно присвоить себе чужую вещь или отдать её третьему лицу. Умысел на присвоение состоит из двух компонентов: присвоения и отчуждения. Присвоение должно противоречить порядку собственности. Таким образом, вор должен быть движим умыслом обладать правом собственности на вещь. При этом, если он намеревается лишь сломать вещь, речь в таком случае идёт не о краже. Присвоение является неправомерным, если лицо не имеет надлежащего права на передачу ему вещи, а также не обладает правом на завладение вещью в случае её бесхозности.

Помимо простой кражи (§ 242 УК), Уголовный кодекс предусматривает и другие примеры *особо тяжких случаев* кражи (§ 243 УК).

2. Хищение

557 В соответствии с ч. 1 § 246 УК, лицо несёт уголовную ответственность за неправомерное присвоение чужой движимой вещи. В отличие от кражи (§ 242 УК), элемент разрыва связи владельца с его вещью не является обязательным. Желание присвоения должно быть выражено объективно. Т. е. лицо, совершающее кражу или грабёж, совершает одновременно и хищение. Таким образом, хищение принадлежит к категории имущественных преступлений и преступлений против собственности.

3. Разбой и смежные преступления

558 В соответствии с § 249 УК, разбой – это изъятие чужой движимой вещи у другого лица, осуществляемое с помощью насилия или угрозы, создающей в момент её применения опасность для здоровья и жизни данного лица, совершённое с намерением противоправно изъять её для себя или третьего лица. Основными элементами разбоя, таким образом, являются кража и принуждение к совершению действий, их допущению или бездействию с применением насилия или под угрозой причинения материального вреда (ч. 1 § 240 УК). В случае, если лицо или его сообщник используют оружие или другое опасное орудие для совершения разбоя, то их преступное нападение квалифицируется в качестве разбоя с отягчающими обстоятельствами (п. 1a ч. 1 § 250 УК). Законодатель предусматривает ещё три случая, когда подобное нападение необходимо квалифицировать в качестве разбоя с отягчающими обстоятельствами: 1) если лицо имеет какое-либо иное орудие или средство для того, чтобы воспрепятствовать другому лицу оказать сопротивление применением насилия или угрозой применения насилия, или преодолеть его сопротивление (п. 1b ч. 1 § 250 УК), или 2) если своими преступными действиями лицо подвергает опасности причинения тяжкого вреда здоровью другое лицо (п. 1c ч. 1 § 250 УК), или 3) если лицо совершает разбой, будучи членом группы, организованной для постоянного совершения разбойных нападений или краж при участии другого члена банды (п. 2 ч. 1 § 250 УК).

Если лицо посредством разбойного нападения причиняет смерть другому лицу, то данное нападение квалифицируется как *разбой, повлекший смерть потерпевшего*.

В случае *разбойной кражи* (§ 252 УК) лицо, которого застаёт на месте 559
кражи другое лицо, применяет против последнего насилие или угрожает
непосредственной опасностью его здоровью и жизни, чтобы оставить в
своём владении краденые вещи.

Согласно ч. 1 § 253 УК, лицо, противоправно принуждающее другое лицо 560
к совершению действий, попустительству или бездействию с применением
насилия или угрозы причинения ощутимого вреда, и тем самым причиняет вред имуществу последнего или третьего лица с целью собственного
противоправного обогащения или обогащения третьего лица, совершает
вымогательство.

В случае, если вымогательство совершается путём применения насилия 561
против другого лица или с применением угроз сиюминутной опасности для
его здоровья или жизни, то данное преступное действие квалифицируется в
качестве *разбойного вымогательства* (§§ 253, 255 УК). Таким образом, если
в рамках кражи лицо самостоятельно изымает чужую вещь, то в рамках
разбойного вымогательства оно принуждает к этому другое лицо. Согласно
судебной практике, для выполнения составов преступлений § 253 и § 255
УК достаточно попустительства в отношении изъятия вещи. В науке, при
этом, придерживаются мнения, что необходимо, напротив, намерение завладеть соответствующей вещью.

Согласно § 239a УК, *похищение человека с целью вымогательства* имеет 562
место, если лицо завладевает жертвой в целях шантажа для того, чтобы
вызвать переживания последнего о своём благополучии или переживания
третьего лица о его благополучии.

4. *Мошенничество*

Согласно ч. 1 § 263 УК, *мошенничеством* признаётся преступное действие, 563
при котором лицо, намереваясь получить для себя или третьего лица противоправную имущественную выгоду, причиняет вред имуществу другого
лица тем, что вводит в заблуждение или поддерживает это заблуждение,
утверждая заведомо ложные факты или искажая либо скрывая подлинные факты. Вследствие заблуждения лицо, подвергшееся мошенничеству,
овладевает имуществом, что впоследствии приводит к нанесению ущерба.
При этом не является существенным, представляют ли собой обманутый и

потерпевший одно лицо. Размер ущерба рассчитывается путём сравнения исходного и конечного состояния имущества.

5. Укрывательство имущества, добытого преступным путём

564 Лицо, покупающее или иным способом приобретающее для себя или третьего лица, сбывающее или помогающее сбыть для обогащения себя или третьего лица вещь, которую другое лицо добыло в результате совершения какого-либо иного противоправного деяния, направленного против чужого имущества, совершает, согласно ч. 1 § 259 УК, таким образом, *укрывательство имущества, добытого преступным путём*. Оно представляет собой дополнительное имущественное преступление, помимо кражи и смежных с ней преступлений.

III. Преступления против ценного имущества

565 Согласно ч. 1 § 303 УК, преступление в виде *повреждения имущества* представляет собой преступное деяние, в результате которого лицо противоправно повреждает или уничтожает чужую вещь. Ч. 2 § 303 устанавливает, что лицо наказывается в соответствии с УК за значительное изменение внешнего облика чужой вещи. Помимо состава преступления повреждения имущества, законодатель устанавливает отдельные составы для следующих преступлений: *искажение данных* (§ 303a УК), а также *компьютерный саботаж* (§ 303b УК), поскольку данные не являются вещами в правовом смысле.

566 § 306 УК устанавливает состав преступления *поджога*, при котором лицо поджигает или путём поджога полностью или частично разрушает чужое ценное имущество. Данное преступление принадлежит к категории опасных преступлений (§§ 306–323c УК).

IV. Преступления против чести и достоинства личности

567 *Оскорбление* – это неуважение по отношению к потерпевшему или пренебрежительное отношение к нему или к третьему лицу (§ 185 УК). Представляется теоретически возможным оскорбить не только физические и юридические лица, но также и общества лиц, имеющих юридически признанные функции и способных выражать единые намерения (к примеру, полиция, солдаты). Невежливые высказывания или бестактность в поведении

не влекут за собой последствия уголовно наказуемого оскорбления. В соответствии с § 192 УК, доказательство истинности провозглашённого или распространённого факта не исключает наказания, если форма утверждения и распространения факта или обстоятельств, при которых было совершено это деяние, является оскорбительной.

568 Помимо этого, УК ФРГ предусматривает самостоятельный состав преступления *злословия* (§ 186). В соответствии с положением этой нормы, злословие совершает лицо, которое сообщает или распространяет факт в отношении другого лица, который порочит или унижает его перед общественностью. При этом объективным условием наказуемости за данное преступное деяние является недоказуемость правды рассматриваемого факта. В соответствии с § 187 УК, лицо несёт уголовную ответственность за клевету, если оно преднамеренно сообщает или распространяет в отношении другого лица заведомо ложный факт, который порочит данное лицо или унижает его перед общественностью или угрожает его репутации.

V. Преступления, связанные с подделкой документов

569 Согласно § 267 УК, лицо, *изготавливающее поддельный документ* с целью введения в заблуждение в процессе правового оборота, совершает преступление, связанное с фальсификацией документов. Под подобным «документом» понимается любое волеизъявление лица, воплощённое на бумаге и выполняющее цель идентификации в правовых отношениях. Документ является подлинным, если представляется возможным чётко идентифицировать орган, его выдавший.

570 Необходимо также отметить, что, в соответствии с § 268 УК, *подделка технических записей* с целью введения в заблуждение в процессе правового оборота является уголовно наказуемым преступлением.

VI. Дача заведомо ложных показаний

571 Предметом данной категории преступлений является защита государственного правосудия (§ 153 УК и далее) от затратного в финансовом и денежном планах судопроизводства при наличии ложных показаний лиц, участвующих в соответствующем судебном процессе.

572 *Ложные показания, даваемые не под присягой* (§§ 153 УК и далее) имеют место тогда, когда лицо перед судом или другим органом, компетентным

в проведении допроса свидетелей или экспертов под присягой, в качестве свидетеля или эксперта даёт ложные показания не под присягой. При этом прокуратура и полиция не имеют права осуществлять допрос не под присягой (ч. 1 § 161a УПК).

573 Принесение *лжеприсяги* является также уголовно наказуемым деянием и заключается в даче ложной присяги перед судом или перед другим компетентным для принятия присяги органом (ч. 1 § 154 УК). Лицо, дающее ложную присягу, может быть стороной гражданского процесса наряду со свидетелями и экспертами.

VII. Преступления против общественного порядка

574 К преступлениям против общественного порядка относится, к примеру, *нарушение неприкосновенности жилища* (§ 123 УК). К нарушениям неприкосновенности жилища относятся преднамеренное проникновение в жилое помещение лица против его воли или нахождение в данном помещении, несмотря на требования лица его покинуть. Под понятием «помещение» в данном случае понимаются квартиры, коммерческие помещения и прочие закрытые пространства, целью которых является предоставление общественных услуг и коммуникаций. При этом, согласие лица на нахождение в его жилище другого лица исключает возможность квалификации рассматриваемой ситуации в качестве преступления против общественного порядка.

Часть 4: Судебно-процессуальное право

A. Судебные гарантии

Доступ каждого гражданина к независимым государственным судам, решающим правовые споры посредством издания судебных решений, является необходимым элементом правового государства. Возможность доступа к судам гарантирована Основным законом ФРГ (т. н. *гарантия судебной защиты*). 575

В соответствии с ч. 4 ст. 19 ОЗ каждому, чьи субъективные права были нарушены актом публичной власти, к примеру, административным актом, «открыт правовой путь». Таким образом, с целью получения эффективной правовой защиты лицо может обратиться в соответствующие суды с заявлением в отношении носителя публичной власти, который принял данный административный акт. В случае, если имеет место гражданско-правовой спор между частными лицами (физические или юридические лица частного права), то принцип правового государства, закреплённый в ч. 3 ст. 20 ОЗ, обязывает государство обеспечить доступ к судам и к эффективной правовой защите. 576

Из конституционно-правового понятия «гарантии судебной защиты» вытекает необходимость создания системы государственного правосудия и регулирования судопроизводства. Правосудие в Германии осуществляется по *пяти направлениям* (ср. ч. 1 ст. 95 ОЗ): судопроизводство в общем порядке (оно охватывает суды общей юрисдикции, рассматривающие гражданские и уголовные дела), административное судопроизводство, финансовое судопроизводство, трудовое, а также социальное судопроизводства. 577

В зависимости от содержания, а также от предмета правового спора решается вопрос о том, к *компетенции* какого суда подлежит его рассмотрение. К примеру, гражданско-правовые споры рассматриваются гражданскими судами (§ 13 Закона о судоустройстве), административно-правовые споры подсудны административным судам, т. е. решаются в рамках административно-правового пути (ч. 1 § 40 ПАС), Верховные суды всех направлений являются федеральными судами (см. ч. 1 ст. 95 ОЗ), в то время как остальные суды находятся в ведении земель (см. ст. 92 ОЗ). 578

579 В системе правосудия ФКС ФРГ занимает особое место. *Конституционное судопроизводство* на уровне федерации не является т. н. «правовым путём», а предназначено для того, чтобы решать конституционно-правовые споры специфического характера, которые установлены ОЗ, Законом о Федеральном конституционном суде ФРГ, а также в качестве исключения и в других законах. ФКС, таким образом, в иерархии располагается над другими судами и осуществляет над ними контроль в отношении, к примеру, защиты основ конституционного строя (см. выше часть 1, Б. II. 5.).

580 Нижеследующие принципы имеют отношение ко всем судам. Во-первых, судьи подчиняются *только закону*. Во-вторых, они должны быть *независимыми* и объективными (ст. 97, 98 ОЗ). В-третьих, их конкретные *полномочия* по решению какого-либо правового спора должны быть определены в законе или плане распределения дел на основе общих абстрактных критериев (ч. 1 ст. 101 ОЗ). Таким образом, запрещается любое влияние со стороны исполнительной власти на судопроизводство.

581 Кроме того, процессуальное право, т. е. *право процессуального судопроизводства* урегулировано в отдельных законах для каждого из имеющихся направлений подсудности, в том числе и для Федерального конституционного суда. Наиболее важный принцип процессуального права гласит, что каждый имеет право быть *выслушанным в суде* (ч. 1 ст. 103 ОЗ). Судебные процессы, включая оглашение решений и приговоров, являются по общему правилу *открытыми* (§ 169 Закона о судоустройстве).

Б. Конституционно-процессуальное право

I. Компетенция Федерального конституционного суда

582 ФКС уполномочен разрешать конституционно-правовые споры лишь в отношении вопросов, обозначенных Основным законом (ст. 93 ОЗ), Законом о Федеральном конституционном суде (§ 13), а также другими законами. Преимущественно им рассматриваются правовые споры между государственными органами федерации, между федерацией и землями, а также между гражданином и государством. О правовом положении и функциях ФКС см. выше (ч. 1 Б. II. 5.).

583 Частями 1 и 2 § 14 Закона о ФКС установлены полномочия обоих Сенатов данного суда. Так, Первый Сенат рассматривает дела о нарушениях основных прав и свобод человека и гражданина. С свою очередь, Второй

Сенат в основном занимается рассмотрением правовых споров между государственными органами федерации и земель. Распределение дел между судьями в Сенате происходит в рамках ежегодно утверждаемого плана (ч. 2 § 15а Закона о ФКС). О судебных коллегиях каждого Сената см. раздел III. 4.

Как правило, Сенаты разрешают правовые споры простым большинством. В случае равенства голосов не представляется возможным установить факт нарушения Конституции (ч. 4 § 15 Закона о ФКС). 584

II. Виды судебных процессов

ФКС уполномочен разбирать дела различных видов. 585

Во-первых, он разрешает *правовые конфликты между государственными органами* (п. 1 ч. 1 ст. 93 ОЗ, ч. 5 § 13 Закона о ФКС). В данном случае суд занимается толкованием ОЗ в вопросах конституционных прав и обязанностей высших федеральных органов. 586

Во-вторых, он осуществляет *абстрактный контроль правовых норм* (п. 2 ч. 1 ст. 93, ч. 6 § 13 Закона о ФКС). В данном случае речь идёт о соотношении федеральных законов и законов земель по обращению правительств (федерального или земельного) или одной четвёртой депутатов Бундестага. 587

В-третьих, он разрешает *правовые конфликты между федерацией и землями* (п. 3, п. 4 ч. 1 ст. 93 ОЗ, ч. 7, ч. 8 § 13 Закона о ФКС). Предметом рассмотрения в данном случае являются расхождения во мнениях о правах и обязанностях в отношениях федерации и земель. 588

В-четвёртых, ФКС осуществляет *конкретный контроль правовых норм* (п. 5 ч. 1 ст. 93 в сочетании со ст. 100 ОЗ, п. 11, п. 12 и п. 13 ст. 13 Закона о ФКС). В рамках конкретного контроля правовых норм ФКС проверяет какой-либо закон на предмет его соответствия Основному закону. При этом данный закон направляется на рассмотрение ФКС судом другой инстанции, пришедшим в рамках того или иного дела к подобному выводу. 589

В-пятых, ФКС принимает *жалобы на результаты проведения выборов* (п. 5 ч. 1 ст. 93 в сочетании с ч. 2 ст. 41 ОЗ и ч. 3 § 13 Закона о ФКС). Таким образом, согласно ч. 1 ст. 41 ОЗ, ФКС рассматривает заявления избирателей на предмет наличия нарушений во время проведения выборов в Бундестаг, вследствие чего выборы должны быть объявлены недействительными. 590

В-шестых, ФКС принимает *решение о запрещении деятельности партий* (п. 5 ч. 1 ст. 93 в сочетании с ч. 2 ст. 21 ОЗ, ч. 2 § 13 Закона о ФКС). Так, в 591 случае, если деятельность какой-либо политической партии направлена на нарушение или подрыв основ конституционного строя или на причинение вреда Федеративной Республике Германии как таковой, то ФКС может запретить её деятельность, объявив её не соответствующей Конституции.

592 В-седьмых, ФКС рассматривает *конституционные жалобы* (п. 4а ч. 1 ст. 93 ОЗ, ч. 8а ст. 13 Закона о ФКС).

III. Конституционная жалоба

593 Конституционная жалоба – это правовое средство, с помощью которого каждый, чьи основные права, а также права, гарантированные ч. 4 ст. 20, ст. 33, ст. 38, ст. 101, ст. 103 и ст. 104 ОЗ, были нарушены государственной властью, имеет право обратиться в ФКС.

594 Будучи специфическим конституционно-правовым средством, конституционная жалоба является самостоятельным средством защиты прав, которая гарантирована ОЗ (ср. с разделом А выше). Разумеется, все суды общей юрисдикции должны обеспечивать защиту прав от посягательств в рамках всех «правовых путей», т. е. всех направлений судопроизводства (гражданское, уголовное, административное, финансовое, трудовое и социальное). Это следует из ч. 4 ст. 19 в сочетании с ч. 3 ст. 1 ОЗ. Конституционная жалоба является последним средством (ultima ratio) для заявителя добиться правовой защиты в случае, когда остальные правовые средства (суды общей юрисдикции низших инстанций) были исчерпаны. Кроме того, с конституционной жалобой в ФКС представляется возможным обратиться в случае, если законом не предусмотрена процедура подачи жалобы на акт государственной власти в суды общей юрисдикции.

595 Различают два вида конституционных жалоб:

1. Конституционная жалоба на судебное решение

596 Данная жалоба имеет своей целью обжаловать судебное решение последней инстанции суда общей юрисдикции в случае, если судебное решение нарушает основные права заявителя или не обеспечивает им должной правовой охраны. Таким образом, в случае, если заявитель считает, что его права были нарушены актом государственной власти, перед подачей конституционной жалобы он должен пройти все судебные инстанции и не добиться

результата (ср. ч. 2 § 90 Закона о ФКС и общий субсидиарный характер конституционной жалобы).

Данная жалоба подаётся не позднее одного месяца со дня издания решения судом последней инстанции. 597

2. Конституционная жалоба на закон

В случае, если конституционная жалоба направлена на проверку соответствия Конституции какого-либо закона или иного акта государственной власти, на которые не представляется возможным подать заявление ни в один из компетентных судов общей юрисдикции, то не требуется исчерпания всех средств правовой защиты (обращения в суды всех инстанций) до обращения в ФКС. В данном случае конституционная жалоба может быть подана в течение одного года со дня вступления в силу соответствующего закона или издания соответствующего акта государственной власти. 598

При этом необходимо принять во внимание следующее требование: 599

3. Непосредственное отношение закона или акта государственной власти к заявителю, а также нарушение, происходящее в настоящее время

Конституционная жалоба является допустимой (т. е. ФКС примет её на рассмотрение), если заявитель имеет прямое отношение к оспариваемому акту государственной власти и если нарушение его прав посредством упомянутого акта имеет место в настоящий момент. 600

Данное требование является обязательным критерием, на соответствие которому проверяются конституционные жалобы на судебные решения. Составляя конституционную жалобу на закон, заявитель, в свою очередь, должен доказательно и обоснованно продемонстрировать следующее: 1) как именно данный закон нарушает его основные права, 2) что нарушение происходит в настоящее время (не является прошедшим или событием, которое наступит в будущем), а также 3) что нарушение его основных прав находится в непосредственной причинно-следственной связи с рассматриваемым законом как таковым (не в результате его применения или исполнения в отдельном случае). 601

4. Процедура принятия жалобы

602 Вопрос о принятии конституционной жалобы к рассмотрению решается не всегда соответствующим Сенатом (восемью судьями) ФКС. Напротив, данный вопрос решается уполномоченной на то палатой Сената (в соответствии с планом распределения дел, § 15а Закона о ФКС), состоящей из трёх судей.

603 В случае очевидной необоснованности конституционной жалобы заявителю отказывается в её принятии. Жалоба принимается к рассмотрению и удовлетворяется, если речь идёт о действительном нарушении гарантируемых законодателем основных прав. Решение палаты должно быть единогласным. Однако решение о несоответствии Конституции того или иного закона принимается Сенатом. Подробнее данные положения закреплены в § 93а и далее Закона о ФКС.

B. Административно-процессуальное право

I. Компетенция административных судов

604 Компетенция административных судов, а также административное судопроизводство урегулированы в ПАС, которое в соответствии с п. 1 ч. 1 ст. 74 ОЗ является федеральным законом. Согласно ему, административные суды разрешают публично-правовые споры неконституционно-правового характера, т. е. *все административно-правовые споры*, если их решение в соответствии с федеральным законом не относится к ведению другого суда другой инстанции (ч. 1 § 40 ПАС). В данном случае речь может идти о правомерности административного правоотношения между гражданином и публично-правовыми органами или между субъектами права в рамках системы государственного управления.

605 Административное судопроизводство осуществляется следующими судами: 1) Административный суд, 2) Высший административный суд (в некоторых землях – Административный трибунал), а также 3) Федеральный административный суд. Таким образом, по общему правилу (не всегда) дело может рассматриваться последовательно в трёх иерархически выстроенных инстанциях. Административный суд представляет собой суд первой инстанции (§ 45 ПАС), решение которого возможно обжаловать в Высшем административном суде (§ 124 ПАС и далее). На решение последнего можно подать кассационную жалобу в Федеральный административный суд

(§ 132 ПАС и далее). В данном случае речь идёт об *инстанционной* или *родовой подведомственности*.

606 Вопрос о том, какой конкретный административный суд в рамках первой инстанции уполномочен разбирать то или иное дело, решается согласно *территориальной подведомственности*. § 52 ПАС устанавливает общие положения о территориальной подведомственности.

607 Правовые споры в административных судах рассматриваются, как правило, одной палатой, состоящей из трёх действующих судей, а также двух почётных судей, не получающих денежное вознаграждение за свою работу (ч. 3 § 5 ПАС). Однако нередко дело поручается рассматривать судье единолично (§ 6 ПАС). С этой целью заранее составляется план распределения дел между судьями (вследствие ч. 1 ст. 101 ОЗ).

II. Участники административного процесса

608 Участниками административного процесса являются: истец, ответчик, третьи лица, а также представитель интересов федерации при Федеральном административном суде (§§ 35–37 ПАС). Также участником административного судопроизводства может быть представитель государственных интересов (§ 63 ПАС). Судом могут, однако, быть вызваны и иные лица к участию в продолжающемся судебном процессе (ч. 1 § 65 ПАС). В случае необходимости суд обязан привлекать одно или несколько третьих лиц (ч. 2 § 65 ПАС). Третье лицо может самостоятельно защищать свои интересы или права в судебном процессе между истцом и ответчиком. К примеру, если сосед, проживающий на земельном участке, возле которого ведутся строительные работы, подаёт исковое заявление в суд с целью оспорить выданное застройщику разрешение на строительство, т. к. оно предположительно нарушает его права, то застройщик принимает непосредственное участие в судебном процессе. Он вправе приводить аргументы в пользу того, чтобы выданное разрешение на строительство не было отменено.

III. Процесс

1. Виды исков и судебные решения

609 С целью обеспечения защиты прав в административных судах (в административном судопроизводстве, ч. 1 § 40 ПАС) существуют различные виды

исковых заявлений и ходатайств. В этой связи различаются и судебные решения, которые выносятся по указанным заявлениям и ходатайствам. Рассмотрим несколько наиболее важных из них.

610 Во-первых, *иск об оспаривании*, который подаётся с целью отмены административного акта, отягчающего положение его адресата (ч. § 42 ПАС). В случае, если истец утверждает, что данный административный акт нарушает его права и если подобное исковое заявление подано с соблюдением требований ПАС, являясь допустимым и обоснованным, то суд может отменить данный административный акт (ч. 1 § 113 ПАС), объявив его недействительным (ч. 2 § 43 ПАС).

611 Во-вторых, *иск о принуждении к выполнению обязательства*, который подаётся истцом с целью издания административного акта в его отношении, который бы не усугублял его положение и который до сих пор не был принят государственным органом (ч. 1 § 42 ПАС). В случае, если истец аргументировано докажет нарушение своих прав, то суд обязывает упомянутый государственный орган издать соответствующий административный акт (ч. 5 § 113 ПАС).

612 Оба рассмотренных иска могут быть поданы лишь в том случае, если заявитель прошёл досудебную стадию и не достиг желаемого результата (§ 68 ПАС и далее).

613 В-третьих, *иск о признании*, который подаётся с целью выяснения или установления факта какого-либо настоящего или будущего правоотношения между гражданином и органом государственного управления (§ 43 ПАС), к примеру, факт принадлежности гражданина к определённой общине.

614 В-четвёртых, *иск об исполнении обязательства*, подаваемый заявителем на орган государственного управления с целью неисполнения или устранения последствий (включая возмещение убытков) реального действия или совершения подобного действия, к примеру, устранение ущерба на земельном участке, причинённого вследствие строительных работ или выплата денежной суммы.

615 В-пятых, *заявление о проверке соответствия правовых актов органов государственного управления* нормам закона (§ 47 ПАС). Абстрактная правовая норма в том или ином законе может нарушить права граждан, равно как и исполнение данной нормы посредством административного акта. В случае, если (Высший) административный суд пришёл к выводу о недействительности

данной правовой нормы вследствие её несоответствия вышестоящих правовых норм, она объявляется ничтожной.

2. Принципы судопроизводства

Помимо принципа гласности судебного процесса (§ 169 Закона о судоустройстве) и права быть выслушанным в суде (ч. 1 ст. 103 ОЗ), которые существуют в любом судопроизводстве (см. выше А.), в рамках административного судопроизводства существуют и другие процессуальные принципы (*процессуальные максимы*). 616

Во-первых, *принцип диспозитивности*, согласно которому истец и ответчик самостоятельно определяют момент начала и окончания процесса, который не заканчивается судебным решением. Иск подаётся заявителем в соответствии с § 90 ПАС, он также может быть отозван согласно § 92 ПАС. Наконец, обе стороны вправе завершить производство по делу по обоюдному согласию (ч. 2 § 161 ПАС). Таким образом, судебное решение не может выходить за рамки требований, заявленных в исковом заявлении (§ 88 ПАС). 617

Во-вторых, *принцип установления обстоятельств дела*, согласно которому суд самостоятельно устанавливает фактические обстоятельства рассматриваемого правового спора (ч. 1 § 86 ПАС). Примечательно, что в гражданском судопроизводстве, напротив, стороны правового спора предоставляют суду информацию о релевантных для его решения фактах. Более того, административное судопроизводство характеризуется тем, что суд не ограничивается лишь доводами и аргументами сторон (ч. 1 § 86 ПАС), а нацелен на то, чтобы помочь сторонам надлежащим образом принимать участие в судебном процессе (ч. 3 § 86 ПАС). 618

Представляется необходимым также обозначить такие принципы судопроизводства, как *устность* судебного разбирательства (§ 101 ПАС), а также *непосредственность* вынесения судебного решения судьёй, который участвовал в процессе (§ 112 ПАС). 619

3. Ход судопроизводства

Административное судопроизводство начинается с момента подачи иска или иного заявления в суд (§ 90, § 81, § 82 ПАС). При этом следует помнить, что истец до подачи иска об оспаривании или иска о принуждении к 620 выполнению обязательств должен, как правило (т. е. если иное не установлено законом), пройти досудебную стадию и обратиться в компетентные административные органы (§ 68 ПАС и далее). После извещения ответчика о поданом исковом заявлении в отношении него и выполнения подготовительных действий (ч. 3, ч. 4 § 86, §§ 87, 87b, 93, 94 ПАС) суд вызывает стороны на устные слушания (§ 102 ПАС), в рамках которых устанавливаются обстоятельства, имеющие отношение к делу (§ 103, ч. 1, ч. 2 § 104 ПАС). На стадии устных слушаний суду предоставляются различные доказательства для разъяснения спорных обстоятельств (§ 96 ПАС). По окончании устных слушаний (§ 104 ПАС) суд удаляется в совещательную комнату для негласного обсуждения своего решения на основе сформировавшегося в течение судебного процесса убеждения (§ 108 ПАС). В конце концов суд выносит решение «от имени народа» (§107, § 116, ч. 1 § 117 ПАС). Позднее судебное решение изготавливается в письменном виде (§ 117 ПАС) и направляется сторонам (ч. 2 § 116 ПАС).

IV. Издержки административного судопроизводства

621 В соответствии с ч. 1 § 154, а также § 162 ПАС ответчик несёт процессуальные расходы в случае удовлетворения иска в полном объёме. Если же иск был удовлетворён лишь частично, то процессуальные издержки делятся пропорционально между истцом и ответчиком (ч. 1 § 155 ПАС). Вопрос издержек судопроизводства решается либо в том же постановлении, либо в отдельном судебном решении (ч. 1 § 161 ПАС).

V. Исполнение судебного решения

622 В случае, если суд постановляет направить своё решение на исполнительное производство, то исполнение осуществляется в соответствии с рядом положений ПАС (§ 167 и далее) и ГПК (с § 704 и далее).

Г. Гражданско-процессуальное право

623 Гражданско-процессуальное право охватывает все правовые положения, которые регулируют формальный процесс в рамках гражданского судопроизводства. Каждый субъект права, в частности, каждое физическое лицо вправе обращаться в суд с требованием гражданско-правового характера

к ответчику. В случае, если суд в своём решении приходит к выводу о правомерности и обоснованности требования истца, то он удовлетворяет его, давая истцу тем самым возможность начать исполнительное производство. Наиболее важными нормативно-правовыми актами гражданско-процессуального права Германии являются Гражданско-процессуальный кодекс и Закон о судоустройстве.

I. Компетентность гражданских судов

В соответствии с системой судоустройства ФРГ (пять направлений подсудности судебных дел, ср. ч. 1 ст. 95 ОЗ, см. выше А.) гражданско-правовые споры рассматриваются гражданскими судами (судами по гражданским делам), которые наряду с уголовными судами (судами по уголовным делам) представляют собой часть судов общей юрисдикции (ср. § 13 Закона о судоустройстве). 624

Иерархия судов по гражданским делам состоит из трёх ступеней, т. е. каждый гражданско-правовой спор может разбираться в трёх судебных инстанциях. Судом высшей (третьей) инстанции является Верховный суд ФРГ (далее – «ВС ФРГ»), который рассматривает кассационные жалобы на решения судов второй (апелляционной) инстанции (§ 133 в сочетании с ч. 1 § 542 ГПК). Судами по гражданским делам первой инстанции являются участковые (§ 23 Закона о судоустройстве) или земельные суды (ч. 1 § 71 Закона о судоустройстве). Апелляционная жалоба, поданная на решение участкового суда, направляется, таким образом, в земельный суд (ч. 1 § 72 Закона о судоустройстве в связи с § 511 ГПК), а на решение земельного суда – в высший земельный суд (п. 2 ч. 1 § 119 Закона о судоустройстве в связи с § 511 ГПК). Вследствие подобного разделения судебных инстанций принято говорить о *родовой подсудности* гражданско-правовых споров (ср. § 1 ГПК). 625

Территориальная подсудность, напротив, определяет, какой конкретно из участковых или земельных судов компетентен рассматривать тот или иной гражданско-правовой спор. Она определяется по общему правилу в зависимости от местожительства ответчика (§§ 12, 13 ГПК). 626

II. Важнейшие участники гражданского судопроизводства.

Каждый судебный процесс имеет две стороны: *истца* и *ответчика*. Истец требует от суда защиты его прав от посягательства на них со стороны 627 ответчика. При этом оба должны обладать процессуальной правоспособностью (§ 50 ГПК и далее). В зависимости от определённых обстоятельств в деле могут участвовать и третьи лица (§ 64 ГПК и далее).

628 *Адвокат* исполняет обязанности юридического консультанта, представляющего интересы своего подзащитного по гражданско-правовому договору. Интересы стороны гражданско-правового спора в судебных процессах в Земельном суде, Высшем земельном суде, а также Верховном суде ФРГ должны быть представляемы адвокатами (§ 78 ГПК).

III. Процесс

1. Процессуальные принципы

629 Гражданское судопроизводство не может быть тайным, вследствие чего по общему правилу все судебные заседания являются открытыми (*принцип гласности*). § 169 Закона о судоустройстве предусматривает, что судебные разбирательства, включая вынесение судебного решения (постановления), как правило, должны носить открытый характер.

630 Помимо этого, судебные слушания, судебное следствие и оглашение приговора должны также проходить устно (*принцип устности*). В судебных процессах, где участие адвоката является обязательным, устное слушание того или иного дела обеспечивается посредством подготовки различных письменных документов. При этом, однако, судом при составлении своего окончательного решения учитывается согласно ч. 1 § 128 ГПК только то, что было заявлено устно во время судебных слушаний. Во время их проведения адвокаты, таким образом, в соответствии с ч. 3 § 137 ГПК должны ссылаться на оформленные в письменном виде документы.

631 Как правило, правовой спор решается в течение одного судебного заседания (*принцип концентрации*). Председательствующий судья определяет дату проведения устного заседания (§ 275 ГПК) или инициирует предварительное письменное производство по делу (§ 276 ГПК). Примирительное устное разбирательство должно быть проведено настолько рано, насколько возможно (§ 272 ГПК). Оно ведёт к достижению согласованного урегулирования правового спора. Согласно ч. 2 § 278 ГПК оно ведётся в целях заключения мирового соглашения. В рамках примирительного производства суд рассматривает предмет спора и его фактические обстоятельства со сторонами, а также задаёт им вопросы. Стороны участвуют в нём лично.

Часто подобное разбирательство заканчивается заключением мирового соглашения, при котором ответчик признаёт требования истца или истец отказывается от своих требований, отзывая исковое заявление из суда.

Принцип диспозитивности означает, что стороны в соответствии с § 308 ГПК являются «хозяевами процесса» и вследствие этого устанавливают предмет спора. По этой причине суд не уполномочен присуждать что-либо той или иной стороне, если об этом не было заявлено (ч. 1 § 308 ГПК). 632

В соответствии с *принципом состязательности* стороны в гражданском процессе должны представлять и доказывать суду необходимые доводы и факты. Стороны вправе изменять и дополнять свои аргументы до последнего устного слушания по тому или иному делу. Только аргументы, приведённые сторонами во время судебного разбирательства, учитываются судом при принятии им решения (*принцип представления доказательств*). Суд, в свою очередь, принимает как истинное всё, что не оспаривается сторонами (ч. 3 § 138 ГПК). Принцип состязательности имеет значение для судебного следствия, т. к. сбор доказательств проводится лишь по отношению к аргументам, которые релевантны для судебного решения и в отношении которых стороны не достигли консенсуса. Аргументы, которые не являются предметом спора сторон судебного разбирательства, принимаются судом в качестве истины. Суд должен обратить внимание сторон на то, что сторонам необходимо приводить свои аргументы и доводы своевременно и в полном объёме, в особенности если речь идёт о неполных данных, имеющих значение для судебного решения (ч. 1 § 139 ГПК). Кроме того, стороны обязаны приводить такие аргументы, которые, по их мнению, соответствуют истине (*обязательство дачи правдивых показаний*, ч. 1 § 138 ГПК). 633

Ч. 2 § 138 ГПК устанавливает принцип, согласно которому *судья должен прислушиваться к аргументам обеих сторон процесса*. Он не вправе выносить судебное решение на основе данных, приведённых одной из сторон, а должен в равной степени принимать во внимание доводы и другой стороны. 634

Устные слушания по делу проходят в суде, который впоследствии выносит решение (*принцип непосредственности*). По этой причине, в соответствии с § 309 ГПК, выносить решение могут только те судьи, которые непосредственно участвовали в судебных заседаниях по соответствующему делу. В случае, если происходит замена судьи, все ходатайства и устные выступления сторон, за исключением результатов судебного следствия, должны быть повторены на следующем устном слушании. 635

636 Кроме того, для обеспечения выполнения *принципа единства* необходимо провести устное судебное заседание, исследовать доказательства и вынести судебное решение в рамках единого временного промежутка. Независимо от числа дней, в рамках которых проводятся устные слушания, речь всегда идёт об *одном* устном слушании по соответствующему делу.

2. *Ход процесса*

637 Гражданское судопроизводство начинается с момента подачи искового заявления в суд и его направления этим судом ответчику (§ 253, ч. 1 § 261 ГПК). Перед началом судебного процесса сторонам предоставляется возможность решить правовой спор самостоятельно. Прежде всего, суд должен попытаться урегулировать спор таким образом, чтобы какая-либо из сторон не выходила из процесса проигравшей (т. н. *примирительное разбирательство*, ч. 2 § 278 ГПК).

638 Если вышеназванные методы не помогают решить правовой спор, то суд *подготавливается к следующему устному слушанию* и запрашивает информацию у различных органов, а также оповещает истца и ответчика о том, что им необходимо явиться в судебное заседание и т. д. (§ 273 ГПК). Наконец, судья назначает дату предварительного слушания дела (§ 275 ГПК), в рамках которого он издаёт различные предписания, необходимые для подготовки сторон к основному слушанию дела по существу. Более того, суд может предложить сторонам решить свой спор посредством медиации или с помощью других внесудебных методов урегулирования правовых споров (§ 278а ГПК).

639 Рассмотрение дела по существу представляет собой главную часть устных слушаний, где имеют место споры о фактических обстоятельствах дела, а также споры, затрагивающие правовую составляющую дела. При наличии расхождения во мнениях суд исследует доводы каждой из сторон (ч. 2 § 279 ГПК). Судебное решение выносится по окончании рассмотрения дела по существу (§§ 300, 301 ГПК), если сторонам не удалось достичь компромисса и заключить мировое соглашение (ч. 6 § 278 ГПК), если они не объявили о прекращении спора (§ 91а ГПК), а также если истец не забрал своё исковое заявление из суда (§ 269 ГПК).

640 Судебное решение устанавливает между сторонами материальное правовое положение по отношению к третьим лицам (§ 322 ГПК). Оно зачитывается устно (§ 311 ГПК) и впоследствии изготавливается в письменном виде с учётом формальных требований с указанием обоснования суда (§ 313 ГПК) и

вручается сторонам (§ 317 ГПК). Помимо решений суда, которые он выносит по истечении слушаний по соответствующим делам (§ 286 ГПК), различают также следующие виды судебных решений: во-первых, заочное судебное решение (если истец или ответчик не явились в зал судебного заседания на устные слушанию по своему делу, § 313b, § 330 ГПК и далее); во-вторых, решение на основе признания иска ответчиком (§ 307 ГПК) и, в-третьих, решение суда, вынесенное на основании отказа истца от иска (§ 306 ГПК).

641 Важнейшей функцией судебных решений в рамках гражданского судопроизводства является то, что они должны быть исполнены, если не представляется возможным воспользоваться иными правовыми средствами против их исполнения (к примеру, апелляционная жалоба в следующую инстанцию) или если решение объявляется вступившим в законную силу немедленно и обжалованию не подлежит (§ 704 ГПК и далее). Таким образом, если ответчик (должник) не исполняет содержащиеся в судебном решении требования, то они подлежат выполнению в принудительном порядке.

3. Доказательства

642 Среди важнейших доказательств в гражданском судопроизводстве выделяют доказательства, основанные на *свидетельских показаниях* (§§ 373–401 ГПК). Свидетелями являются лица, которые обладают информацией о совершённом действии и могут ей поделиться. Суду также оказывают содействие *эксперты* (§§ 402–414 ГПК), обладающие специальными знаниями в определённой области. Помимо этого, посредством того, что суд видит и слышит в ходе судебного разбирательства, он, таким образом, формирует соответствующие доказательства (§§ 371–372а ГПК). Различные *документы* (заверения, документы и прочее.) могут также служить доказательствами (§§ 415–444 ГПК). *Допрос стороны* в деле (§§ 445–455 ГПК) может быть инициирован другой стороной, если иным образом невозможно представить доказательство в суде.

IV. Институт судебного приказа о выполнении денежных обязательств

643 Данный институт (§ 688 ГПК и далее) имеет в Германии большое практическое значение. Его целью является упрощение и ускорение выполнения денежных обязательств. Кредитору предоставлена возможность не подавать

в участковый суд исковое заявление, дожидаясь впоследствии судебного решения, а прибегнуть к институту приказа об уплате просроченного долга на имя должника. При этом суд, издавая данный приказ, которым должник призывается к уплате долга, проверяет личность кредитора на предмет правомерности его требований по отношению к должнику. В случае, если должник в течение двух недель не погасил долг или не подал жалобу в ответ на приказ, то в его адрес может быть направлено свидетельство о возбуждении исполнительного производства. Данное свидетельство имеет такую же юридическую силу, как и заочное судебное решение, поскольку кредитор равным образом может инициировать принудительное исполнение своих требований по отношению к должнику (ч. 1 § 700, п. 4 ч. 1 § 794 ГПК). Рассматриваемая процедура применяется к денежным требованиям, правомерность которых не поддаётся сомнению. В случае, если должник своевременно подаёт возражение на судебный приказ (свидетельство о начале исполнительного производства), то правовой спор разрешается посредством судебного разбирательства в общем порядке и выносимым по его итогам судебным решением.

V. Издержки гражданского судопроизводства

644 Издержки правового спора покрываются, по общему правилу, проигравшей в судебном процессе стороной. В особенности речь идёт о затратах, которые возникли вследствие судебного разбирательства или обращения к юридическим услугам защитника (ч. 1 § 91 ГПК).

VI. Принудительное исполнение

645 В случае, если ответчик не выполняет требования, установленные в судебном решении, то истцом может быть инициировано принудительное исполнение требований. В этом случае требования истца будут удовлетворены силой государственного принуждения. Для начала процедуры принудительного исполнения необходимо, как правило, вступившее в силу судебное решение (§ 704 ГПК) или другой документ, к примеру, исполнительный лист (п. 4 ч. 1 § 794 ГПК). Возможность принудительного исполнения судебного решения закреплено в § 704 ГПК и далее. Существует три вида принудительного исполнения: во-первых, принудительное исполнение денежных обязательств (§§ 803–882a ГПК); во-вторых, принудительное исполнение

ходатайства о возврате вещей и в-третьих, принудительное исполнение требований о совершении действия или воздержания от такого совершения (§§ 883–898 ГПК). В ходе начатого процесса принудительного исполнения может быть затронут вопрос о его правомерности.

646 Преимущественный массив правовых норм посвящён принудительному исполнению *денежных обязательств*. Так, кредитор вправе предъявлять требования по отношению к движимому и недвижимому имуществу должника. Принудительное исполнение осуществляется, однако, не самим кредитором, а судебным исполнителем по заявлению кредитора (§ 753 ГПК и далее). Принудительное исполнение *денежных обязательств* может быть осуществлено посредством наложения ареста на движимое имущество должника. Судебный исполнитель при этом изымает данную вещь, и она отправляется на публичные торги, выручка от которых выплачивается кредитору.

647 В случае, если какое-либо имущество должно быть, наоборот, *возвращено* истцу, судебный исполнитель изымает её у ответчика и передаёт истцу. Определённое *действие или отказ от совершения определённого действия* требуются в случае, если назначается денежный штраф за нарушение общественного порядка.

Д. Уголовное судопроизводство

648 В то время как гражданское судопроизводство служит интересам частных лиц, уголовное судопроизводство функционирует в интересах общества. В уголовном процессе устанавливаются наличие состава преступления, личность субъекта преступления, а также его наказание. Именно уголовные суды компетентны рассматривать дела подобного рода, являясь элементом системы судов общей юрисдикции.

649 В рамках стадии судебного разбирательства, в которой рассматривается дело по существу, собираются фактические обстоятельства дела, имеющие отношение к совершённому преступлению, и возбуждается уголовное дело. Он в конечном итоге заканчивается обвинительным приговором и наказанием в виде штрафа или лишения свободы, либо оправдательным приговором. В случае вынесения обвинительного приговора начинается вторая стадия – стадия исполнительного производства.

650 Основными нормативно-правовыми актами уголовного судопроизводства являются Уголовно-процессуальный кодекс, Закон о судоустройстве,

а также Уголовно-исполнительный кодекс. Помимо упомянутых правовых источников, существует также Закон об отправлении правосудия по делам несовершеннолетних, который устанавливает правовое положение малолетних в рамках уголовного судопроизводства.

I. Стадия рассмотрения вопроса по существу дела

1. Подсудность

651 В уголовном процессе *территориальная подсудность* в том или ином деле устанавливается по месту жительства обвиняемого (ч. 1 § 8 УПК), а также месту совершения преступления (ч. 1 § 7 УПК). Для решения вопроса о *родовой подсудности* дела (§ 1 УПК) значение имеет тяжесть совершённого преступления. *Участковый суд* правомочен разбирать уголовные дела по преступлениям, совершение которых назначается наказанием в виде лишения свободы на срок до четырёх лет (§ 24 Закона о судоустройстве). В случае, если за совершенное преступление (ч. 1 § 12 УК) назначается наказание в виде лишения свободы на срок не более двух лет, то данное уголовное дело разбирает один судья участкового суда единолично (§ 25 Закона о судоустройстве). В противном случае дело разбирается т. н. *судом шеффенов* (§ 28 Закона о судоустройстве и далее). *Земельный суд* разбирает уголовные дела по преступлениям, совершение которых наказывается лишением свободы на срок от одного года (ч. 1 ст. 12 УК), и не входящим в компетенцию участкового суда. Помимо этого, земельный суд вправе санкционировать принудительное лечение в психиатрической больнице или превентивное заключение, в отличие от участкового суда (ч. 1 § 74 Закона о судоустройстве).

652 В земельном суде судебные решения издаются палатами по уголовным делам, а в случае рассмотрения дел по преступлениям особой тяжести – судом присяжных (ч. 1, ч. 2 § 74 УПК). Данные палаты по уголовным делам рассматривают также апелляционные жалобы на решения судей, рассматривающих дела единолично, а также на решения суда шеффенов (ч. 3 § 74 Закона о судоустройстве). Верховные земельные суды, напротив, компетентны рассматривать в качестве судов первой инстанции преступления, которые подрывают государственную безопасность или основы конституционного строя (§ 120 УПК). Верховные земельные суды являются также кассационной инстанцией для обжалования решений палат участкового суда по уголовным делам, вынесенных в порядке апелляции (ч. 1 § 121

Закона о судоустройстве). Верховный суд ФРГ уполномочен рассматривать кассационные жалобы на решения верховных земельных судов (ч. 1 § 135 Закона о судоустройстве).

2. *Наиболее важные участники уголовного судопроизводства*

Подозреваемым является лицо, в отношении которого возникли подозрения о его причастности к совершению того или иного преступления (ч. 2 § 152 УПК). В отношении такого лица прокуратура инициирует предварительное расследование. В случае, если прокуратурой, в т. ч. участковой (*прим. – прокуратура при участковом суде в ФРГ*) вынесено обвинение против лица, то данное лицо становится обвиняемым (§ 157 УПК). Если в его отношении началось судебное разбирательство, то оно становится *подсудимым* (§ 203 УПК). 653

В рамках уголовного судопроизводства *адвокат* уполномочен помогать подсудимому и представлять его интересы, поскольку в соответствии с принципом правового государства каждый имеет право на справедливое судебное разбирательство независимо от совершённого преступления. 654

В отличие от гражданского, в уголовном судопроизводстве на прокуратуре лежит обязанность установить фактические обстоятельства дела, как только появляются подозрения о совершении преступления (ч. 1 § 160 УПК). В случае, если данное подозрение подтверждается, прокуратура, являясь представителем государства, направляет заявление в суд. При этом необходимо помнить, что на стадии уголовного преследования прокуратуре оказывают содействие работники полиции, а также иные государственные служащие и органы (ч. 1 § 163 УПК). В уголовном процессе, таким образом, участвуют следующие лица: подсудимый, его адвокат, а также прокурор в качестве представителя обвинения. 655

3. Процесс

а) Принципы уголовного судопроизводства

Рассмотрим несколько из них. Во-первых, *принцип, согласно которому право уголовного преследования предоставлено органам прокуратуры*. Таким образом, в отличие от гражданского процесса, в уголовном судопроизводстве от желания потерпевшей стороны не зависит, будет ли иметь место судебное разбирательство. 656

657　Во-вторых, *принцип законности*, в соответствии с которым при существовании подозрений прокуратура в силу закона обязана инициировать расследования по всем преступлениям (ч. 2 § 152 УПК). При этом желание заинтересованных лиц не учитывается.

658　В уголовном процессе государственные органы занимают сторону обвинения. Так, уголовное преследование проводится прокуратурой, в то время как вынесением приговора занимается суд. Речь идёт, таким образом, об *обвинительном принципе*, который призван гарантировать обеспечение правопорядка.

659　В рамках уголовного судопроизводства суд должен установить истину. Он не обязан принимать как истинные все утверждения участников процесса, но вправе, в отличие от суда по гражданским делам, выдвигать собственные доводы (*исследовательский принцип*). Зачастую для суда представляется сложным или невозможным установить истину, однако он обязан разобраться в деле настолько хорошо, насколько это возможно. Суд по уголовным делам, таким образом, в соответствии с ч. 2 § 244 УПК, для установления истины обязан принять во внимание все обстоятельства дела и доказательственную базу, которые являются релевантными при вынесения приговора.

660　Согласно принципу обвинения (§ 151 УПК) судебное расследование открывается при подачи соответствующего иска. При этом, судьи руководствуются свободной оценкой доказательств (§ 261 УПК). Если суд в результате судебного разбирательства не полностью убеждён в вине подсудимого, то он не имеет права назначить последнему наказание по принципу «*in dubio pro reo*». В случае сомнения дело решается в пользу подсудимого.

661　Остальные принципы уголовного судопроизводства совпадают с принципами гражданского судопроизводства: *непосредственность* (ср. §§ 226 и 250 УПК), а также *гласность судебного разбирательства* (ср. § 169 Закона о судоустройстве с ч. 1 ст. 6 ЕКПЧ), *устность, право каждого быть выслушанным в суде* (ст. 103 ОЗ), *принцип справедливого судебного процесса* (ср. ч. 3 ст. 20 ОЗ, ст. 6 ЕКПЧ), *принцип назначения судей на основании закона* (ст. 101 ОЗ), а также *принцип быстроты рассмотрения судебных дел* (ср. ч. 3 ст. 20, ст. 6 ЕКПЧ)

б) Ход уголовного процесса

662　Уголовный процесс делится на три части: предварительное расследование, подготовительное судебное заседание и судебное разбирательство.

aa) Стадия предварительного расследования

663 Стадия предварительного расследования (§§ 151–177 УПК) начинается после совершения преступления: если потерпевший заявил в правоохранительные органы (ч. 1 § 158 УПК) или если полиция становится очевидцем общественно-опасного деяния, а также если она констатирует наступление преступного результата.

664 Прокуратура уполномочена подавать заявления публичного обвинения в силу *принципа законности* (ч. 1 § 152 УПК). При наличии оснований прокуратура должна привлекать к ответственности лиц, совершивших любое преступление, если иное не установлено законом (ч. 2 § 152 УПК). Исключение составляют *преступления, расследуемые по жалобе потерпевшего*. Для начала предварительного расследования по таким преступлениям необходимо основание, т. е. заявление потерпевшего. Данные преступления, по немецкому праву, представляют собой смесь преступлений, расследуемых по жалобе, и преступлений публичного характера. Таким образом, уголовное преследование может начаться и без жалобы потерпевшего, если прокуратура мотивирует это особым публичным интересом.

665 В рамках рассматриваемой стадии прокуратура осуществляет сбор улик и материалов по делу, в том числе доказывающих невиновность лица (они должны учитываться равным образом). К тому же, максимально быстро должны быть собраны улики, которые в противном случае могут исчезнуть. К примеру, необходимо вовремя снимать отпечатки пальцев и другие следы, измерять содержание алкоголя в крови или допрашивать свидетелей.

666 УПК допускает в рамках стадии предварительного расследования целый ряд мер принуждения, которые хоть и нарушают основные права, но в силу особой важности сохранения улик, а также раскрытия преступления являются необходимыми. Кроме того, в соответствии с § 105 УПК, допускается обыск помещений, невзирая на нарушение основного права на неприкосновенность жилища (ч. 2 ст. 13 ОЗ), на основании решения суда или по распоряжению прокуратуры. Также, согласно § 94 УПК, могут изыматься различные предметы в качестве вещественных доказательств, имеющих значение для следствия. В случае, если владелец упомянутых предметов отказывается добровольно отдавать их, суд может вынести решение об аресте таких предметов. Однако в случае, если арест определённого имущества допускается лишь на основании решения суда, он может быть затруднителен. По этой причине

прокуратура или её сотрудники вправе изымать улики, если промедление угрожает разрешению дела. В противном случае велика угроза потери улик и вещественных доказательств, имеющих значение для разрешения дела.

667 В соответствии с ч. 2 § 170 УПК, в случае отсутствия достаточных доказательств прокуратура может прекратить расследование. § 153 УПК устанавливает, что в случае наличия достаточных доказательств прокуратура может всё же прекратить расследование вследствие незначительности совершённого проступка (ч. 2 § 12 УК). С обвиняемым, при этом, может быть проведена разъяснительная работа в интересах общества. Тяжесть обвинения, однако, играет в данном случае немаловажную роль (ч. 1 § 153а УПК).

бб) Подготовительное судебное заседание

668 В случае, если прокуратура в результате своего расследования приходит к выводу, что существуют достаточные основания полагать, что лицо причастно к совершению того или иного преступления, то она подаёт обвинительное заключение в соответствующий суд.

669 В целях защиты обвиняемого суд проверяет обвинительное заключение на предмет достаточной обоснованности подозрения лица в совершении преступления (§§ 199 по 211 УПК). В случае, если суд приходит к выводу, что представлено достаточно оснований для того, чтобы считать лицо подозреваемым в деле, то он принимает заявление прокуратуры и назначает судебное разбирательство. Если же подозрения недостаточно обоснованы или лицо в силу юридических причин не представляется возможным привлечь к ответственности за данное преступление, то судебное разбирательство не инициируется. Таким образом, обвиняемый не становится участником излишнего судебного разбирательства (которое так или иначе закончилось бы оправдательным решением).

вв) Стадия судебного разбирательства

670 Данная стадия в уголовном процессе (§§ 212–295 УПК) делится на две части: подготовка к судебному разбирательству (к примеру, приглашение сторон в суд) и устные слушания перед судом (основная часть рассматриваемой стадии).

671 Прежде всего, оглашается предмет дела, а также список участвующих в процессе сторон. Далее зачитывается формулировка обвинения (ч. 3 § 243 УПК) и начинается допрос обвиняемого. Последний вправе отказаться

от дачи показаний. Впоследствии проходит процесс исследования доказательств, который осуществляется при помощи свидетелей, являвшихся непосредственными очевидцами совершённого преступления, или посредством письменных ходатайств иных лиц, которые могут описать определённые обстоятельства. По окончании исследования доказательств слово передаётся стороне государственного обвинения, которая просит суд вынести оправдательный или обвинительный приговор. С заключительной речью выступает также и адвокат, после чего «последнее слово» передаётся непосредственно подсудимому (ч. 2 § 258 УПК). В дальнейшем судьи удаляются в совещательную комнату для решения вопроса о виновности подсудимого и назначения наказания. Наконец, подсудимому сообщается о возможности обжаловать судебное решение в вышестоящей инстанции.

4. *Доказательства*

Свидетель обязан дать показания о фактических обстоятельствах услышанного или увиденного преступления (§ 48 УПК и далее). Явка в суде является его гражданским долгом. В противном случае к нему могут быть применены меры наказания в виде штрафа за нарушение общественного порядка или ареста. Перед дачей показаний свидетель извещается судьёй об уголовной ответственности за дачу ложных показаний (лжесвидетельство, или лжеприсяга). Свидетели обладают также и правом отказаться от дачи свидетельских показаний (§§ 52, 53, 53а УПК) в случае, если занимают определённую должность или связаны с подсудимым родственными узами. В случае, если свидетель понесёт финансовые расходы вследствие дачи своих показаний, ему выплачивается соответствующая денежная сумма.

В зависимости от уровня компетентности и опыта работы в определённых случаях судом может быть назначен тот или иной *эксперт*, составляющий судебное заключение (§ 72 УПК и далее).

Под *осмотром* понимается любое чувственное восприятие (§ 86 УПК). Фильмы, фотографии, видео-, а также аудиозаписи могут быть приняты во внимание в качестве вещественных доказательств.

Различные документы и рукописи, которые должны служить в качестве доказательств (§ 249 УПК и далее), могут быть, по общему правилу (§ 252 УПК и далее), зачитаны в зале судебного разбирательства (т. н. *документальные доказательства*).

5. Издержки уголовного судопроизводства

676 В случае, если подсудимому выносится обвинительный приговор или к нему применяется мера по обеспечению безопасности, то он должен нести расходы за ведение уголовного судопроизводства. Однако, если рассмотрение судебного разбирательства не назначается и обвиняемый объявляется невиновным, то все расходы (в т. ч. расходы самого обвиняемого, к примеру, на адвоката), как правило, несёт государство.

II. Исполнение наказания

677 Уголовно-исполнительное право регулирует меры, при помощи которых вступившее в законную силу судебное решение подлежит исполнению, к примеру, взыскание штрафа или мера, связанная с лишением свободы. Система уголовного исполнения, таким образом, непосредственно осуществляет и контролирует исполнение наказания. Ей посвящены §§ 449–463d УПК.

1. Цели наказания

678 Главной целью уголовного наказания является устрашение, посредством которого представляется возможным избежать совершения преступлений в дальнейшем для охраны общества (*общая превенция*). Более того, уголовное наказание должно преследовать цель улучшения личности преступника и его ресоциализации (*специальная превенция*). Наконец, назначение наказания в виде лишения свободы имеет целью оградить преступника от социальной среды, под влиянием которой он совершил общественно-опасное деяние. Уголовное наказание назначается и в интересах потерпевшей стороны, а также в целях возмездия за совершенное преступление, т. е. для того, чтобы дать возможность лицу искупить свою вину.

2. Цели мер по исправлению и обеспечению безопасности

679 Данные меры, напротив, не являются наказанием, но также должны охранять общество от совершения преступлений в дальнейшем. Подобные меры могут применяться в отношении потенциальных рецидивистов и серийных преступников. Возможно, к примеру, помещение в психиатрический стационар, исправительное учреждение, содержание в местах заключения,

установление надзора, конфискация водительских прав и запрет заниматься профессиональной деятельностью (§ 61 УК).

3. *Цель исполнения наказания*

Условия исполнения наказаний в виде лишения свободы в тюрьмах (пенитенциарных учреждениях), а также меры по исправлению и обеспечению безопасности регламентированы в Законе об исполнении наказания. Одной из главных целей назначения уголовного наказания является следующая цель: убедить заключённого в том, что в дальнейшем он должен вести ответственную социальную жизнь без совершения преступлений.

Часть 5: Европейское право

Немецкое право сегодня уже нельзя рассматривать в отрыве от права Европейского союза, которое тесным образом влияет на каждую сферу законодательства государств-членов ЕС. Поэтому непозволительным было бы не дать в настоящей книге представление также и о европейском праве.

A. Европейская интеграция

I. Концепции интеграционного развития

1. Федералистский подход

Сторонники указанной концепции поддерживают объединение Европы на основах федерализма, опираясь на философию исторического развития и связывая опыт прошлого с желанием будущего. По их мнению, уроки истории доказывают, что единственный путь решения общеевропейских проблем лежит в политическом единстве Европы на основах федерализма. Следовательно, согласно федералистам, создание Европейского союза необходимо, причем не в качестве самоцели, а как важнейший шаг для совместного решения европейскими народами собственных проблем.

Преимущество федералистского подхода заключается в том, что он представляет собой логически завершённую и всеобъемлющую концепцию европейской интеграции. Однако, хотя эта концепция логична, она не является прагматичной. Концепция описывает фазы интеграции и меры, которые необходимо принять в течение каждой фазы. Согласно этому подходу, конечным итогом поэтапно проводимой интеграции должна стать реализация проекта Европейской Федерации. Таким образом, сторонники концепции называют конкретную финальную цель интеграции: единство на основах федерализма. Однако этот подход слишком далек от реальности, и поэтому все попытки его практического применения были неудачными.

2. Функциональный подход

Функциональный подход обязан своим появлением дате 9 мая 1950 года, когда французский министр иностранных дел Роберт Шуман объявил о создании объединения в сфере производства угля и стали, в которое должны были войти ФРГ, Франция и, возможно, другие страны. Для функционального подхода характерно отсутствие всеобъемлющего плана европейской интеграции. Он направлен на достижение конкретных отраслевых целей путём создания соответствующих отраслевых объединений. Эти объединения должны стремиться к достижению конкретных отраслевых целей и по общему правилу не вторгаться в сферу компетенции национальных государственных органов. Ограничение суверенитета государств-членов может происходить лишь в узкоспециальных вопросах, которыми занимается объединение. Однако неизвестно, может ли такой процесс привести к действительно полноценной европейской интеграции.

685 Функциональный подход отражает концепцию «политика – искусство осуществления возможного». Преимуществом функционального подхода является то, что он предоставляет возможность достигать прогресса в тех сферах, в которых это действительно реализуемо и в которых противоречащие друг другу национальные интересы участников интеграции хотя бы отчасти совпадают. Таким образом, при использовании функционального подхода зачастую неясно, каким будет следующий этап интеграции и что представляет собой конечная цель интеграции. В частности, открытым остается следующий вопрос, приведет ли интеграция к федерализации.

II. История интеграции

686 В настоящее время Европейский союз является объединением двадцати восьми европейских государств: Австрии, Бельгии, Болгарии, Великобритании, Венгрии, Германии, Греции, Дании, Ирландии, Испании, Италии, Кипра, Латвии, Литвы, Люксембурга, Мальты, Нидерландов, Польши, Португалии, Румынии, Словакии, Словении, Финляндии, Франции, Хорватии, Чехии, Швеции и Эстонии.

687 Начало европейской интеграции было положено с основанием в 1951 году Европейского объединения угля и стали (ЕОУС), призванного улучшить торговые отношения в указанных сферах между Бельгией, Германией, Италией, Люксембургом, Нидерландами и Францией. Вскоре, в 1957 году, сфера интеграции расширилась: было создано Европейское экономическое сообщество (ЕЭС). Помимо этого, было основано Европейское сообщество по атомной энергии (Евратом). Целью этих организаций было создание внутреннего рынка на основе международных договоров между

государствами-членами, упрощение торговли между государствами-членами и, в конечном счете, стимулирование их экономики. Помимо этого, опыт Второй мировой войны показал, что необходимо предотвратить дальнейшие войны через обеспечение тесного сотрудничества европейских государств.

688 Было решено, что необходимо создать внутренний рынок, отменив такие торговые ограничения, как таможенный контроль и таможенные сборы, введя свободное перемещение товаров, услуг и финансовых средств, а также общую внешнеторговую политику. Для реализации этих намерений были созданы специальные органы европейского уровня – так называемые институты: Еврокомиссия, наделенная широкими полномочиями и действующая в целях углубления интеграции; Совет (также именуемый «Совет министров»), состоящий из глав различных министерств государств-членов, защищающих в первую очередь национальные интересы; Европарламент, представляющий интересы граждан; и Европейский суд.

689 Чтобы тоже получить пользу от экономического сотрудничества, с годами всё новые государства вступали в ЕЭС.

690 Посредством внесения неоднократных поправок в учредительные договоры ЕС интеграция всё больше углублялась и расширялась. Самое значительное изменение произошло в 1992 году с принятием Маастрихтского договора, придавшего европейской интеграции новые институциональные рамки. Маастрихтским договором был создан Европейский союз - организация более высокого уровня, наделённая международной правосубъектностью. Стало ясно, что европейская интеграция теперь не ограничится экономической плоскостью, а будет затрагивать также политическую и социальную сферу. ЕС был основан на трёх т. н. «опорах». Первую опору образовали три сообщества – три субъекта международного права: ЕОУС, ЕЭС, Евратом. Второй опорой стало пространство общей внешней политики и политики безопасности, а третьей – сотрудничество полицейских и судебных органов. Помимо этого, в Маастрихтском договоре было предусмотрено введение единой валюты банковских расчетов с 1999 года и наличной валюты с 2002 года (евро).

691 В связи со всё большим углублением европейской интеграции и необходимостью расширения компетенции ЕС потребовалось принятие Лиссабонского договора 2007 года, который вступил в силу в 2009 году. Система трёх опор была наконец упразднена с закреплением существования единого

Европейского союза. Основами для его деятельности стали Договор о ЕС и Договор о функционировании ЕС. Оба договора стали равнозначными по юридической силе источниками первичного права ЕС (ч. 3 ст. 1 ДЕС) наряду с имеющей аналогичный статус Хартией основных прав ЕС, или (в других переводах) Хартией ЕС по правам человека (ч. 1 ст. 6 ДЕС). Согласно Лиссабонскому договору, ЕС занял место Европейских сообществ, став их правопреемником (ч. 3 ст. 1 ДЕС), при этом приобретя собственную правосубъектность, в том числе международную (ст. 47 ДЕС). Таким образом, ЕС – это не просто договор между государствами-членами, а созданное договором независимое правосубъектное объединение, которое может вступать в правовые отношения с третьими странами. ЕС может выступать стороной договоров, поддерживать дипломатические сношения и выступать в качестве члена международных организаций.

692 Что касается внутренней политики, то для своих государств-членов ЕС означает не только внутренний рынок со свободой выбора места жительства, свободой перемещения товаров, услуг и капитала, единым законодательством в сфере конкуренции и (частично) единой валютой (ч. 3, ч. 4 ст. 3 ДЕС, ст. 26 и далее, ст. 101 и далее, ст. 127 и далее ДФЕС), но также и союз с компетенцией во многих других сферах политики (т. н. «внутреннеполитическая компетенция»), замещающий во многом роль национальных органов. В частности, ЕС предоставляет своим гражданам единое пространство общей внешней политики и политики безопасности, в котором отсутствуют внутренние границы для передвижения (ч. 2 ст. 3 ДЕС, ст. 67 и далее ДФЕС). При этом каждый гражданин государства-члена является одновременно гражданином ЕС (ст. 9 ДЕС), которому, вне зависимости от принадлежности к тому или иному государству предоставляются различные права, общие для всех граждан ЕС (ст. 18 ДФЕС и далее). Однако ЕС не является государством. Поэтому гражданство ЕС – не то же самое, что гражданство какого-либо государства, оно имеет силу лишь при наличии гражданства государства-члена ЕС.

693 Помимо прочего, ЕС является всемирно признанным экономическим и торговым игроком. Заключив многочисленные международные договоры (в основном в сфере внешней торговли) с почти всеми государствами земного шара, он является неотъемлемой частью международной экономической системы.

III. Основы конституционного строя

Конституционной основой участия ФРГ в процессах европейской интеграции является ч. 1 ст. 23 Основного закона. Согласно данной норме ФРГ может передавать часть своих суверенных прав ЕС. В соответствии с ч. 1 ст. 23 и ч. 2 ст. 59 ОЗ, такая передача суверенных прав происходит путем ратификации договоров ЕС, требующих согласия Бундестага и Бундесрата, выраженного в форме закона. Именно на основании такого закона учредительные договоры ЕС становятся юридически обязывающими для ФРГ не только в отношениях с другими государствами-членами ЕС (как международно-правовые обязательства), но и действуют также во внутригосударственных отношениях. Поэтому определённые нормативные правовые акты, изданные органами ЕС согласно договорам (т. н. «вторичное право»), могут иметь прямое действие на территории ФРГ (закон играет роль т. н. «предписания о применении права» или «мостика» для непосредственного применения права ЕС внутри ФРГ).

Б. Институциональные основы права ЕС

I. Право- и дееспособность

Помимо статуса субъекта международного права ЕС обладает на территории каждого государства-члена ЕС в соответствии со ст. 335 ДФЕС такой же право- и дееспособностью, как и признаваемые в соответствующем государстве-члене юридические лица. ЕС может приобретать и отчуждать движимое и недвижимое имущество, а также быть истцом и ответчиком в суде. Для этих целей Еврокомиссия выступает представителем ЕС, что закреплено ст. 335 ДФЕС.

II. Компетенции (предметы ведения)

1. Виды компетенций (предметов ведения)

a) Исключительная компетенция

Учредительные договоры ЕС делят предметы ведения по определенным группам: так, например, законодательные полномочия и полномочия издавать обязательные акты относятся *только* к ведению ЕС. Как закрепляет ч. 1 ст. 2

ДФЕС, государства-члены могут пользоваться законодательными полномочиями только в том случае, если они непосредственно уполномочены на это ЕС, либо в целях выполнения актов ЕС. В исключительном ведении ЕС находятся следующие сферы: таможенное регулирование, антимонопольное регулирование и защита единого рынка, валютная политика (в отношении стран ЕС, в которых валютой является евро), а также общая торговая политика (ч. 1 ст. 3 ДФЕС).

б) Совместная компетенция

697 Учредительные договоры ЕС предусматривают существование совместных предметов ведения в определенных сферах. Это означает, что и государства-члены, и ЕС имеют законодательные полномочия и могут издавать юридически обязательные акты, однако государства-члены обладают такими полномочиями лишь до тех пор, пока по этому вопросу не издал обязательный акт ЕС. Государства-члены могут возобновить свои полномочия в случае, если ЕС принял решение прекратить осуществление своих полномочий в определенной сфере (ч. 2 ст. 2 ДФЕС). Совместное ведение государств-членов и ЕС охватывает такие сферы, как единый рынок, социальная политика, экономическое, социальное и территориальное единство ЕС, сельское хозяйство и рыболовство, охрана окружающей среды, защита прав потребителей, общеевропейские сети и энергетика (ч. 2 ст. 4 ДФЕС).

в) Общая внешняя политика и политика безопасности

698 ЕС в соответствии с условиями договора о ЕС отвечает за выработку и проведение общей внешней политики и политики безопасности, а также пошаговую разработку общей оборонной политики (ч. 4 ст. 2 ДФЕС).

г) Меры по поддержке, координации и дополнению действий государств-членов

699 В некоторых сферах ЕС отвечает за принятие мер по поддержке, координации и дополнению действий государств-членов, при этом компетенция ЕС в этих сферах не заменяет компетенцию государств-членов (ч. 5 ст. 2 ДФЕС). Гармонизация законодательства государств-членов в этих сферах, однако, проводиться не должна (ч. 5 ст. 2 ДФЕС).

2. Принципы осуществления полномочий

При осуществлении полномочий ЕС действуют следующие принципы, закрепленные в договорах о создании ЕС. — 700

В соответствии с *принципом ограничения компетенции* (ч. 2 ст. 5 ДЕС) полномочия ЕС по изданию юридически обязывающих актов простираются настолько, насколько это закреплено государствами-членами в договорах о создании ЕС. При этом, ЕС вне рамок, установленных договорами, не имеет права расширять собственные полномочия. — 701

Также в соответствии с *принципом субсидиарности* (ч. 3 ст. 5 ДЕС) ЕС не может законодательствовать в тех сферах, где использование регионального или национального законодательства лучше послужило бы достижению поставленной цели. — 702

Если же использование законодательных полномочий ЕС уместно, то ЕС не должен выходить за рамки мер, необходимых для достижения цели (*принцип пропорциональности*, ч. 4 ст. 5 ДФЕС). — 703

Кроме того, на государствах-членах и ЕС лежит *обязанность по сотрудничеству* (ч. 3 ст. 4 ДЕС). — 704

III. Органы (институты) Европейского союза

Для осуществления своих задач ЕС осуществляет деятельность через свои органы (ст. 13 ДЕС). — 705

1. Европейский совет

Европейский совет (ст. 15 ДЕС, ст. 235 ДФЕС) состоит из глав всех государств-членов ЕС, Председателя Европейского совета и Председателя Европейской комиссии. Европейский совет определяет основные направления политики ЕС. Европейский совет не принимает участия в повседневной правотворческой деятельности ЕС (т. е. не задействован в формировании вторичного права), а является вышестоящим институтом, призванным вырабатывать компромисс между отдельными государствами-членами ЕС и стимулировать дальнейшее развитие ЕС. Функции и задачи Европейского совета перечислены в ст. 15 ДЕС и ст. 235 ДФЕС. Европейский совет собирается не реже двух раз в полгода, а в чрезвычайных ситуациях собирается на внеочередные заседания. Любые заседания Европейского совета ведёт — 706

Председатель Европейского совета, должность которого была учреждена Лиссабонским договором.

2. *Совет Европейского союза*

707 От Европейского совета необходимо отличать Совет ЕС (ст. 16 ДЕС, ст. 237 - 243 ДФЕС). Совет представляет собой совет министров иностранных дел государств-членов ЕС. Министры других профилей образуют соответствующие советы по вопросам семейной политики, трудовых отношений, защиты окружающей среды, экономики и т. д. Через Совет правительства государств-членов ЕС определяют единую стратегию и тактику действий ЕС. Совет также принимает участие в правотворчестве.

708 По общему правилу, решения Совета должны по возможности приниматься единолично (консенсусом), однако на практике они принимаются квалифицированным большинством (ч. 3 ст. 16 ДЕС), при этом голоса государств-членов ЕС имеют разный вес в зависимости от размера их территории. С 1 ноября 2014 года квалифицированное большинство составляет 55% членов Совета, но не менее 15 человек, представляющих как минимум 65% населения ЕС. Блокирующие меньшинством составляют четыре члена Совета (ч. 4 ст. 16 ДФЕС). Если же Совет принимает решение не по инициативе Европейской комиссии или Высокого представителя ЕС по международным делам и политике безопасности, то с 1 ноября 2014 года действует исключение из правила ч. 4 ст. 16 ДФЕС, предусмотренное Протоколом о переходных положениях. Согласно данному протоколу, квалифицированное большинство составляет 72% членов Совета, при условии, что они представляют по меньшей мере 65% населения Европейского союза (ч. 2 ст. 238 ДФЕС).

3. *Европейская комиссия*

709 Европейская комиссия (ст. 17 ДЕС, ст. 244–250 ДФЕС) в первую очередь уполномочена осуществлять деятельность в сфере управления ЕС, однако она также принимает участие в правотворчестве. Её полномочия в рамках ЕС сравнимы с полномочиями органов исполнительной власти (к примеру, правительств, администраций). Она состояла из Председателя Комиссии и 28 представителей государств-членов ЕС (комиссаров). Однако с 1 ноября 2014 года количество членов Комиссии было уменьшено на 2/3 и введена

ротационная система. Предполагается, что эта мера ускорит принятие решений в рамках Комиссии и повысит эффективность её деятельности. Несмотря на то, что члены Комиссии являются гражданами разных государств-членов ЕС, перед ними не стоит задача представления их интересов. Скорее наоборот: комиссары обязаны представлять и защищать интересы ЕС, которые зачастую могут не совпадать с интересами отдельных государств-членов, представленных в Совете ЕС.

Европейская комиссия имеет важное значение в законодательной сфере: только этот орган ЕС вправе проявлять законодательную инициативу и, таким образом, приводить в движение правотворческий механизм ЕС в отношении вторичного права (*право законодательной инициативы*). 710

То обстоятельство, что Комиссия представляет интересы всего ЕС, а не отдельных государств-членов ЕС, наиболее ярко проявляется в её *контрольной функции* и соответствующих полномочиях. Комиссия следит за тем, чтобы государства-члены ЕС выполняли свои обязательства, установленные первичным и вторичным правом. При необходимости она может назначать правовые санкции. Также Комиссия проверяет экономическую политику государств-членов ЕС на соответствие принципам общего рынка ЕС (к примеру, в сфере антимонопольного регулирования). 711

Помимо контрольной функции, Комиссия также *представляет ЕС в международных отношениях* (включая сферу общей внешней политики и политики безопасности) и ведёт переговоры с кандидатами на вступление в ЕС. 712

Для надлежащего осуществления этих функций в Комиссии образованы главные управления и специализированные отделы. Главные управления отвечают за определённую сферу политики ЕС. Специализированные отделы осуществляют общие функции управления или занимаются чётко определёнными сферами деятельности, например, борьбой с мошенничеством. 713

4. *Европейский парламент*

Европейский парламент (ст. 14 ДЕС, ст. 223–234 ДФЕС) состоит из 750 депутата и президента, избираемых каждые 5 лет в государствах-членах ЕС (ч. 2 ст. 14 ДЕС). Они являются представителями граждан ЕС, поэтому Европейский парламент считается демократическим элементом ЕС. При этом каждому государству-члену ЕС соответствует определённая квота, 714 т. е. количество депутатов (от 6 до 96 мест в Парламенте). Величина квоты зависит от численности населения государства-члена ЕС, однако малым государствам оказывается благоприятствование.

715 В первые годы существования Европейских сообществ Европейский парламент не играл практически никакой роли. Однако с дальнейшим развитием европейского права и политики потребовался более демократичный механизм легитимации действий ЕС. Постепенно права Европейского парламента укреплялись, и, наконец, Лиссабонский договор установил статус Европейского парламента как обязательного участника законодательного процесса.

716 Тем не менее, Европейский парламент по своим качественным признакам не равноценен классическому национальному парламенту. У Европейского парламента нет собственного права законодательной инициативы, а в законодательном процессе он действует только совместно с Советом ЕС. Также выборы в Европейский парламент отличаются от классических демократических выборов, поскольку, несмотря на то, что у каждого гражданина ЕС есть только один голос (принцип «one man, one vote»), граждане менее крупных государств-членов ЕС избирают больше депутатов (см. выше) по сравнению с гражданами более крупных государств-членов.

717 Тем не менее, Европейский парламент играет важную роль в ЕС, которая проявляется в отдельных его полномочиях. Он не только участвует в правотворчестве, но также даёт одобрение на вступление государств в ЕС, высказывает мнение по международным договорам, утверждает бюджет ЕС совместно с Советом.

5. *Суд Европейского союза*

718 Суд Европейского союза (ст. 19 ДЕС, ст. 251–281 ДФЕС) - это судебный контролирующий орган ЕС, обеспечивающий соблюдение права в ходе толкования и применения учредительных договоров. В состав Суда входят по одному судье от каждого государства-члена (т. е. всего 28 судей), срок полномочий которых составляет 6 лет. Суду оказывают содействие генеральные адвокаты. Суд ЕС разрешает дела на пленарных заседаниях лишь в редких случаях. Согласно Регламенту Суда, большинство дел могут быть разрешены палатами (подразделениями из меньшего количества судей). Для снятия нагрузки с Суда в 1989 году был учреждён *Суд первой инстанции, Палата Суда ЕС*. Кроме него есть планы по созданию специализированных

судов, таких, как, к примеру, уже существующий Специализированный суд по делам о государственной службе ЕС.

719 Суд ЕС проверяет законность актов вторичного права ЕС, действий Комиссии и соблюдение государствами-членами права ЕС. Кроме того, перед Судом ЕС стоит задача осуществлять толкование норм права ЕС, и такое толкование является обязывающим для государств-членов. Поскольку различные органы и суды в государствах-членах обязаны применять право ЕС непосредственно, гарантируется единообразное применение норм права на всём пространстве ЕС.

6. Иные органы и институты

720 Кроме вышеперечисленных институтов, существуют *Европейская счётная палата* (ст. 285–287 ДФЕС) и *Европейский центральный банк* (ст. 282–284 ДФЕС), которые ответственны за реализацию денежно-кредитной политики в рамках валютного союза.

721 *Верховный представитель ЕС по международным делам и политике безопасности* (ст. 18 ДЕС) не является самостоятельным институтом, однако он осуществляет руководство внешней политикой и политикой безопасности ЕС. В рамках своих полномочий он председательствует в Совете по внешним отношениям, а также является одним из заместителей Председателя Комиссии. Таким образом достигается согласованность внешнеполитической деятельности ЕС.

722 К консультативным подразделениям институтов ЕС относятся *Европейский экономический и социальный комитет* (ст. 301–304 ДФЕС) и *Комитет регионов ЕС* (ст. 305–307 ДФЕС). Кроме того, сбалансированному и стабильному развитию внутреннего рынка ЕС содействует *Европейский инвестиционный банк* (ст. 308–309 ДФЕС). Он финансируется из средств, полученных на рынках капитала, а также из собственных средств. Он поддерживает проекты в различных сферах экономики посредством предоставления займов и поручительств.

IV. Источники права

723 В законодательстве ЕС различают первичное право и вторичное право ЕС. Новые государства-члены принимают всю принятую систему европейского права, т. н. «acquis communautaire» (достояние Сообществ).

Корректировки в действующем законодательстве ЕС в отношении принятия новых государств требуют специальных договоренностей между государствами-членами и присоединяющимися к ним государствами.

1. Первичное право

724 К актам *первичного права* ЕС относятся учредительные договоры, Хартия основных прав, правовые обычаи и общие принципы права. Первичное право ЕС является основой вторичного права ЕС, создаваемого органами ЕС. Договоры о ЕС распространяются на государств-членов и органы ЕС. Но часто они напрямую, то есть без принятия каких-либо дальнейших актов имплементации, устанавливают права и обязанности отдельных граждан ЕС. Это называется прямым действием права ЕС в государствах-членах.

2. Вторичное право

а) Общие положения

725 К *вторичному праву* ЕС относятся абстрактно-общие и конкретно-индивидуальные правовые акты, принятые органами Союза, а также юридически обязательные и необязательные рекомендации и мнения по конкретному вопросу (ст. 288 ДФЕС). Вторичное законодательство ЕС распространяется на государства-члены, но также может иметь прямое действие в государствах-членах для граждан и органов власти.

б) Правовые акты

726 Во вторичном законодательстве ЕС есть два типа абстрактно-общих правил.

727 Во-первых, ЕС может издавать *регламенты* (ст. 288 ДФЕС). Они применяются непосредственно в государствах-членах, т. е. после их вступления в силу на европейском уровне, становятся частью правовой системы в государствах-членах и, таким образом, непосредственно наделяют правами и обязанностями граждан ЕС, государственные органы и суды.

728 Кроме того, ЕС может также принимать *директивы* (ст. 288 ДФЕС) Как правило, они являются обязательными к исполнению в государствах-членах, только с точки зрения целей, которые в них изложены. Для того чтобы данные директивы начали действовать, необходимо имплементировать их в национальные правовые акты. Государства-члены сами принимают

решение, как именно это реализовать. Данные правовые акты не являются обязательными для граждан ЕС, органов власти и судов, а только возлагают на государства-члены обязательство создать национальное законодательство соответствующего содержания. В порядке исключения директива может применяться непосредственно, если истек срок ее имплементации с помощью национального законодательства, и содержание директивы настолько очевидно, что позволяет обеспечить ее прямое действие.

729 Помимо этих актов существуют также (в соответствии со ст. 288 ДФЕС) *решения*, адресованные одному или группе субъектов (государствам-членам, юридическим или физическим лицам в государствах-членах) либо всем, чьи права и обязанности затрагивает решение. В обоих случаях решение действует непосредственно.

730 *Рекомендации и мнения* (ст. 288 ДФЕС) не являются юридически обязательными, однако обладают большим политическим влиянием. Они играют роль инструкций или руководящих принципов, на которые государства-члены ориентируются в проведении своей политики.

в) Нормотворчество

731 Акты вторичного права принимаются в соответствии с законодательной процедурой, установленной в актах первичного права. В большинстве случаев законодательный процесс протекает, помимо некоторых исключений, в рамках *обычной законодательной процедуры* (ч. 1 ст. 289, ст. 294 ДФЕС). Отличительной чертой является то, что она дает Парламенту и Совету равные права голоса. Демократическая легитимность нормативных актов, таким образом, укрепляется более активным участием парламента в законотворческом процессе.

732 После того как Еврокомиссия выдвинула предложение по инициативе принятия определенного закона, Парламент высказывает свое мнение по данному проекту закона. Совет обсуждает их, затем при необходимости проводятся переговоры по взаимным мнениям между Парламентом и Советом. В случае разногласий созывается согласительная комиссия. Закон принимается или не принимается, если в течение определенного срока не было достигнуто соглашение.

733 В каких случаях необходимо проводить стандартный законодательный процесс, устанавливают договоры о ЕС (ДФЕС) в соответствии с предметом регулирования того или иного закона, который в соответствии с принципом

ограничения полномочий (см. выше II. 2.) должен или может регулироваться ЕС. Соответственно, учредительные договоры ЕС устанавливают, когда в виде исключения необходимо применить особый законодательный процесс.

734 В случае *особого законодательного процесса* (ч. 2 ст. 289 ДФЕС) необходимо либо только уведомление Европейского парламента, либо его согласие на принятие акта Советом.

735 В дополнение к этим законодательным актам в ЕС есть также нормативные акты, которые не принимаются в законодательном порядке (ср. ч. 3 ст. 288 ДФЕС). В данном случае речь идет в основном о правовых актах, которые основываются на законодательном акте и служат его конкретизации и исполнению, например, *делегированные правовые акты* (ст. 290 ДФЕС) и *исполнительные акты* Комиссии (ст. 291 ДФЕС).

3. Международные договоры

736 Международные договоры, заключенные ЕС в самостоятельном порядке (ст. 218 ДФЕС) являются, в соответствии с устоявшейся практикой Суда ЕС, неотъемлемой частью правовой системы ЕС. При этом они имеют приоритет над вторичным законодательством, установленным институтами ЕС, так как являются обязательными для органов ЕС. Международные договоры ЕС, таким образом, занимают промежуточное положение после первичного права, но перед вторичным правом. Во внешних отношениях, однако, международный договор, разумеется, пользуется приоритетом перед законодательством ЕС. При заключении международных договоров ЕС должен держаться в рамках первичного права ЕС.

4. Приоритет права ЕС

737 Наиболее важное значение имеет действие напрямую применимого в государствах-членах (см. выше 1. 2.) законодательства ЕС в отношении к национальному законодательству. Из смысла и цели существования ЕС следует, что право ЕС должно применяться одинаково во всех государствах-членах (т. н. «effet utile»). Соответственно, его применимость не должна зависеть от того, допускает ли это применение и если да, то насколько, соответствующее национальное право. Отсюда следует следующее:

738 если национальный закон содержательно противоречит правовому акту ЕС, то применяется не национальный закон, а закон ЕС. Это называется

приоритетом (приматом) права ЕС. Все национальные органы власти и суды должны поэтому отдавать предпочтение праву ЕС, а не своим национальным законам. Тем не менее, национальное законодательство остается в силе и поэтому продолжает применяться в том случае, если отсутствует (или не применяется в конкретном случае) регулирование на уровне ЕС.

Именно этим отличается приоритет применения права от приоритета действия другого, вышестоящего источника права, например, конституции и закона: неконституционные законы являются недействительными, в то время как все национальное законодательство, как законы, так и конституция, не применимы только в тех случаях, когда правовой акт ЕС однозначен и подлежит применению. Это также означает, что все национальные законы должны толковаться и применяться таким образом, чтобы избежать противоречия с законодательством ЕС, насколько это возможно (*толкование, соответствующее праву ЕС*).

Согласно судебной практике Федерального конституционного суда приоритет права ЕС действует только в рамках определенных границ, которые определены национальным (конституционным) правом и которые не могут быть изменены правом ЕС: (1) правовой акт ЕС, который сам противоречит праву ЕС, так как в учредительных договорах ЕС нет оснований для его применения, не применяется в Германии (оговорка «*ultra vires*»); (2) правовой акт ЕС, который нарушает основные права, гарантируемые Основным законом, так как акты ЕС, предоставляющие меньшую степень защиты основных прав, чем акты национального права, не подлежат применению в Германии (оговорка об основных правах); (3) правовой акт ЕС, который нарушает принципы немецкого конституционного строя, выступающие основой немецкой идентичности, является недействительным в Германии и не подлежит применению (оговорка идентичности, ч. 1 ст. 23 в сочетании с ч. 3 ст. 79 ОЗ). Эти рамки еще никогда не нарушались. Но в последнее время все больше и больше обсуждается, соблюдаются ли эти рамки в тех сферах, где ЕС принял далеко идущие меры по борьбе с европейским финансовым кризисом.

V. Юридическая защита

Суд ЕС имеет своей задачей обеспечение соблюдения законодательства ЕС (ч. 1 ст. 19 ДЕС). Он может осуществлять свои полномочия в различных процессуальных формах. Наиболее важные из них представлены здесь.

742   В случае *нарушения учредительного договора* ЕС (ст. 258–260 ДФЕС) как Еврокомиссия, так и государства-члены имеют возможность подать иск на государство-член в Европейский суд, если у них есть основания полагать, что это нарушает норму права договора, то есть первичного права. Если Суд установит нарушение договора, государство-член будет вынуждено изменить свое поведение, нарушающее договор, в противном случае будет наложен штраф (ст. 260 ДФЕС).

743   При помощи иска о признании акта недействительным (ст. 263–264 ДФЕС) государства-члены, органы ЕС, а также юридические и физические лица могут напрямую обжаловать акт вторичного права, если он, по их мнению, противоречит первичному праву. Физические и юридические лица должны продемонстрировать, что их напрямую затронуло нарушение правового акта. В аналогичных условиях также может быть подан *иск о бездействие властей* (ст. 265 ДФЕС). В соответствии со ст. 256 ДФЕС дело, как правило, слушается в Европейском трибунале общей юрисдикции в первой инстанции и Суде ЕС во второй инстанции.

744   За *процесс принятия предварительного решения* (ст. 267 ДФЕС) отвечает Европейский суд; юрисдикция суда первой инстанции здесь до сих пор (ср. ч. 3 ст. 256 ДФЕС) не определена. В рамках этой процедуры национальный суд задает вопрос Европейскому суду о действии или интерпретации определенной нормы ЕС, если она имеет определяющее значение для конкретного правового спора, рассматриваемого национальным органом. Таким образом, Европейский суд имеет возможность осуществлять свою монополию на толкование права ЕС, с целью обеспечить единообразное применение законодательства ЕС в государствах-членах. В любом случае только Европейский суд может принять решение о действительности европейского законодательного акта. Решение суда является обязательным для национального суда, а также для подобных дел в будущем в других государствах-членах. Эта процессуальная форма является наиболее распространенной на практике, а также наиболее важной, так как с помощью нее европейское право постоянно развивается и вновь конкретизируется, а также укрепляется его действие в государствах-членах.

B. Материальное право ЕС

I. Ценности ЕС

Ценности, на которых основан ЕС - это уважение человеческого достоинства, свобода, демократия, равенство, верховенство закона и уважение прав человека, включая права меньшинств. Эти ценности являются общими для государств-членов в обществе, которое характеризуют плюрализм, отсутствие дискриминации, толерантность, справедливость, солидарность и равенство между женщинами и мужчинами (ст. 2 ДЕС). — 745

II. Недопущение дискриминации и гражданство ЕС

За исключением ряда специальных положений учредительных договоров в рамках права ЕС запрещена любая *дискриминация* (неравное обращение) граждан ЕС в государствах-членах по признаку гражданства (ч. 1 ст. 18 ДФЕС). ЕС может принять меры по борьбе с дискриминацией по признаку пола, расового или этнического происхождения, религии или убеждений, инвалидности, возраста или сексуальной ориентации (ч. 1 ст. 19 ДФЕС). — 746

Договоры ЕС также создали институт европейского гражданства, которое связано с гражданством государства-члена (ст. 9 ДЕС, ч. 1 ст. 20 ДФЕС). Его не следует сравнивать с гражданством государства, поскольку ЕС не является государством и гражданство ЕС, следовательно, не закрепляет никаких аналогичных прав и обязанностей между лицом и ЕС. Тем не менее, гражданство ЕС дает определенные специальные права, которыми обладает каждый гражданин государства-члена в соответствии с договорами (ст. 20 ДФЕС). — 747

Ст. 21 ДФЕС дает гражданину право свободно передвигаться в пределах территории государств-членов и проживать на территории ЕС. Свобода передвижения, таким образом, отделена от своего экономического содержания, лежащего в основе, например, свободы перемещения рабочей силы и свободы выбора места жительства (ст. 45 и далее, ст. 49 и далее ДФЕС), а также свободы оказания услуг (ст. 56 ДФЕС и далее). Граждане ЕС также обладают в соответствии с ч. 1 ст. 22 ДФЕС активным и пассивным избирательным правом на выборах в местные органы власти соответствующего муниципального района, в котором они находятся. При этом граждане ЕС обладают открытым доступом к политическим партиям во время выборов — 748 в местные органы власти. Граждане ЕС, в том числе и те, кто проживает в другом государстве-члене, обладают активным и пассивным избирательным правом в Европейский парламент согласно ч. 2 ст. 22 ДФЕС. Наконец, у граждан ЕС на территории третьей страны, не имеющей представительства их родной страны, согласно ст. 23 ДФЕС, есть возможность пользоваться дипломатической и консульской защитой каждого государства-члена на тех же условиях, что и граждане соответствующего государства. Европейский союз же не предоставляет собственной дипломатической и консульской защиты.

III. Основные свободы

1. Цель

749 Важной целью ЕС является учреждение *общего внутреннего рынка* (ч. 3 ст. 3 ДЕС). Такой внутренний рынок, согласно ч. 2 ст. 26 ДФЕС, представляет собой экономическое пространство без границ, в котором гарантируется свободное передвижение товаров, лиц, услуг и капитала. Таким образом, договоры о Европейских сообществах гарантируют четыре т. н. основных свободы, которые должны быть соблюдены в государствах-членах ЕС. Любые национальные нормативно-правовые акты, ограничивающие данные свободы, нарушают право ЕС. Тем не менее, данные нормы не распространяются на отношения с третьими государствами. В случае нарушения государством-членом ЕС любой из этих свобод другое государство-член ЕС может подать иск против него в Суд ЕС на основании нарушения стороной положений учредительных договоров (ст. 258–260 ДФЕС). Государству-ответчику при этом доступны лишь некоторые основания освобождения от ответственности.

2. Функция

а) Транснациональные отношения

750 Все основные свободы фактически привязаны к транснациональным отношениям. Предписания, касающиеся основных свобод, применимы к тем правоотношениям, которые включаются в сферу полномочий ЕС. Таким образом, эти предписания не применяются к внутренней политике государства-члена ЕС.

б) Запреты дискриминации и ограничений

К основным свободам применяется т. н. принцип национального режима, в частности, запрет дискриминации, под которым понимается не просто формальное равное отношение ко всем гражданам, а подлинное равенство правовых режимов. Правовые нормы, согласно которым гражданам одного государства даются привилегии по отношению к иностранцам, являются недействительными согласно праву ЕС. 751

аа) Открытая форма дискриминации

Об открытой дискриминации можно говорить, когда государство-член ЕС предоставляет определённые права только собственным гражданам или когда в соответствии с национальным законодательством гражданам этого государства предоставлен более благоприятный правовой режим по сравнению с гражданами других государств-членов. Таким образом, в каждом государстве-члене ЕС запрещена дискриминация граждан иных государств-членов в связи с их национальной принадлежностью (гражданством). 752

бб) Скрытая форма дискриминации

Под скрытой, или завуалированной, дискриминацией подразумевают нормы, которые формально не проводят различия между собственными гражданами и иными адресатами норм, однако которые при определённых обстоятельствах могут привести к ущемлению прав граждан иных государств-членов ЕС. 753

Так, скрытая дискриминация следует из нормы, которая содержит критерий места жительства лица. Поскольку резидентами являются в большинстве случаев граждане данного государства, то норма, предоставляющая им более благоприятный режим, по существу действует в ущерб гражданам другого государства-члена ЕС. При этом для того, чтобы мера считалась дискриминационной, она не обязательно должна предоставлять более благоприятный режим всем гражданам государства-члена и не обязательно ущемлять права только граждан другого государства-члена ЕС. 754

вв) Запрет ограничений

Суд ЕС развил первоначальное понятие запрета дискриминации, расширив его толкование до понятия «запрет ограничений». В то время как 755 установленный ДФЕС запрет дискриминации запрещает ущемление прав граждан иных государств-членов ЕС, запрет ограничений содержит требование того, чтобы нормы, применимые как к гражданам одного государства, так и к иностранцам, были приведены в соответствие с правом ЕС. Такое расширительное положение применялось в первую очередь к свободе передвижения и к свободе экономической деятельности. Суд ЕС расширил понятие запрета дискриминации до запрета ограничений, когда признал, что нормы, равно применимые к гражданам одного государства и к иностранцам, могут всё равно существенно затруднять свободное движение товаров и лиц. Поэтому было признано, что соображения практичности диктуют необходимость расширительного толкования определений простого запрета дискриминации.

3. Свобода перемещения товаров

756 Европейский союз включает в том числе таможенный союз (ст. 28 ДФЕС). Это означает, что при движении товаров в пределах ЕС должны быть устранены любые ввозные и вывозные таможенные пошлины, а также приравненные к ним платежи (ст. 30 ДФЕС). Кроме того, установлен единый таможенный тариф, применимый к третьим странам. Ставки таможенных пошлин предусмотрены в договорных положениях, как они изложены в Генеральном соглашении по тарифам и торговле (ГАТТ) и в других торговых соглашениях. Признаются пониженные ставки пошлин по отношению к привилегированным контрагентам ЕС, к примеру, к странам АКТ (Африки, Карибского бассейна и Тихого океана), а также по отношению к т. н. «ассоциированным государствам» ЕС в Центральной и Восточной Европе.

757 Помимо устранения внутренних таможенных пошлин, установлен запрет на нетарифные меры регулирования в рамках ЕС. Также запрещено установление ограничений импорта и экспорта и иных подобных мер между государствами-членами ЕС (ст. 34, ст. 35 ДФЕС). Наконец, запрещено принятие мер, ограничивающих ввоз и вывоз отечественных продуктов.

758 Под такими мерами, как количественные ограничения, согласно *формуле Дассонвиля*, предложенной Судом ЕС, понимаются нормы в области торговли, установленные государством-членом ЕС и направленные на прямое или косвенное, реальное или потенциальное ограничение торговли в ЕС. Под подобными мерами подразумеваются не только правовые ограничения, но и иные государственные меры, направленные на ограничение

торговли в пределах ЕС, к примеру, рекламные кампании, содействующие сбыту отечественной продукции. Формула Дассонвиля в равной степени касается отечественной и иностранной продукции. Ст. 34 ДФЕС устанавливает также обязанность государства-члена ЕС противодействовать ограничениям международной торговли. Ввиду широты формулы Дассонвиля Суд ЕС установил исключение из сферы применения ст. 34 ДФЕС, которое относится к недискриминирующим ограничениям, не имеющим целью ограничение международной торговли. По смыслу данной формулы (т. н. *формулы Кека*), внутренние законы государств, устанавливающие режим работы магазинов, исключены из сферы действия ст. 34 ДФЕС.

759 Тем не менее, исключения из запрета на ограничение торговли по смыслу ст. 34 ДФЕС могут быть обоснованы по ст. 36 ДФЕС. Наряду с этим, Суд ЕС выработал концепцию императивных требований в деле *Кассис де Дижон*, тем самым предоставив государствам-членам ЕС право устанавливать недискриминирующие ограничения торговли, направленные на защиту признанных ЕС общественных интересов. Коль скоро такие ограничения являются обоснованными, они должны отвечать критерию разумности (соразмерности). Эти ограничения также не должны быть заменены дискриминирующими положениями и не должны быть использованы в целях злоупотребления правом (ст. 36 ДФЕС). Ст. 36 ДФЕС не признаёт обоснованным установление ограничения торговли по отношению к другому государству-члену ЕС, если такое ограничение относится к сфере гармонизации права ЕС. Применимо к императивным требованиям проблематичным является их связь с защитой общественных интересов, что можно обосновать ссылкой на ст. 36 ДФЕС. В отличие от оснований, оговоренных в ст. 36 ДФЕС, возможные ограничения торговли формально не являются дискриминирующими. Они распространяются в равной степени на отечественные и иностранные товары. Так, Суд ЕС расширил основания, представленные в формуле Кассис де Дижон, до равных, но фактически дискриминирующих мер, к примеру, применив их к внутринациональным стандартам качества продуктов, применимым к отечественным и иностранным товарам (учитывая то, что для иностранных производителей гораздо сложнее соблюсти эти требования).

4. Свобода передвижения лиц

760 Термин «свобода передвижения» означает неограниченную свободу перемещения граждан ЕС во всех государствах-членах ЕС. Он включает свободу

гражданина ЕС жить и работать в государстве, не являющемся его родным. Отдельно выделяется свобода передвижения рабочей силы и свобода экономической деятельности.

а) Свобода передвижения работников

761 Свобода передвижения работников (ст. 45–48 ДФЕС) означает, что каждый гражданин ЕС вправе заниматься наёмным трудом в любом государстве-члене ЕС по своему выбору. При этом для него должны действовать те же условия, что и для граждан данного государства-члена ЕС, поскольку о фактической свободе перемещения можно говорить только в том случае, когда к гражданину другого государства-члена ЕС не применяются никакие правила, ограничивающие его наём, трудовую деятельность, оплату труда и иные особые условия труда. Существуют, однако, исключения в области осуществления деятельности в публичной сфере государства-члена ЕС, если речь идёт об осуществлении суверенных функций государства (ч. 4 ст. 45 ДФЕС).

762 При таком равенстве правового регулирования возможно установление ограничений только из соображений общественной безопасности, публичного порядка и здравоохранения (ч. 3 ст. 45 ДФЕС).

б) Свобода учреждения

763 Свобода учреждения (ст. 49–55 ДФЕС) затрагивает самостоятельную предпринимательскую деятельность. Это означает, что каждый гражданин ЕС наделён правом осуществлять индивидуальную предпринимательскую деятельность, а также руководство предприятием. Кроме того, граждане ЕС вправе учреждать юридические лица или представительства юридических лиц, учреждённых по праву другого государства-члена ЕС. К примеру, датчанин вправе открыть в Дании представительство учреждённой в Великобритании private limited company (английская организационно-правовая форма юридического лица) несмотря на то, что датское право не предусматривает возможности учреждения юридического лица организационно-правовой формы при прочих обстоятельствах.

764 Допускается введение государством-членом ограничений на основании защиты общественной безопасности, публичного порядка или здоровья (ч. 1 ст. 52 ДФЕС).

5. Свобода оказания услуг

Благодаря свободе оказания услуг (ст. 56–62 ДФЕС) европейские предприятия в сфере промышленности, торговли, ремесла и лица свободных профессий пользуются свободным и неограниченным доступом к капиталовложениям и инвестициям во всех государствах-членах ЕС. В отличие от свободы учреждения, в данном аспекте речь идёт не об учреждении предприятия в другом государстве, а лишь о трансграничном возмездном оказании услуг. 765

Об активной свободе оказания услуг можно говорить, когда *поставщик* услуг находится в другом государстве-члене ЕС. Пассивная свобода оказания услуг наличествует, когда *получатель* услуг находится в другом государстве-члене ЕС. В случае предоставления услуг корреспонденции стороны находятся в странах своего местонахождения, и лишь услуга, как таковая, пересекает границу. Наконец, свобода предоставления услуг – это ситуация, в которой лишь сама услуга пересекает границу государств, а не лицо из другого государства. Таким образом, существенным является факт пересечения границ, поскольку речь идёт об открытии отдельного внутреннего рынка для услуг, предоставляемых из всего ЕС. 766

Ограничения свободы учреждения (закрепленные, в частности, в ст. 52 ДФЕС) распространяются также и на свободу оказания услуг (ст. 62 ДФЕС). 767

6. Свобода передвижения капитала и платежей

Посредством свободы движения капиталов и платежей (ст. 63–66 ДФЕС) обеспечивается неограниченное передвижение денежных средств и ценных бумаг, а также капиталовложений и инвестиций между государствами-членами ЕС. 768

При этом под платежом подразумевается встречное удовлетворение за поставку товаров или услуг. *Свобода движения платежей* также предоставляется из практических соображений. 769

Движение капиталов – это движение финансов в чистом виде, которое во многом обусловлено слиянием предприятий (в рамках свободы учреждения) или оказанием банковских услуг. Особенностью движения капиталов является то обстоятельство, что данная свобода должна действовать и по отношению к третьим государствам (ст. 63 ДФЕС). 770

Тем не менее, ст. 63 ДФЕС не затрагивает право государств-членов ЕС на применение собственного налогового законодательства (к примеру, при 771 различном регулировании правового положения налогоплательщиков в зависимости от их места жительства или места нахождения капитала, а также при предотвращении налоговых правонарушений и при применении мер принуждения, необходимых с точки зрения публичного порядка и безопасности (ч. 1 ст. 65 ДФЕС). Названные меры и административные процедуры, однако, не могут содержать элемента умышленной дискриминации или скрытого ограничения свободного движения капиталов и платежей по смыслу ст. 63 ДФЕС.

772 Фактические ограничения свободы движения капиталов могут быть установлены только по отношению к третьим государствам и только в следующих случаях. Во-первых, допускается принятие ограниченных по времени действия предупредительных мер в отношении движения капиталов, препятствующее нормальному функционированию экономического и валютного союза (ст. 66 ДФЕС). Во-вторых, разрешается приостановление свободного движения капиталов в рамках экономических санкций, направленных на борьбу с терроризмом (ст. 75 ДФЕС).

7. Иные основания для ограничений

773 Судом ЕС было установлено, что предпринимаемые национальными органами государств-членов меры, которые ограничивают основные свободы, гарантированные учредительными договорами ЕС, должны в любом случае отвечать двум условиям. Во-первых, они должны применяться *недискриминационным образом*, и, во-вторых, они должны быть оправданы *интересами публичного порядка*.

774 Таким образом, оба названных условия ограничивают допустимую степень ограничения основных свобод (для описания этого существует нем. термин «*Schrankenschranken*», или дословно «ограничения ограничений»). При этом принимаются во внимание как основные права ЕС и нормы первичного права, так и нормы вторичного права и, в особенности, т. н. принцип соразмерности ограничений. Ограничивающие основные свободы правовые нормы государств-членов ЕС должны быть направлены именно на достижение заявленных в этих нормах целей и не должны распространять свое ограничительное действие на вопросы, не связанные с интересами публичного порядка. При этом должен соблюдаться принцип соразмерности цели и средств для ее достижения (нем. Mittel-Zweck-Relation).

IV. Унификация права

Нормы, предусматривающие унификацию правовых положений, находятся в ст. 114 ДФЕС и далее. Так, ст. 115 ДФЕС предусматривает возможность принятия директив с целью унификации тех административно-правовых положений государств-членов, которые оказывают влияние непосредственно на создание или функционирование внутреннего рынка. Правовая унификация может как ограничиваться принятием минимальных стандартов, так и полным унифицированием какой-либо отрасли права. Однако процесс унификации не может привести к устранению всех различий между национальными правовыми системами. 775

В отношении следующих важнейших правовых отраслей и подотраслей Европейский союз применил унификацию права: корпоративное право, трудовое право, банковское право, биржевое право, телекоммуникационное право, право интеллектуальной собственности, а также сфера государственных закупок и концессий. 776

В случае, если после принятия решения на уровне ЕС о гармонизации каких-либо правовых положений, то или иное государство-член посчитает необходимым сохранить соответствующие положения своего национального права в силе, то ему необходимо известить об этом Европейскую комиссию с указанием причин (ч. 4 ст. 114 ДФЕС). При этом при рассмотрении данного вопроса принимаются во внимание положения ст. 36 ДФЕС, а также мотивы защиты производственной или окружающей среды. Впоследствии в течение шести месяцев после соответствующего извещения Европейская комиссия принимает решение об одобрении или отклонении запроса. Таким образом, она проверяет, не представляют ли собой национальные положения средство произвольной дискриминации или скрытого ограничения торговли между государствами-членами и будут ли они препятствовать функционированию внутреннего рынка. 777

V. Основные права

Право ЕС закрепляет собственные гарантии основных прав. Данные права закреплены в Хартии ЕС об основных правах, которая по юридической силе приравнена к учредительным договорам ЕС. 778

Обеспечение основных прав является не только обязанностью ЕС и его органов (т. н. «объективное право»). Они предоставляются всему населению 779

ЕС в качестве субъективных прав и гарантий против действий институтов ЕС. Кроме того, основные права принимаются в расчёт при принятии мер на уровне государств-членов в отношении исполнения нормативно-правовых актов ЕС.

780 Кроме того, согласно ч. 2 ст. 6 ДЕС, Европейскому Союзу следует ратифицировать Европейскую конвенцию. о защите прав человека и основных свобод (ЕКПЧ). Однако, несмотря на это, основные права в таком виде, в каком они гарантированы в ЕКПЧ и вытекают из общих для государств-членов ЕС конституционных традиций, составляют содержание права ЕС в качестве общих принципов (ч. 3 ст. 6 ДЕС).

VI. Области политики

781 Содержание некоторых полномочий и областей политики ЕС представляется необходимым раскрыть более подробно ниже.

1. Сельское хозяйство

782 Внутренний рынок охватывает сельское хозяйство (ст. 38–44 ДФЕС), рыболовство и торговлю сельскохозяйственными продуктами. Под сельскохозяйственными продуктами имеются в виду продукты земледелия, животноводства, рыболовства, а также продукты первичной переработки, имеющие прямое отношение к этим продуктам (ч. 1 ст. 38 ДФЕС). Политика ЕС в области сельского хозяйства оказывает содействие, к примеру, фермерам при выращивании необходимого количества продовольственных продуктов для Европы. Она защищает сельскохозяйственных производителей от колебания цен на рынке. К тому же, подобная политика создаёт рабочие места в области пищевой промышленности и ставит целью защиту окружающей среды и животных. Основные свободы распространяются и аграрный сектор.

783 В основном для многих сельскохозяйственных продуктов действуют т. н. *положения о рыночной торговле*. Несмотря на рыночный характер экономики ЕС, указанные положения привносят в неё элементы плановой экономики. Система цен, устанавливаемая в положениях о рыночной торговле, служит целям уравнивания ценового уровня внутри ЕС, а также обеспечивает заработную плату фермерам. Ориентировочная (гарантированная или, как ещё раньше называли «интервенционная») цена – это цена, присваиваемая

продукту, который готовится к оптовой продаже. В случае если ориентировочная цена на рынке не может быть достигнута, сельскохозяйственную продукцию скупают внутригосударственные органы, ведающие регулированием взаимоотношений между государствами-членами ЕС в подобных условиях. Как правило, существует, таким образом, обязанность скупить упомянутую продукцию. Чтобы обеспечить минимальный размер свободного ценообразования на рынке, интервенционная цена должна быть ниже цены ориентировочной.

2. Защита конкуренции

а) Общие положения

Создание системы, которая бы защищала конкуренцию на внутреннем рынке от недобросовестных игроков, направлено на соглашения и формы поведения частных предприятий. Правила конкуренции ДФЕС применяются по отношению к публичным предприятиям и предприятиям, которым государства-члены гарантируют специальные или исключительные права (ч. 1 ст. 106 ДФЕС). 784

б) Запрещение монополии и злоупотреблений

аа) Запрещение монополии

Запрет формы поведения, ведущей к ограничению конкуренции согласно ст. 101 ДФЕС исключает любые соглашения между предприятиями, любые решения объединений предприятий и любые виды согласованной практики, которые способны затрагивать торговлю между государствами-членами и имеющие целью или результатом создание препятствий для конкуренции в рамках внутреннего рынка, её ограничение или искажение. Положение упомянутой статьи действует непосредственно только в отношении поведения предприятий, а не в отношении мер, принимаемых государствами-членами. При этом одинаковое поведение конкурентов является, как правило, признаком согласованного поведения. Норма статьи 101 ДФЕС охватывает лишь только формы поведения, которые влекут за собой причинение ощутимого вреда межгосударственной торговле. Запрещенными являются не только горизонтальные ограничения конкуренции предприятий, конкурирующих на одном и том же рынке, но и вертикальные ограничения конкуренции в рамках договорных отношений между партнёрами, находящимися на 785 разных стадиях экономического развития и поэтому не конкурирующих между собой. Препятствующие конкуренции соглашения, которые подпадают под запрет ч. 1 ст. 101 ДФЕС, являются в соответствии с ч. 2 ст. 101 ДФЕС ничтожными.

786 В соответствии с ч. 3 ст. 101 ДФЕС Европейская комиссия может отдельные соглашения или группы соглашений между предприятиями объявить не противоречащими законодательству, если меры данных предприятий способствуют улучшению производства или распределению продукции, или содействию технического и экономического прогресса. Необходимо различать формальное индивидуальное освобождение для конкретных соглашений от групповых освобождений, которые издаются в форме регламента Европейской комиссии по полномочию Совета.

бб) Запрещение злоупотреблений

787 Ст. 102 ДФЕС содержит запрет на злоупотребление доминирующим положением. Таким образом, запрещается злоумышленное использование доминирующего положения одного или нескольких предприятий на внутреннем рынке или на его существенной части, если тем самым это наносит ущерб торговле между государствами-членами. В целях установления факта доминирующего положения того или иного предприятия на соответствующем рынке принимается во внимание структура предприятия, включая систему поставок, долю рынка и условия для доступа на него.

вв) Контроль над слияниями предприятий

788 Задачей контроля над слияниями предприятий, важного инструмента наряду с запрещением монополии и злоупотреблений, является эффективное поддержание конкуренции и свободы конкуренции на европейском рынке. Европейское антимонопольное право, однако, относит регулирование слияния предприятий к сфере вторичного права. В отличие от положений о запрещении монополий и злоупотреблений, закреплённых в первичном праве, положения о контроле слияния предприятий находят своё отражение в Регламенте № 139/2004. Под рассматриваемым понятием понимается превентивный контроль, т. к. вред конкуренции ещё не нанесён, но должен быть предотвращён. При этом, под злоупотреблением доминирующим положением на рынке в соответствии со ст. 102 ДФЕС понимается поведение, которое уже привело к ослаблению конкуренции.

гг) Государственная поддержка

Ч. 1 ст. 107 ДФЕС содержит запрет на государственную поддержку, которая наносит вред или угрожает нанести вред путём создания преимуществ для отдельных предприятий или производств. Речь идёт о добровольных государственных субсидиях, которые дают привилегии тому или иному предприятию и тем самым разрушают конкуренцию на внутреннем рынке. Согласно ч. 2 и ч. 3 ст. 107 ДФЕС предоставление государственной помощи возможно только при определённых условиях, отвечающим интересам общества. В соответствии со ст. 108 ДФЕС над подобными средствами, выделяемыми государствами-членами, ведётся наблюдение. Впоследствии проводится процесс, в соответствии с ч. 2 ст. 108 ДФЕС, суть которого заключается в том, что национальные органы государства-члена ЕС обязаются Европейской комиссией пройти процедуру проверки до предоставления субсидии соответствующему предприятию (т. н. „нотификация"). 789

3. Торговая политика

Общая торговая политика ЕС строится на единообразных принципах. Данные принципы касаются, в частности, изменения тарифных ставок по отношению к третьим странам, заключения тарифных и торговых соглашений (к примеру, в рамках ВТО), относящихся к торговле товарами и услугами, заключения торговых аспектов интеллектуальной собственности, прямых иностранных инвестиций, придания единообразного характера мерам по либерализации; экспортной политики, а также торгово-политических защитных мер (ч. 1 ст. 207 ДФЕС). 790

4. Политика в области охраны окружающей среды

В соответствии с ч. 1 ст. 191 ДФЕС политика Европейского союза в области охраны окружающей среды направлена на достижение следующих целей: поддержание, защита и улучшение качества окружающей среды, защита здоровья человека, бережливое и рациональное использование ресурсов, а также принятие мер на международном уровне по преодолению региональных или международных проблем окружающей среды. В связи с этим политика ЕС в области охраны окружающей среды должна быть ориентирована на высокий уровень защиты (ч. 2 ст. 191 ДФЕС). 791

792 Согласно п. 1 ч. 2 ст. 191 ДФЕС, в основе данной политики лежат три принципа: принцип сохранения и принятия превентивных мер по сохранению окружающей среды, принцип своевременной борьбы с загрязнениями окружающей среды, а также принцип ответственности причинителя экологического ущерба. *Принцип сохранения и принятия, превентивных мер* по сохранению окружающей среды служит для предотвращения экологического вреда посредством минимизации рисков и долгосрочного обеспечения ресурсов. *Принцип своевременной борьбы* с загрязнениями окружающей среды имеет целью в первую очередь предотвращение источника экологического вреда. Согласно *принципу ответственности* причинителя экологического ущерба, последний несёт расходы за совершение действий, повлекших загрязнение окружающей среды. Правовой основой для мер, принимаемых для защиты окружающей среды, является ст. 192 ДФЕС.

793 Формулировки положения ДФЕС не позволяют констатировать факт существования самостоятельного европейского экологического права. Скорее устанавливаются соответствующие стандарты, под которые государства-члены ЕС должны подстраиваться. Согласно оговорке ст. 11 ДФЕС (т. н. «*Querschnittsklausel*») данные требования охраны окружающей среды должны приниматься в расчёт при определении и осуществлении политики и деятельности ЕС, в частности, с целью содействия его устойчивому развитию. Тем самым, принципы экологического права распространяются на другие политико-правовые сферы Европейского союза.

Г. Пространство свободы, безопасности и права

I. Общие положения

794 Европейский союз создал пространство свободы, безопасности и права, в котором уважаются основные права и различные правопорядки, а также правовые традиции государств-членов (ч. 1 ст. 67 ДФЕС).

II. Пограничный контроль и предоставление убежища

795 Европейский союз гарантирует, что лица при пересечении внутренних границ не будут подвергаются контролю (ч. 1а ст. 77 ДФЕС, т. н. «Шенгенское пространство»). Более того, ЕС развивает общую политику в сфере

предоставления убежища (ст. 78 ДФЕС), иммиграции (ст. 79 ДФЕС) и пограничного контроля на его внешних границах. Данная политика основывается на солидарности государств-членов (ст. 80 ДФЕС) и должна быть уместной по отношению к гражданам третьих стран (ч. 2 ст. 67 ДФЕС). Апатриды приравниваются к гражданам третьих стран (ч. 2 ст. 67 ДФЕС).

Общая политика в сфере предоставления убежища, субсидиарной и временной защиты должна гарантировать каждому гражданину третьей страны, нуждающемуся в международной защите, соответствующий статус беженца. Данная политика должна соответствовать Женевской конвенции о статусе беженцев от 28 июля 1951, Протоколу, касающемуся статуса беженцев от 31 января 1967, а также другим соответствующим договорам (ч. 1 ст. 78 ДФЕС). 796

III. Судебное и полицейское сотрудничество

Европейский союз развивает судебное сотрудничество по гражданским делам, которое имеет трансграничный характер и базируется на принципе взаимного признания судебных и внесудебных решений (ч. 1 ст. 81 ДФЕС). Судебное сотрудничество в уголовных делах основывается, в том числе, на принципе взаимного признания судебных решений и охватывает унификацию правовых положений государств-членов в определённых сферах (ч. 1 ст. 82 ДФЕС). Минимальные требования для определения уголовно наказуемых деяний и наказаний в отношении особо тяжких преступлений могут быть установлены посредство директив, которые имеют трансграничное действие (ч. 1 ст. 83 ДФЕС). 797

Более того, Европейский союз развивает полицейское сотрудничество между всеми компетентными органами государств-членов, включая полицию, таможенную службу, а также другие службы уголовного преследования, специализирующиеся на предотвращении и раскрытии преступлений (ч. 1 ст. 87 ДФЕС). Так, Европол призван способствовать и укреплять деятельность полицейских служб государств-членов и иных органов, осуществляющих уголовное преследование, а также их взаимное сотрудничество при предотвращении и борьбе с преступностью, затрагивающую два или более государств-членов, и с терроризмом (ч. 1 ст. 88 ДФЕС). 798

Д. Внешнеполитическая деятельность

I. Общие положения

799 Европейский союз в своей внешнеполитической деятельности на международном уровне руководствуется принципами, которые лежали в его основе, а также в основе его развития и расширения. ЕС стремится обеспечить соблюдение следующих принципов во всём мире: демократия, принцип правового государства, универсальное значение и уважение прав человека и основных свобод, их неотъемлемость, принцип равенства и солидарности, а также уважение принципов Устава Организации Объединённых Наций и международного права (ст. 21 ДЕС).

800 В частности, ЕС выступает в рамках ООН за многостороннее решение совместных проблем (ч. 1 ст. 21 ДЕС).

II. Общая внешняя политика и политика безопасности

801 Компетенция ЕС в области общей внешней политики и политики безопасности распространяется на все сферы внешней политики, а также на все вопросы, связанные с безопасностью ЕС, включая постепенное установление общей оборонной политики, которая может привести к совместной защите и обороне (ч. 1 ст. 24 ДЕС).

802 В отношении общей внешней политики и политики безопасности применяются специальные положения и процедуры. Издание законодательных актов является недопустимым. Согласно ч. 1 ст. 24 ДЕС реализация данной политики осуществляется Верховным представителем Союза по иностранным делам и политике безопасности и государствами-членами ЕС в соответствии с учредительными договорами Европейского союза.

803 Европейский союз осуществляет общую внешнюю политику и политику безопасности, определяя ведущие принципы, на которых она базируется, и, принимая решения по выполняемым ЕС действиям (ст. 31 ДФЕС), занимаемым позициям (ст. 29 ДЕС) и по конкретным вопросам по выполнению данных решений (ст. 25 ДЕС).

III. Общая политика безопасности и обороны

804 Общая политика безопасности и обороны является неотъемлемой составляющей общей внешней политики и политики безопасности (ч. 1

ст. 42 ДЕС). В ее рамках Европейскому союзу предоставляется возможность применять как мирные, так и военные способы достижения целей. Вооруженный контингент ЕС может использоваться за пределами своей территории при выполнении миссий по поддержанию мира, предотвращению конфликтов, а также по усилению международной безопасности в соответствии с принципами Устава Организации Объединённых Наций. При этом ЕС выполняет данные задачи с помощью ресурсов, предоставляемых его государствами-членами (ч. 1 ст. 42 ДЕС).

Общая политика безопасности и обороны постепенно приводит к созданию общей оборонной политики ЕС (ч. 2 ст. 42 ДЕС). 805

E. Упразднение паспортного контроля

Первоначально в *Шенгенском соглашении* от 14 июня 1985 г. пять европейских стран договорились об упразднении проверки документов лиц, пересекающих их общие границы. 19 июня 1990 г. также в Шенгене в целях практической реализации политического решения было подписано соглашение „Шенген II". Посредством Амстердамского договора 1997 года правовое регулирования в отношении шенгенского пространства нашло отражение в праве Европейского союза. На сегодняшний день шенгенские нормы действуют на территории всех государств-членов ЕС за исключением Великобритании и Ирландии. 806

Внутри Шенгенского пространства полностью упразднены все таможенные проверки лиц, пересекающих границы. Лишь выборочные проверки являются допустимыми. При этом на внешних границах ЕС проводится таможенный контроль граждан третьих стран в соответствии с едиными правилами. Для этого была создана специальная электронная система и были приняты специальные требования для въезда в ЕС. С внешней стороны Шенгенской границы запрещается въезд лицам, не имеющим шенгенскую визу, или если имеются данные об их попытках пересечь границу нелегально, а также, вследствие других причин, представляющих угрозу для общественной безопасности какого-либо из государства-члена Шенгенского соглашения. В аэропортах существуют раздельные выходы для принятия или отправления рейсов государств-членов Шенгенского соглашения и третьих стран. Если какое-либо из упомянутых государств-членов выдаёт лицу шенгенскую визу, то он имеет право свободно передвигаться на территории 807 всего шенгенского пространства в течение короткого срока. Владельцы разрешения на пребывания, выданного одним из государств-членов Шенгенского соглашения, также имеют право свободно передвигаться на территории и других стран шенгенского пространства. Шенгенское соглашение распространяется на четыре страны Европейской ассоциации свободной торговли (Швейцария, Лихтенштейн, Норвегия и Исландия), которые, однако, не являются членами ЕС.

Список литературы

Adolphsen, Jens: Zivilprozessrecht, 4. Auflage, Baden-Baden 2014.

Arndt, Hans-Wolfgang/Fischer, Kristian/Fetzer, Thomas: Europarecht, 11. Auflage, Heidelberg, München, Landsberg, Frechen, Hamburg 2015.

Beulke, Werner: Strafprozessrecht, 12. Auflage, Heidelberg, München, Landsberg, Frechen, Hamburg 2012.

Brenner, Michael: Öffentliches Baurecht, 4. Auflage, Heidelberg, München, Landsberg, Frechen, Hamburg 2014.

Brox, Hans/Walker, Wolf-Dietrich: Allgemeiner Teil des BGB, 39. Auflage, München 2015.

Brox, Hans/Walker, Wolf-Dietrich: Allgemeines Schuldrecht, 39. Auflage, München 2015.

Brox, Hans/Walker, Wolf-Dietrich: Besonderes Schuldrecht, 39. Auflage, München 2015.

Degenhart, Christoph: Staatsrecht I. Staatsorganisationsrecht. Mit Bezügen zum Europarecht, 30. Auflage, Heidelberg, München, Landsberg, Frechen, Hamburg 2014.

Detterbeck, Steffen: Allgemeines Verwaltungsrecht mit Verwaltungsprozessrecht, 14. Auflage, München 2016.

Detterbeck, Steffen: Öffentliches Recht. Ein Basislehrbuch zum Staatsrecht, Verwaltungsrecht und Europarecht mit Übungsfällen, 10. Auflage, München 2015.

Epping, Volker: Grundrechte, 5. Auflage, Berlin, Heidelberg 2012.

Gramm Christoph/Pieper, Stefan Ulrich: Grundgesetz: Bürgerkommentar, 3. Auflage, Baden-Baden 2015.

Gröpl Christoph: Staatsrecht I. Staatsgrundlagen, Staatsorganisation mit Einführung in das juristische Lernen, 7. Auflage, München 2015.

Haase, Richard/Keller, Rolf: Grundlagen und Grundformen des Rechts. Eine Einführung, 11. Auflage, Stuttgart 2003.

Herdegen, Matthias: Europarecht, 17. Auflage, München 2015.

Hillgruber, Christian/Goos, Christoph: Verfassungsprozessrecht, 3. Auflage, Heidelberg, München, Landsberg, Frechen, Hamburg 2011.

Hobe, Stephan: Europarecht, 8. Auflage, München 2014.

Hoffmann-Holland, Klaus: Strafrecht. Allgemeiner Teil, 2. Auflage, Frankfurt am Main 2011.

Jäger, Christian: Examens-Repetitorium. Strafrecht Allgemeiner Teil, 7. Auflage, Heidelberg, München, Landsberg, Frechen, Hamburg 2015.

Jäger, Christian: Examens-Repetitorium. Strafrecht Besonderer Teil, 6. Auflage, Heidelberg, München, Landsberg, Frechen, Hamburg 2015.

Kindler, Peter: Grundkurs Handels- und Gesellschaftsrecht, 7. Auflage, München 2014.

Leipold, Dieter: Erbrecht, 20. Auflage, Tübingen 2014.

Lorenz, Stephan/Medicus, Dieter: Schuldrecht. Allgemeiner Teil, 20. Auflage, München 2012.

Meier, Bernd-Dieter: Strafrechtliche Sanktionen, 4. Auflage, Berlin, Heidelberg 2015.

Model, Otto/Creifels, Carl (Begr.): Staatsbürger-Taschenbuch, 33. Auflage, München 2012.

Pieroth, Bodo/Schlink, Bernhard/Kniesel, Michael: Polizei- und Ordnungsrecht, 8. Auflage, München. 2014.

Reichold, Hermann: Arbeitsrecht, 4. Auflage, München 2012.

Roth, Günther/Weller, Mark-Philippe: Handels- und Gesellschaftsrecht, 8. Auflage, München 2013.

Schwab, Dieter: Familienrecht, 22. Auflage, München 2014.

Wertenbruch, Johannes: BGB. Allgemeiner Teil, 3. Auflage, München 2014.

Wessels, Johannes/Beulke, Werner/Satzger, Helmut: Strafrecht. Allgemeiner Teil. Die Straftat und ihr Aufbau, 44. Auflage, Heidelberg, München, Landsberg, Frechen, Hamburg 2014.

Wolf, Manfred/Wellenhofer, Marina: Sachenrecht, 29. Auflage, München 2014.

*

Ответственные редакторы:

Гильберт Х. Горниг, профессор, доктор юридических наук, почётный доктор, преподаёт публичное право, международное и европейское право в Марбургском университете имени Филиппа.

Ханс-Детлеф Хорн, профессор, доктор юридических наук, преподаёт публичное право, в особенности государственное, конституционное, административное и европейское право в Марбургском университете имени Филиппа.

Авторы:

Каролин Горниг, Ref. iur., в период с 2009 по 2013 гг. училась на юридическом факультете Гиссенского университета имени Юстуса Либиха и осенью 2013 г. сдала первый государственный экзамен в отделе аттестации юридических кадров земли Гессен. В настоящий момент она является аспиранткой университета имени Фридриха Александра в Эрлангене и Нюрнгберге.

Констанция Хорн, LL.M., Ref. iur., изучала юриспруденцию во Фрайбургском университете имени Альберта Людвига в период с 2009 по 2014 гг. и летом 2014 г. сдала первый государственный экзамен в отделе аттестации юридических кадров земли Баден-Вюртемберг. Впоследствии в течение одного года она училась в Бристольском университете (Великобритания), где получила степень магистра LL.M. С 2016 г. она проходит юридическую подготовительную практику в Верховном суде Франкфурта-на-Майне для сдачи второго государственного экзамена.

Переводчики с немецкого:

Алтана Басхамджиева, магистр юриспруденции (Московский государственный институт международных отношений / Российская Федерация).

Никита Борисенко, LL.M. (Марбургский университет имени Филиппа / Германия), Балтийский федеральный университет имени И. Канта, Калининград / Российская Федерация.

Григорий Фёдоров, магистр юриспруденции (Московский государственный институт международных отношений / Российская Федерация).

www.ingramcontent.com/pod-product-compliance
Ingram Content Group UK Ltd.
Pitfield, Milton Keynes, MK11 3LW, UK
UKHW021842210426
5322IPUK00022B/414